수능까지 연결되는
초등

디딤돌 독해력

이 책을 쓰신 선생님들

김가람   채재준 국어전문학원
김봉관   책한권 국어논술학원
김세동   유신고등학교
김슬기   지우 국어논술학원
김은영   국어 전문 저자
심승보   휘문고등학교
박형주   채재준 국어전문학원
유한아   세원고등학교
윤서연   도당중학교
윤차남   지우 국어논술학원
윤치명   보성여자고등학교
이경호   중동고등학교
이지연   국어 전문 저자
장선   국어 전문 저자
정다운   이대부속고등학교
정윤주   채재준 국어전문학원
채재준   채재준 국어전문학원
현유석   국어 전문 저자
홍성구   덕원여자고등학교
황택준   배재고등학교

디딤돌 독해력[초등국어] 고학년 I

펴낸날 [초판 1쇄] 2019년 1월 25일 [초판 10쇄] 2024년 7월 1일
펴낸이 이기열
펴낸곳 (주)디딤돌 교육
주소 (03972) 서울특별시 마포구 월드컵북로 122 청원선와이즈타워
대표전화 02-3142-9000
구입문의 02-322-8451
내용문의 02-325-6800
팩시밀리 02-338-3231
홈페이지 www.didimdol.co.kr
등록번호 제10-718호
구입한 후에는 철회되지 않으며 잘못 인쇄된 책은 바꾸어 드립니다.
이 책에 실린 모든 삽화 및 편집 형태에 대한 저작권은
(주)디딤돌 교육에 있으므로 무단으로 복사 복제할 수 없습니다.
Copyright ⓒ Didimdol Co. [1901850]

※ (주)디딤돌 교육은 이 책에 실린 모든 글의 출처를 찾기 위해
   최선의 노력을 기울였습니다.
   저작권자를 찾지 못해 허락을 받지 못한 글은 저작권자가 확인되는 대로
   통상의 사용료를 지불하겠습니다.

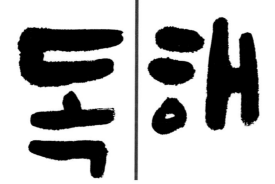

독해

초등 고학년, 본격 독해로
수능까지 연결하라

고학년
III

디딤돌
초등
독해력
III

어휘 수준	중~중상
글감 수준	중~중상
글의 길이	약 1200~1500자

고학년
IV

디딤돌
초등
독해력
IV

어휘 수준	중~상
글감 수준	중~상
글의 길이	약 1400~1800자

디딤돌 초등 독해력

어휘 수준 중하~중
글감 수준 중하
글의 길이 약 800~1100자

디딤돌 초등 독해력

어휘 수준 중
글감 수준 중
글의 길이 약 900~1300자

실력 향상을 위한
본격 독해 트레이닝

이 책은 꾸준히 실전 독해하는 과정 속에서 독해의 방법과 개념을 습득할 수 있는 책입니다.
수능에 출제되는 여러 영역, 즉 인문, 사회, 과학, 기술, 예술 영역을 다양하게 독해할 수 있도록 지문을
구성하였으며, 역사, 철학, 경제, 환경 등 수능에서 특히 자주 등장하는 세부 영역은 별도의 단원으로
세분화하여 폭넓은 영역의 독해가 가능하도록 했습니다.
초등 고학년이 감당할 수 있는 중등 수준의 난도를 총 4단계로 세분화하여 구성하였기 때문에
체계적으로 난도를 높여가며 독해하는 과정에서 자신감과 성취감을 느낄 수 있을 것입니다.

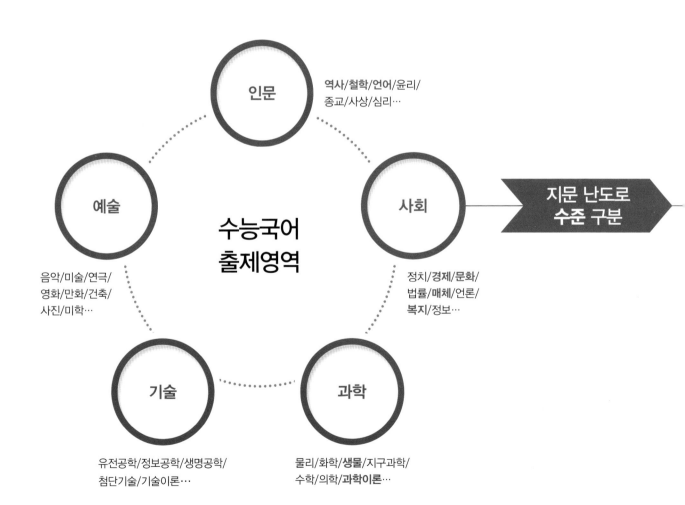

인문
역사/철학/언어/윤리/
종교/사상/심리…

예술
음악/미술/연극/
영화/만화/건축/
사진/미학…

수능국어
출제영역

사회
정치/경제/문화/
법률/매체/언론/
복지/정보…

지문 난도로
수준 구분

기술
유전공학/정보공학/생명공학/
첨단기술/기술이론…

과학
물리/화학/생물/지구과학/
수학/의학/과학이론…

수능까지 연결되는
초등

디딤돌 독해력

딤돌

어떻게 공부할까요?

1 본격적인 독해 훈련을 위한 필수 주제별 4개, 총 40지문

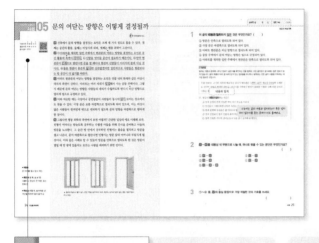

초등 고학년 디딤돌 독해력은 Level에 따라 수준별로 지문이 구성되어 있습니다.

단계별 지문 수준에 따라 인문, 사회, 경제, 매체, 과학, 기술, 언어, 문화, 예술, 환경 등 필수 주제별로 4개씩 지문을 읽다 보면, 독해 실력도 쑥쑥 오를 거예요!

지문 수준은 지문 왼쪽의 별 표시로 확인하세요.

디딤돌 고학년 독해력,
어떻게 학습해야 할지 궁금하다면?
QR 코드를 검색해 보세요.

2 독해 실력을 확인하는 실전 문제

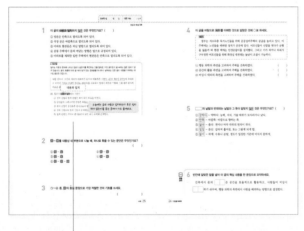

내용 이해/전개 방식/추론/비판/사례 적용/어휘/한줄 요약까지 지문에서 나올 수 있는 모든 문제가 빈틈없이 수록되어 있습니다.

지문을 읽은 후에는 문제를 풀며 자신이 지문을 제대로 읽었는지 확인해 보세요.

✚ 수능연결

일치는 지문과 문제에 나타난 정보가 같은지 확인하는 것을 말해요. 어떤 글이든지 글 속에는 많은 정보가 담겨 있습니다. 글의 흐름에 따라 글 속에 담겨 있는 정보들을 하나하나 살펴보는 것은 글의 내용을 이해하는 데 가장 중요한 것입니다.

목할 만하다. 고전파 시대의 대표적인 음악가 베토벤은 ③현악 4중주 제15장 3악장의 주제부로 리디아 선법의 변격인 하이포—리디아를 사용하여 병에서 회복한 기쁨과 신에 대한 감사의 마음을 종 <내용과 일치>

28. 윗글의 **내용과 일치**하는 것은?

① 정격 선법과 변격 선법은 짝이 되어 화음을 이룬다.
② 단선율의 그레고리안 선법은 독창을
③ 변격 선법의 중심음은 종지음보다 <수능에는 글의 내용과 일치하는지 혹은 일치하지 않는지를 묻는 문제가 자주 출제돼요.>
④ 정격 선법보다 변격 선법의 음역에는
⑤ 정격 선법은 각각의 종지음보다 낮은 음이 음역에 존재한다.

✚ 수능연결
실전 문제에서 수능까지 연결되는 내용을 살펴보며 자신의 공부 방향이 맞는지 확인해 볼 수 있습니다.

3 독해력을 기르는 어휘

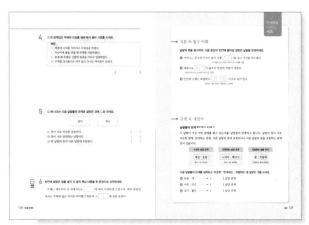

독해력의 기본은 어휘입니다. 실제 수능 문제에서도 어휘 문제가 꼭 출제됩니다.

빈칸 채우기, 연결하기 등 쉽고 간단한 어휘 문제를 통해 지문 속 어휘와 문제 속 개념어를 다시 짚고 넘어갈 수 있어요!

4 독해의 기본 원리를 익히는 독해력 특강

여러분이 평소에 궁금해하는 독해의 기본 개념, 독해의 과정, 독해의 방법 등 독해의 기본 원리를 부담 없이 익힐 수 있도록 구성하였습니다.

재미있는 퀴즈, 이미지, 심리 테스트 등 다채로운 내용으로 꾸며져 있으니, 꼭 읽어 보세요.

5 독해를 완성하는 정답과 해설

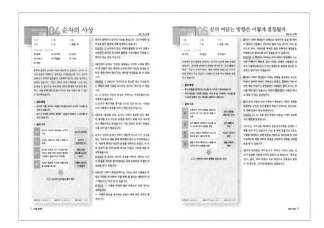

정답과 해설에는 지문의 핵심 내용과 실전 문제의 해설을 제시하였습니다.

내가 틀린 문제는 왜 틀렸는지를 해설을 통해 꼭 확인하고 가세요!

학습계획표

공부한 날

사람들은 왜 동조 행동을 할까

8 분 안에 풀어보세요.

㉮ 덴마크의 동화 작가 안데르센이 지은 〈벌거벗은 임금님〉 이야기에는 임금님이 벌거벗었다는 것을 속으로는 알면서도 겉으로는 표현하지 못하는 많은 사람이 등장한다. 왜 이 사람들은 임금님이 벌거벗었다는 것을 알면서도 말하지 못했을까? 그리고 한 아이가 "임금님이 벌거벗었다."라고 소리치자 그제야 자기 생각을 드러냈을까? 우리는 이 이야기에서 사람들의 행동을 결정하는 여러 가지 심리적 태도 중 하나인 동조 행동에 대해 생각하게 된다.

㉠동조 행동은 다른 사람들의 행동이나 의견을 따라 하는 것을 말한다. 이러한 동조 행동이 일어나는 이유는 크게 세 가지로 정리할 수 있다.

첫째, 자기가 확실히 알지 못하는 일이 있을 때 다른 사람들이 하는 대로 따라 하면 적어도 ⓐ손해는 보지 않을 것이라고 여기기 때문이다. 잘 모르는 길을 갈 때 많은 사람이 가는 방향으로 자연스럽게 따라가게 되는 것은 이러한 이유에서 비롯된 동조 행동이다.

둘째, 자신이 속한 집단이 같은 행동을 하도록 강요하기 때문이다. 어떤 집단이나 따라야 할 규범, 규칙이 있어서 그 집단에 속한 사람이라면 그것을 따라야 한다. 그래서 자신의 생각과 차이가 있다 하더라도 그 집단에서 쫓겨나지 않으려고 다른 사람들을 따라 한다는 것이다.

셋째, 다른 사람들의 인정과 사랑을 받으려는 욕구 때문이다. 사람은 자신과 비슷한 사람들의 집단에 속해 있다고 느낄 때 정서적인 안정감을 얻는다. 경기장에서 자연스럽게 편을 갈라 응원석에 앉고 응원을 하는 것도 이러한 동조 행동 때문인 것이다.

동조 행동은 같은 집단에 속한 사람들에게는 더 강한 유대감을 갖게 하기도 하지만 유대감이 강해지는 만큼 다양한 생각과 행동을 인정하지 않고 억누르려고 하는 경향도 커진다. 그래서 자신만 다른 생각을 가지고 있는 집단에서 자신의 의견을 내려면 용기가 필요하다. 똑같은 생각이나 행동을 거부하는 사람이 용기 있게 나서게 되면, 그때부터 동조 행동도 차츰 사라지게 된다. 안데르센 동화에서 "임금님이 벌거벗었다."라고 ㉡아이가 소리쳤을 때, 그제야 사람들이 웃음을 터뜨렸던 것처럼 말이다.

● **동조**(同 한가지 동, 調 고를 조)
남의 주장에 자기의 의견을 일치시키거나 보조를 맞춤.

● **규범**(規 법 규, 範 법 범)
인간이 행동하거나 판단할 때에 마땅히 따르고 지켜야 할 가치 판단의 기준.

● **유대감**(紐 끈 유, 帶 띠 대, 感 느낄 감)
서로 밀접하게 연결되어 있는 공통된 느낌.

1 ㉑와 같이 글을 시작하는 방법으로 알맞은 것은 무엇인가요? (   )

① 중심 화제의 개념을 밝히며 글을 시작하고 있다.

② 앞으로 설명할 내용의 순서를 차례대로 말하고 있다.

③ 일반적으로 알고 있는 내용이 잘못되었음을 지적하고 있다.

④ 중심 화제를 다루려는 이유를 밝힘으로써 글의 설득력을 높이고 있다.

⑤ 글을 읽는 사람이 흥미를 가질 만한 이야기를 제시하여 관심을 높이고 있다.

+ 수능연결

중심 화제는 글에서 다루고자 하는 중심적 소재를 말해요. 대부분의 글은 하나의 중심 화제를 중심으로 내용이 전개됩니다. 글의 중심 화제를 파악하면 글 전체의 구조와 흐름도 쉽게 이해할 수 있습니다.

> 분화된 사회적 권력 등이 있다. 그러나 요소의 분화와 자율성이 없는 전체주의 사회에서는 국가 권력에 의한 대중 동원만 있을 뿐 사회적 공연이 일어나기 어렵다.

중심 화제

38. 윗글의 ~~~~~~~으로 가장 적절한 것은?

① 중심 화제에 대해 주요 학자들이 합의한 결과를 제시하고 있다.

② 중심 화제에 대해 상반된 견해를 제시

③ 중심 화제에 대한 이론이 후속 연구에

④ 중심 화제에 대한 다양한 사례들을 제

⑤ 중심 화제의 역사적 기원에 대한 다잉

> 수능에는 글쓴이가 무엇(중심 화제)에 대해 어떻게(내용 전개 방식) 글을 썼는지를 묻는 문제가 자주 출제돼요.

---

2 글쓴이가 보기 를 읽고 보일 반응으로 적절하지 않은 것은 무엇인가요? (   )

보기

이문열의 소설 〈우리들의 일그러진 영웅〉에서 시골 작은 읍의 학교로 전학을 온 '나'는 반장인 엄석대의 엄격한 지시에 잘 따르는 아이들의 모습을 보고 이상하다고 느낀다. 아이들은 엄석대의 책상에 고구마, 달걀, 사과 등을 갖다 놓기도 하고, 점심을 먹은 후에는 물 당번까지 선다. 어느 날 '나'는 엄석대에게 물을 가져다주라는 아이들의 요구를 거부하는데, 그날 이후 반에서 부당한 대우를 받거나 아이들로부터 무시를 당하게 된다.

① '엄석대'는 반에서 아이들을 억누르려고 하는 경향을 보이고 있군.

② '아이들'은 엄석대의 잘못된 행동에도 불구하고 동조 행동을 나타내고 있군.

③ '나'는 집단에서 다양한 생각을 인정하지 않기 때문에 아이들의 행동을 이상하게 보는군.

④ '나'가 아이들의 요구를 거부한 것은 똑같은 생각이나 행동을 거부하는 태도로 볼 수 있겠군.

⑤ '나'가 반에서 부당한 대우를 받거나 무시를 당하게 되는 것은 집단과 다른 생각을 가지고 있기 때문이겠군.

3 ㉠에 대한 설명으로 적절하지 <u>않은</u> 것은 무엇인가요? (   )

① 다른 사람들의 인정과 사랑을 받으려는 욕구 때문에 일어난다.

② 동일한 집단에 속한 사람들에게 더욱 강한 유대감을 갖게 한다.

③ 확실히 알고 있는 일에 대해서는 자신이 옳다고 생각하는 대로 행동한다.

④ 사람은 자신이 속한 집단의 행동을 따라 할 때 정서적인 안정감을 얻는다.

⑤ 자신이 속한 집단에서 쫓겨나지 않으려고 다른 사람들을 따라 하는 경우가 있다.

4 ㉡에 대해 평가한 것으로 가장 적절한 것은 무엇인가요? (   )

① 자신이 속한 집단에서 쫓겨나지 않으려고 노력했군.

② '벌거벗은 임금님'의 사랑을 받으려는 욕구가 있었군.

③ '벌거벗은 임금님'과 강한 동질감을 가지려고 노력했군.

④ '벌거벗은 임금님'에 대한 자신의 솔직한 생각을 표현했군.

⑤ '벌거벗은 임금님'에 대한 사람들의 기대에 충족하는 의견을 제시했군.

5 다음 중 ⓐ에 쓰인 '보다'의 의미로 알맞은 것은 무엇인가요? (   )

① 맡아서 보살피거나 지키다.

② 남의 결점 따위를 들추어 말하다.

③ 어떤 결과나 관계를 맺기에 이르다.

④ 어떤 일을 당하거나 겪거나 얻어 가지다.

⑤ 눈으로 대상의 존재나 형태적 특징을 알다.

한줄 요약

6 빈칸에 알맞은 말을 넣어 이 글의 핵심 내용을 한 문장으로 요약하세요.

동조 행동은 다른 사람들의 행동이나 □□ 을 따라 하는 것으로, 다른 사람들이 하는 대로 따라 하면 적어도 손해는 보지 않을 것이라는 생각, 자신이 속한 집단이 같은 행동을 하도록 하는 □□, 다른 사람들의 인정과 사랑을 받으려는 욕구 때문에 발생한다.

지문 속 필수 어휘

다음 문장을 읽고, (　) 안에 공통으로 들어갈 낱말을 완성하세요.

❶
- 그 학생은 선생님께 감사의 (　　)으로 인사를 드렸다.
- 자기 스스로가 자신을 잘생긴 사람으로 (　　)하는 것은 쑥스럽다.

| 프 | 현 |

❷
- 그의 생각은 내가 생각한 (　　)과는 아주 달랐다
- 그는 집으로 가는 반대 (　　)으로 계속 걸어갔다.

| 방 | ㅎ |

❸
- 학교 건물은 예전 모습과 큰 (　　)가 없었다.
- 위대한 업적은 능력보다는 노력의 (　　)에 의해 이루어진다.

| ㅊ | 이 |

❹
- 복지에 대한 국민의 (　　)가 점점 커지고 있다.
- 구성원들의 다양한 (　　)를 모두 충족시킬 수는 없다.

| ㅇ | 구 |

다음 문장을 읽고, 두 낱말 중 알맞은 것을 찾아 ○표 하세요.

❺ 그는 치아를 [드러내 / 들어내] 보일 정도로 크게 웃었다.

❻ 도서관에서 떠들면 [쫓겨나는 / 쫒겨나는] 일도 있다.

❼ 나는 화가 나는 마음을 [억누르고 / 억누루고] 끝까지 자리를 떠나지 않았다.

시험을 앞둔 긴장감

어휘 수준 ★★★★★
글감 수준 ★★★★★
글의 길이 899자

 수민이는 평소 수업 시간에 집중해서 듣고 복습을 열심히 하는 학생이다. 하지만 막상 시험을 볼 때는 긴장한 나머지 문제에 집중하지 못한다. 열심히 공부했지만 긴장을 해서 중요한 순간에 제 실력을 발휘하지 못하는 것이다. 비단 수민이 뿐 아니라 시험을 앞둔 학생들은 정도의 차이는 있을지언정 누구나 긴장을 할 것이다. 물론 적당한 긴장감은 시험에 집중할 수 있게 해 공부의 효과를 높여 주기도 한다. 그러나 긴장감이 지나쳐 불안감마저 느끼게 되면 오히려 공부에 방해가 된다. 정도가 심한 학생들은 남들보다 더 열심히 공부하는데도 불구하고, 기대 이하의 성적을 내거나 이 때문에 아예 시험을 포기하는 상황에 이르기도 한다.

 시험에 대해 느끼는 불안감, 즉 시험 불안은 과도한 기대 때문에 생기는 경우가 많다. 무슨 일이 있어도 좋은 성적을 내야 한다는 생각 때문에 과도한 긴장감을 느끼게 되는 것이다. 적당한 긴장감은 집중력을 향상시키지만 긴장감이 높아질수록 근육은 굳어지고 자극에 대한 반응도 둔해진다. 준비를 열심히 하는데도 기대만큼 되지 않으면 불안감은 더욱 커지기 마련이다. 그리고 불안감이 심해지면 좌절감마저 느낄 수 있는 것이다.

 이러한 예를 운동선수들에게서 쉽게 찾을 수 있다. 훌륭한 기량을 보이던 선수가 갑자기 슬럼프에 빠지는 경우가 있는데 이는 잘해야 한다는 강박 관념 때문에 오히려 더 성적이 부진해지는 심각한 상황에 빠진 것이다. 이런 경우 슬럼프에서 벗어나기 위해서는 몸을 단련하고 훈련을 열심히 하는 것보다 먼저 잘해야겠다는 욕심을 버리고 마음의 여유를 찾는 것이 더 중요하다.

 시험을 대비하는 것도 마찬가지이다. 성적에 대한 기대치를 높여 몸을 혹사시키는 것보다 공부한 만큼만 효과를 내겠다는 편안하고 긍정적인 마음을 가지는 것이 시험에서 좋은 결과를 얻을 수 있는 지름길이 될 수 있다.

● **과도**(過 지날 과, 度 법도 도)
정도에 지나침.

● **기량**(伎 재주 기, 倆 재주 량)
기술상의 재주.

● **강박**(强 굳셀 강, 迫 닥칠 박)
어떤 생각이나 감정에 사로잡혀 심리적으로 심하게 압박을 느끼는 것.

정답과 해설 2쪽

1 글쓴이가 글의 내용을 효과적으로 전달하기 위해 사용한 방법은 무엇인가요?

(　　)

① 전체를 여러 부분으로 나누어 제시하고 있다.

② 일어난 일을 사건의 흐름에 따라 밝히고 있다.

③ 내용을 뒷받침하기 위해 구체적인 예를 들고 있다.

④ 글쓴이의 의견과 상반되는 의견을 함께 제시하고 있다.

⑤ 일정한 기준에 따라 같은 것끼리 묶어서 설명하고 있다.

2 긴장감의 강도가 심해질 때 일어날 수 있는 현상은 무엇인가요? (　　)

① 공부의 효과를 극대화할 수 있다.

② 마음의 안정을 찾는 데 집중할 수 있다.

③ 과도한 기대감을 떨쳐 내는 데 도움을 줄 수 있다.

④ 시험 성적이 제대로 나오지 않았을 때 좌절할 수 있다.

⑤ 자극에 대한 반응이 빨라져 위험에 쉽게 대처할 수 있다.

3 이 글의 내용으로 보아 적당한 긴장감 상태에 있는 사람은 누구인지 이름을 쓰세요.

- 유선: 어제 공부 많이 했어?
- 지영: 푹 자고 새벽 5시에 일어나서 두 시간 정도 공부했어.
- 유선: 어떻게 잠을 잘 잘 수 있지? 나는 오늘 시험을 잘 못 볼까 봐 겁나서 한숨
　　　도 못 잤는데.
- 지영: 너무 공부에만 모든 신경을 쏟다 보면 집중력이 흐트러질 수 있어. 시험에
　　　대한 마음의 긴장감부터 털어 내는 게 좋거든.

(　　　　　)

4 자신의 생각을 바탕으로 이 글을 비판하며 읽은 친구의 이름을 모두 쓰세요.

> • 장호: 슬럼프에 빠진 운동선수가 욕심을 버리고 마음의 여유를 찾는다면 금방 자기 기량을 발휘할 수 있겠구나.
> • 성호: 마음의 여유를 찾기 위해 욕심을 버리는 것이 말처럼 쉬울까? 그것을 실천하는 것은 너무 힘든 일인 것 같아.
> • 지유: 사람마다 개인 차이가 있어서 슬럼프에 빠진 운동선수가 다 똑같은 방법으로 슬럼프를 이겨 내지는 않을 것 같아.

(   )

5 이 글의 뒤에 나올 수 있는 내용으로 가장 적절한 것은 무엇인가요? (   )

① 슬럼프에 빠졌을 때의 현상
② 불안감이 심해졌을 때의 현상
③ 시험 공부를 효과적으로 하는 방법
④ 강박 관념과 슬럼프의 긍정적 효과와 부정적 효과
⑤ 편안하고 긍정적인 마음을 가질 수 있는 구체적인 방법

6 빈칸에 알맞은 말을 넣어 이 글의 핵심 내용을 한 문장으로 요약하세요.

한줄요약

시험을 앞둔 학생의 과도한 [　　] 은 불안감과 좌절감을 높일 수 있으므로

편안하고 [　　] 인 마음을 가지는 것이 시험에서 좋은 결과를 얻을 수 있는 지름길이다.

지문 속 필수 어휘

다음 문장을 읽고, (　) 안에 공통으로 들어갈 낱말을 완성하세요.

❶
- 내 발표 차례가 눈앞으로 다가와서 너무 (　　　)되었다.
- 나의 거짓말이 들통날까 봐 너무 (　　)한 나머지 가슴이 두
근두근하였다.

ㄱ　장

❷
- 내가 한 말에 친구가 아무런 (　　)이 없어 실망하였다.
- 요리 연구가는 자신의 음식 맛을 본 사람의 (　　)을 살폈다.

반　ㅇ

다음 문장을 읽고, 두 낱말 중 알맞은 것을 찾아 ○표 하세요.

❸ 비행기가 지나가는 소리에 갑자기 [집중력 / 집중녁]이 흐트러졌다.

❹ 그의 섣부른 행동에 많은 사람이 [좌절감 / 자절감]을 느꼈다.

낱말의 뜻을 참고하여, 다음 문장의 빈칸에 들어갈 알맞은 낱말을 완성하세요.

❺ 신영이가 무심코 한 행동이 의외로 일석이조의 효　ㄱ 를 가져왔다.

어떤 목적을 지닌 행위에 의하여 드러나는 보람이나 좋은 결과.

❻ 그 야구 선수는 자신의 ㅅ 럼 ㅍ 를 극복하지 못하고 결국 은퇴를 하였다.

운동 경기 따위에서, 자기 실력을 제대로 발휘하지 못하고 저조한 상태가 길게 계속되는 일.

음력과 양력의 과학적 비교

어휘 수준 ★ ★ ★ ★ ★
글감 수준 ★ ★ ★ ★ ★
글의 길이 805자

우리는 대체로 서양 사람들이 사용하는 양력은 과학적이고, 동양 사람들이 오랫동안 사용해 온 음력은 비과학적이고 미신적이라고 생각한다. 현재 통용되는 과학의 여러 학문적 개념들이 주로 서양에서 왔기 때문에 우리는 알게 모르게 서양 사람들이 사용하는 것은 과학적이고, 우리가 사용해 온 것은 미신적이거나 불합리하다고 생각하는 것이다.

하지만 이러한 선입견은 말 그대로 선입견에 불과하다. 대부분의 사람들은 양력을 사용하면서 단순히 숫자에 불과한 날짜로만 계절의 변화를 예측하려 한다. 그리고는 전통적 역술 행위 등에서만 음력을 기준으로 삼는다는 점을 들어 음력은 비과학적이라고 지레 판단해 버린다. 그러나 음력은 달의 운동을 기준으로 날짜를 계산하고, 계절의 변화를 24절기로 나타내어 달과 해의 움직임을 최대한 반영하려고 노력한 과학적인 역법이다.

그렇다면 과학적이라고 평가되는 양력은 어떠한가? 양력에서는 아무 의미도 없이 정해진 1월 1일이 새해가 시작되는 날이다. 또한 나머지 달과 달리 7월과 8월은 연속으로 31일씩인가 하면, 2월은 평년인 경우 28일밖에 되지 않는다. 7월과 8월이 31일인 것은 로마 황제 아우구스투스의 출생 월을 하루라도 더 길게 기념하기 위해서 생긴 전통 때문이라고 하니, 이것이야말로 비과학적이라고 할 수 있다.

자연의 어느 것이 새로 생겨나거나 새로운 주기가 시작되는 날도 아닌 양력 1월 1일을 우리의 전통적인 설보다 더 호들갑스럽게 기념하는 일은 분명 잘못된 일이다. 우리의 전통과 문화가 살아 있는 음력을 더욱 강조하고, 내친김에 음력에 따른 24절기를 널리 보급하여 일상적으로 활용하는 것이 필요하다.

● **통용**(通 통할 통, 用 쓸 용)
일반적으로 두루 쓰임.

● **미신**(迷 미혹할 미, 信 믿을 신)
과학적 · 합리적 근거가 없는 것을 맹목적으로 믿음. 또는 그런 일.

● **주기**(週 돌 주, 期 기약할 기)
같은 현상이나 특징이 한 번 나타나고부터 다음번 되풀이되기까지의 기간.

▲ 아우구스투스는 삼촌인 율리우스의 이름을 딴 7월 (July)은 31일인데 자신의 이름을 딴 8월(August)은 30일밖에 없는 것에 불만을 품고 8월도 31일로 만들었다고 해요. 그래서 양력의 한 달은 28일에서 31일까지로 들쭉날쭉해져 버렸답니다.

정답과 해설 **3쪽**

1 이 글에서 제시한 문제 상황은 무엇인가요? (   )

① 음력에 따른 24절기를 일상적으로 쓴다.

② 우리의 전통적인 설을 호들갑스럽게 기념한다.

③ 과학의 여러 학문적 개념들을 서양에서 들여온다.

④ 양력은 과학적이고 음력은 미신적이라고 평가한다.

⑤ 우리의 전통과 문화를 보존하려는 노력이 부족하다.

2 '음력'에 대한 이해로 적절한 것은 무엇인가요? (   )

① 날씨의 변화를 24절기로 나타낸다.

② 7월과 8월은 연속으로 31일씩이다.

③ 서양 사람들이 오랫동안 사용해 왔다.

④ 달의 운동을 기준으로 날짜를 계산한다.

⑤ 2월은 평년인 경우 28일밖에 되지 않는다.

3 이 글의 전개 방식을 알맞게 말한 사람의 이름을 쓰세요.

> • 선아: 문제 상황을 밝히고 문제를 해결하기 위한 방법과 그 까닭을 제시하는 순
>   서로 전개하고 있어.
> • 승철: 문제점과 주장을 밝히고 근거를 제시한 뒤에 주장을 다시 한 번 강조하는
>   순서로 전개하고 있어.
> • 영훈: 설명하고자 하는 대상을 밝히고 예를 들어 자세히 설명한 뒤에 설명한 사
>   실을 요약하는 순서로 전개하고 있어.

(   )

4 글쓴이의 관점에서 보기 를 비판한 것으로 가장 적절한 것에 ○표 하세요.

> **보기**
>
> 영어가 국제어로서 압도적인 지위를 차지하고 있는 이상 영어는 우리 생활에서 더욱 중요한 언어 도구가 될 것이다. 나아가 이러한 현상이 심화되면 결국 민족어의 자리를 대체하여 제1 언어로서의 지위를 획득하게 될 것이다. 이것은 필연적일 뿐 아니라 인류를 위해서나 우리 민족을 위해서나 도움이 되는 길이요, 진보하는 길이다. 따라서 우리는 수동적으로 이러한 결과를 기다릴 것이 아니라, 능동적인 자세로 영어의 공용화를 추진해야 할 것이다.

⑴ 영어가 국제어가 된 것은 언어의 우수성 때문이므로 공용화 추진은 당연한 일이다. ( )

⑵ 서양의 것이 더 좋다고 판단되면 서양의 것을 취해야 하므로 영어를 공용화해야 한다. ( )

⑶ 영어가 국제어라고 해서 영어 공용화가 진보하는 길이라고 볼 수는 없으므로 우리말부터 잘 다듬고 아껴 써야 한다. ( )

5 이 글과 관련된 자료를 찾아보는 활동으로 적절하지 <u>않은</u> 것은 무엇인가요?

( )

① '24절기'가 무엇인지 백과사전에서 찾아보았다.
② '아우구스투스'의 출생 월을 인터넷에서 검색해 보았다.
③ 우리나라가 양력을 사용하기 시작한 때를 인터넷에서 찾아보았다.
④ '평년'을 국어사전에서 찾아보고 어떤 뜻으로 쓰였는지 알아보았다.
⑤ 양력에서 1월 1일이 새해가 시작되는 날인 까닭을 달력에서 찾아보았다.

한줄요약

6 빈칸에 알맞은 말을 넣어 이 글의 핵심 내용을 한 문장으로 요약하세요.

음력은 [ ]의 운동을 기준으로 날짜를 계산하고 계절의 변화를 24절기로 나타내는 과학적인 역법이므로 [ ][ ]을 강조하고 음력에 따른 24절기를 활용하자.

지문 속 필수 어휘

낱말의 뜻을 참고하여, 다음 문장의 빈칸에 들어갈 알맞은 낱말을 완성하세요.

❶ 불 ㅎ 리 한 사회 제도는 개선되어야 한다.
이론이나 이치에 합당하지 아니함.

❷ 면담할 때에는 대상자에 대한 ㅅ ㅇ 견 을 갖지 않는 것이 좋다.
어떤 대상에 대하여 이미 마음속에 가지고 있는 고정 관념이나 관점.

❸ 우리는 모두 부산 출 ㅅ 으로 부산에서 성장하였다.
세상에 나옴.

❹ 동지는 스물두 번째 ㅈ ㄱ 로 일 년 중 낮이 가장 짧고 밤이 가장 길다.
한 해를 스물넷으로 나눈, 계절의 표준이 되는 것.

문제 속 개념어

관점 觀볼 관, 點점 점

글쓴이가 사물이나 현상에 대하여 생각하는 태도나 방향을 글쓴이의 관점이라고 합니다. 글에는 글쓴이의 관점이 나타나 있는데, 같은 사물이나 현상에 대한 관점은 글쓴이에 따라 다를 수 있습니다.

가 밤하늘의 별들이 무척이나 밝아 보인다. 반짝반짝 빛나는 모습에서 생동감이 느껴졌다.
밤하늘의 별들에 대한 생각 - 밝고 생동감이 느껴짐.

나 밤하늘에 별들이 무척이나 쓸쓸해 보인다. 빛이 희미해져 가는 모습에서 슬픔이 느껴졌다.
밤하늘의 별들에 대한 생각 - 쓸쓸하고 슬픔이 느껴짐.

가의 관점: 밤하늘의 별들이 밝아 보이고 생동감이 느껴짐.
나의 관점: 밤하늘의 별들이 쓸쓸해 보이고 슬픔이 느껴짐.
→ 같은 사물이나 현상에 대한 관점이 글쓴이에 따라 다름.

순자의 사상

10분 안에 풀어보세요.

인간의 본성은 선하며 이를 최대한 발휘하게 하는 것이 사회를 편안하게 하는 길이라는 공자의 사상을 정반대로 뒤집어 인간의 본성은 악하다는 파격적인 주장을 한 인물은 바로 중국의 철학자인 순자이다. 순자에 따르면 인간의 본성은 동물과 다를 것이 전혀 없으며, 만약 본성대로 살아가게 둔다면 사람들은 욕망을 채우기 위하여 서로 싸우게 되어 사회는 큰 혼란에 빠질 것이라고 한다.

그러나 순자가 진정 말하고 싶었던 것은 인간이 악하다는 사실이 아니다. 오히려 그는 인간은 본래 악하기 때문에 '선해지기 위하여 끊임없이 노력해야 한다.'라는 점을 강조하고 싶었던 것이다. 다시 말해 인간은 끊임없는 수양과 노력을 통하여 옛 성현이 만든 예의와 도리에 따라 자신의 본성을 선하게 변화시켜야 한다는 것이다. 비록 순자는 '인간의 본성은 악하다.'라는, 반란에 가까운 주장을 했지만 진정한 사람, 즉 성인이 되기 위한 끝없는 공부를 강조하였다는 점에서, 인간의 본성을 선하다고 보고 끊임없는 자기 수양과 노력을 강조한 공자나 맹자의 사상과 크게 다르지 않다.

유가의 가르침은 흔히 '안으로 자기 자신을 닦고 밖으로 다른 사람을 다스린다.'라는 말로 요약되곤 한다. 그러나 순자는 이미 인간의 본성은 동물과 다름없다고 규정하였으므로, 그에게 있어서 일차적으로 중요한 것은 자신을 닦는 것보다 다른 사람을 다스리는 것이다. 왜냐하면 동물과 같은 인간은 스스로 자기 자신을 닦을 수 없으므로 ㉠예에 의한 외적인 통제와 가르침이 필요하고 이를 통해 동물과 같았던 사람도 비로소 인간이 될 수 있다고 보았기 때문이다. 여기서 예란 모든 규범을 통틀어 일컫는 말이다. 그래서 순자는 예에 의한 통치를 통하여 천하를 평안하게 하려고 하였다.

사회가 혼란에 빠지는 이유는 결국 사람들의 욕망은 무한한 데 비하여 이를 채워줄 물자는 제한되어 있기 때문이다. 이 상황에서 각자가 분수를 모르고 제멋대로 날뛴다면 물자는 더 부족해지고 세상은 더욱 살기 어렵게 될 것이다. 여기서 벗어나는 방법은 예에 따라 각자의 역할과 지위를 명확하게 나누고 이를 조화시키는 것이다. 그러니 위에서는 법에 의하여 세금을 거두고 아래에서는 예에 의하여 절약한다면 각자의 욕구가 잘 절제되고 생산량도 늘어 물자의 부족은 사라지게 될 것이다.

● **본성**(本 근본 본, 性 성품 성)
사람이 본디부터 가진 성질.

● **유가**(儒 선비 유, 家 집 가)
공자의 학설과 학풍 따위를 신봉하고 연구하는 학자나 학파.

● **절제**(節 마디 절, 制 억제할 제)
정도에 넘지 아니하도록 알맞게 조절하여 제한함.

1 이 글에 대한 설명으로 가장 적절한 것은 무엇인가요? (   )

① 특정 인물의 사상에 초점을 맞추어 내용을 전개하고 있다.

② 특정한 시기에 같이 활동한 사상가들의 주장을 나열하고 있다.

③ 권위자의 해석을 직접 인용하여 내용의 신뢰성을 확보하고 있다.

④ 설명하려는 대상을 다른 대상에 빗대어 알기 쉽게 표현하고 있다.

⑤ 특정 사상의 한계를 설명하며 이를 보완할 다른 사상을 제시하고 있다.

2 '순자'에 대한 설명으로 가장 적절한 것은 무엇인가요? (   )

① 자신을 닦는 것이 다른 사람을 다스리는 것보다 중요하다고 생각하였다.

② 인간은 선한 본성을 유지하기 위하여 끊임없이 노력해야 한다고 생각하였다.

③ 인간은 끊임없는 수양을 통하여 자신의 본성을 선하게 변화시켜야 한다고 보았다.

④ 선한 본성을 최대한 발휘하게 하는 것이 사회를 편안하게 하는 길이라고 생각하였다.

⑤ 예에 의한 통치로 사람들 간의 다툼에서 승자가 가려지면 물자 부족도 사라질 것으로 보았다.

3 ㉠의 이유로 가장 적절한 것은 무엇인가요? (   )

① 공자가 주장한 통치의 본질이 예이기 때문이다.

② 분업을 통하면 생산량이 증가하게 되기 때문이다.

③ 인간의 본성은 악하므로 외적인 통제가 필요하기 때문이다.

④ 물자가 풍족하게 되면 사람들 사이의 다툼이 줄어들기 때문이다.

⑤ 법에 의하여 세금을 엄정하게 거두면 나라가 부강해지기 때문이다.

4 보기 는 '맹자'가 주장한 내용의 일부이다. 이 글과 보기 를 읽은 학생이 '순자'와 '맹자'에 대해 이해한 것으로 적절하지 <u>않은</u> 것은 무엇인가요? (   )

> **보기**
>
> 　인간에게는 태어나면서부터 갖고 있는 네 가지 선한 마음의 싹이 있다. 불쌍히 여기는 마음, 서로 양보하고 공경하는 마음, 불의를 부끄러워하고 미워하는 마음, 옳고 그름을 가리는 마음이 그것이다. 누구나 이 선한 마음의 싹을 제대로 키울 수 있다면 덕을 갖춘 성인이 될 수 있다. 그러므로 통치자는 사람들을 죄인 다루듯 몰아세우기보다 선한 본성이 잘 드러나도록 덕으로 이끌고 가르치는 것이 바람직하다.

① '순자'는 인간의 본성이 악하다고 생각한 반면, '맹자'는 인간의 본성을 선한 것으로 생각하였다.

② '순자'는 선해지기 위한 끊임없는 노력을, '맹자'는 선한 마음의 싹을 키우기 위한 노력을 강조하였다.

③ '순자'는 백성들의 본성이 드러나지 않는 것을, '맹자'는 백성들의 본성이 잘 드러나는 것을 중요하게 생각하였다.

④ '순자'는 예에 의한 통치로, '맹자'는 사람들을 덕으로 다스리는 것으로 세상을 평안하게 할 수 있다고 주장하였다.

⑤ '순자'는 안으로 자기 자신을 닦는 것을, '맹자'는 밖으로 다른 사람을 다스리는 것을 통해 도덕적 성취를 달성하려 하였다.

5 이 글에서 세상이 혼란에 빠지는 근본적 원인을 찾아 그 기호를 쓰세요.

> ㄱ. 다툼　　　ㄴ. 도리　　　ㄷ. 물자　　　ㄹ. 욕망　　　ㅁ. 통제

(　　　　　　　)

6 빈칸에 알맞은 말을 넣어 이 글의 핵심 내용을 한 문장으로 요약하세요.

_{한줄요약}

　순자는 인간의 본성이 [　　　]과 다를 것이 전혀 없기 때문에 [　　]에 의한 외적인 통제와 가르침으로 선해질 수 있다고 주장한다.

지문 속 필수 어휘

다음 문장을 읽고, (　　) 안에 공통으로 들어갈 낱말을 완성하세요.

❶
- 창의력이 최대한 (　　　)될 수 있는 교육 환경을 조성해야 한다.
- 그는 가끔 손님들을 초대하여 요리 솜씨를 (　　　)하곤 하였다.

발	ㅎ

❷
- 그녀는 사장으로 취임한 후 (　　　)인 대우를 받았다.
- 그 가게 주인은 농산물의 가격을 (　　　)으로 내렸다.

파	ㄱ	적

❸
- 정부군은 (　　　)군을 진압하고 주모자를 체포하였다.
- 노비들이 일으킨 (　　　)이 실패로 돌아갔다.

반	ㄹ

다음 문장을 읽고, 두 낱말 중 알맞은 것을 찾아 ○표 하세요.

❹ 아들이 무사하다는 소식이 전해지자 [비로서 / 비로소] 어머니의 얼굴이 환해졌다.

❺ 동생은 이번 연극에서 할아버지 [역할 / 역활]을 맡았다.

낱말의 뜻을 참고하여, 다음 문장의 빈칸에 들어갈 알맞은 낱말을 완성하세요.

❻ 그는 정신 [수│ㅇ]을 위해 집을 떠나 산으로 들어갔다.

몸과 마음을 갈고닦아 품성이나 지식, 도덕 따위를 높은 경지로 끌어올림.

❼ 그들은 조선 땅에서 극도로 행동의 [제│ㅎ]을 받게 되었을 뿐만 아니라, 생명의 위협도
느꼈다.　　일정한 한도를 정하거나 그 한도를 넘지 못하게 막음. 또는 그렇게 정한 한계.

핵심 정보에 주목해야 하는 이유

우리가 TV 드라마나 영화에 등장하는 수많은 배우들 중 주인공에 주목하는 이유는 무엇일까요? 바로 작품을 이끌어 가는 핵심 인물이기 때문이죠. 독서에서 가장 첫 번째로 해야 하는 일은 바로 글의 핵심 정보를 찾는 일입니다. 글에서 핵심이 되는 정보가 무엇인지를 찾아내는 것은 글을 이해하는 시작이 되기 때문입니다.

● 다음 카드를 보고 떠오르는 단어를 적어 보세요.

(   )

아무것도 떠올리지 못했다고요?

그럼 다시 세 장의 카드를 보여 줄게요.

● 이제 떠오르는 단어가 있나요?

(   )

아니, 이렇게 쉬운 문제가 다 있어? 실망스럽기까지 하죠?
그렇습니다. 정답은 여러분이 생각한 대로 **'코끼리'**가 맞습니다.

그런데 똑같이 세 장의 카드를 제공하였는데도
먼저 제시했던 세 장의 카드를 보고서 정답을 떠올리지 못한 이유는 뭘까요?

우리가 유심히 코끼리를 관찰해 보면 분명 듬성듬성 털도 나 있고, 단단한 발톱도 있다는 것을 알 수 있어요.
하지만 '회색'이나 '털'이나 '발톱'과 같은 정보는 '코끼리'만이 가진 핵심적인 특징이라고 볼 수 없습니다.
반면 **'긴 코'라든가 '상아'와 같은 정보는 '코끼리'의 중요한 성질이기 때문에 쉽게 답을 찾을 수 있는 것이에요.**

우리가 접하는 비문학 지문 속에는 많은 정보가 담겨 있습니다. 이러한 정보들은 각각 글에서 말하고자 하는 대상과 관련된 다양한 사실과 주장을 읽는 이에게 전달하죠.
그러나 모든 정보를 다 속속들이 이해하는 것은 어렵고 시간도 많이 걸립니다.

그래서 핵심 정보를 중심으로 글의 내용을 파악해야 하는데, 이것이 바로 '독해'입니다.
지문을 읽어 가면서 핵심이 되는 정보들을 앞서 보았던 '코끼리 찾기'처럼 골라내는 것이죠.

무엇보다 중요한 것은 국어에서의 '독해'는
문제에서 요구하는 것을 **'정해진 시간 안에'** 지문에서 정확히 찾아내야 한다는 것입니다.
그렇기에 더더욱 핵심 정보를 중심으로 글을 파악하는 것이 중요하겠지요?

“ 독해 능력은 글만 많이 읽는다고 해서 키워지는 것이 아닙니다.
짧은 시간 안에 핵심을 파악해 내는 연습이 꼭 필요한 것을 명심하세요.”

문의 여닫는 방향은 어떻게 결정될까

어휘 수준 _{하 중 상} ★★★★★
글감 수준 ★★★★★
글의 길이 817자

본격 독해 훈련

⏱ **8**분 안에 풀어보세요.

가 건축에서 문의 방향을 결정짓는 요인은 크게 세 가지 정도로 꼽을 수 있다. 첫째는 공간의 활용, 둘째는 비상시의 대피, 셋째는 행동 과학이 그것이다.

나 ㉠아파트를 제외한 일반 주택에서 현관문의 여닫는 방향을 결정하는 요인은 공간 활용의 측면이 강하다. ㉡신발을 벗어둘 공간이 필요하기 때문이다. ㉢만약 현관문이 안쪽으로 열린다면 문을 열 때마다 현관의 신발들이 이리저리 쓸려 다닐 것이다. ㉣물론 현관이 충분히 넓다면 상관없겠지만 일반적으로 사람들은 현관보다는 방 공간이 더 넓기를 바란다.

다 아파트 현관문의 여닫는 방향을 결정하는 요인은 건물 내의 화재와 같은 비상시 대피의 측면이 강하다. 아파트는 여러 세대가 밀집해서 사는 공동 주택이다. 그렇기 때문에 문의 여닫는 방향은 사람들의 대피가 수월하도록 반드시 피난 방향으로 열리게 법으로 규정하고 있다.

라 이와 비슷한 예는 극장이나 공연장같이 사람들이 동시에 많이 모이는 장소에서도 찾을 수 있다. 극장 문은 보통 바깥쪽으로 열리도록 되어 있으며, 이는 비상시 많은 사람들이 한꺼번에 밖으로 대피하기 쉽도록 문의 방향을 바깥쪽으로 향하게 한 것이다.

마 그렇다면 행동 과학의 측면에서 보면 어떨까? 간단한 일상의 예로 이해해 보자. 민형이 어머니는 밤늦도록 공부하는 수험생 아들을 위해 간식을 준비하고 아들의 방문을 노크한다. 그 순간 방 안에서 공부하던 민형이는 졸음을 떨치려고 방문을 열고 나온다. 문이 바깥쪽으로 열린다면 민형이는 방문 앞의 어머니와 부딪치게 될 것이다. 이와 같은 사례로 알 수 있듯이 방문을 안쪽으로 열리도록 한 것은 방문이 열릴 때 방 밖에 있을지도 모르는 사람을 배려하기 위한 것이다.

● **여닫는**
문 따위를 열고 닫고 하는.

● **측면**(側 곁 측, 面 낯 면)
사물이나 현상의 한 부분. 또는 한쪽 면.

● **피난**(避 피할 피, 難 어려울 난)
재난을 피하여 멀리 옮겨 감.

▲ 옆으로 밀어서 열고 닫는 문은 미닫이문이라고 하고, 밀거나 당겨서 열고 닫는 문은 여닫이문이라고 해요.

1 이 글의 **내용과 일치**하지 <u>않는</u> 것은 무엇인가요? (   )

① 방문은 안쪽으로 열리도록 되어 있다.

② 극장 문은 바깥쪽으로 열리도록 되어 있다.

③ 아파트 현관문은 피난 방향으로 열리도록 되어 있다.

④ 공동 주택에서 문의 여닫는 방향은 법으로 규정되어 있다.

⑤ 아파트를 제외한 일반 주택에서 현관문은 안쪽으로 열리도록 되어 있다.

+ 수능연결

일치는 지문과 문제에 나타난 정보가 같은지를 확인하는 것을 말해요. 어떤 글이든지 글 속에는 많은 정보가 담겨 있습니다. 글의 흐름에 따라 글 속에 담겨 있는 정보들을 하나하나 살펴보는 것은 글의 내용을 이해하는 데 가장 중요한 것입니다.

> 복할 만하다. 고전파 시대의 대표적인 음악가 베토벤은 ㉠현악 4중주 제15장 3악장의 주제부로 리디아 선법의 변격인 하이포–리디아를 사용하여 병에서 회복한 기쁨과 신에 대한 감사의 마음을 종   **내용과 일치**

28. 윗글의 **내용과 일치**하는 것은?

　① 정격 선법과 변격 선법은 짝이 되어 화음을 이룬다.

　② 단선율의 그레고리안 선법은 독창을   　　　수능에는 글의 내용과 일치하는지 혹은 일치

　③ 변격 선법의 중심음은 종지음보다 항　　　하지 않는지를 묻는 문제가 자주 출제돼요.

　④ 정격 선법보다 변격 선법의 음역에는

　⑤ 정격 선법은 각각의 종지음보다 낮은 음이 음역에 존재한다.

---

2 가~마를 내용상 네 부분으로 나눌 때, 하나로 묶을 수 있는 문단은 무엇인가요?

(   )

① 가 - 나   ② 나 - 다

③ 다 - 라   ④ 라 - 마

⑤ 다 - 라 - 마

---

3 ㉠~㉣ 중, 나의 중심 문장으로 가장 적절한 것의 기호를 쓰세요.

(   )

4 이 글을 바탕으로 보기 를 이해한 것으로 알맞은 것에 ○표 하세요.

> **보기**
>
> 　정부는 저소득층 독거노인들을 위해 공공실버주택의 공급을 늘리고 있다. 이 주택에는 노인들을 배려한 장치가 곳곳에 있다. 어르신들이 신발을 벗다가 균형을 잃을까 봐 현관 벽에는 안전손잡이를 설치했다. 그리고 키가 작거나 허리가 구부정한 어르신들을 위해 화장실 세면대는 높낮이 조절이 가능하다.

(1) 행동 과학의 측면을 고려하여 주택을 건축하였다. 　　　　　　(　　)

(2) 공간의 활용 측면을 고려하여 주택을 건축하였다. 　　　　　　(　　)

(3) 비상시 대피의 측면을 고려하여 주택을 건축하였다. 　　　　　　(　　)

5 ☐☐의 낱말과 반대되는 낱말과 그 뜻이 알맞지 <u>않은</u> 것은 무엇인가요? (　　)

① 강하다 – 약하다: 능력, 지식, 기술 따위가 모자라거나 낮다.

② 안쪽 – 바깥쪽: 바깥으로 향하는 쪽.

③ 넓다 – 좁다: 면이나 바닥 따위의 면적이 작다.

④ 밀집 – 분산: 갈라져 흩어짐. 또는 그렇게 되게 함.

⑤ 많이 – 작게: 수효나 분량, 정도가 일정한 기준에 미치지 못하게.

6 **한줄요약** 빈칸에 알맞은 말을 넣어 이 글의 핵심 내용을 한 문장으로 요약하세요.

　건축에서 문의 ☐☐은 공간을 효율적으로 활용하고, 사람들이 비상시 ☐☐하기 쉬우며, 행동 과학의 측면에서 사람을 배려하는 방향으로 결정한다.

지문 속 필수 어휘

낱말의 뜻을 참고하여, 다음 문장의 빈칸에 들어갈 알맞은 낱말을 완성하세요.

❶ 삼촌의 성공 | 요 | ○ |은 성실한 생활 태도에 있다.

　　사물이나 사건이 성립되는 까닭. 또는 조건이 되는 요소.

❷ 전주는 오래된 한옥들이 | ㅁ | 집 |되어 있는 도시이다.

　　　　빈틈없이 빽빽하게 모임.

❸ 나는 | 비 | ㅅ | ㅅ |를 대비하여 용돈을 쓰지 않고 모아 두었다.

　　뜻밖의 긴급한 사태가 일어난 때.

문제 속 개념어

중심 문장 中 가운데 중, 心 마음 심, 文 글월 문, 章 글 장

중심 문장은 문단의 내용을 대표하는 문장입니다. 그리고 뒷받침 문장은 중심 문장의 내용을 자세히 설명해 주는 문장입니다. 대개 한 문단에는 한 개의 중심 문장이 있으며, 뒷받침 문장은 내용을 자세히 설명해 주기 위해서 여러 개가 있을 수 있습니다.

봄이 오면 우리 마을에 여러 가지 꽃이 핍니다. 학교 가는 길에는 노란 개나리가 활짝
　　　　　　　　중심 문장
핍니다. 학교 운동장가에는 목련이 하얗게 핍니다. 마을 앞산 이곳저곳에는 분홍 진달

래가 핍니다.

- **중심 문장:** 봄이 오면 우리 마을에 여러 가지 꽃이 핍니다.
- **뒷받침 문장:** ① 학교 가는 길에는 노란 개나리가 활짝 핍니다.
　　　　　　　② 학교 운동장가에는 목련이 하얗게 핍니다.
　　　　　　　③ 마을 앞산 이곳저곳에는 분홍 진달래가 핍니다.

도시의 밤은 너무 눈부시다

8분 안에 풀어보세요.

어휘 수준 ★★☆☆☆
글감 수준 ★★☆☆☆
글의 길이 816자

가 시골 어디에서나 쉽게 볼 수 있었던 반딧불이가 점점 사라지고 있다. 가뜩이나 공기가 탁해지고 물이 오염되어 반딧불이의 서식지가 줄어들고 있는데, 이제는 밤을 밝히는 환한 인공 불빛 때문에 암수가 서로의 위치를 찾기 어려운 지경에 이른 것이다. 인공 불빛이 짝짓기를 방해하는 ㉠바람에 여름날 풀숲에서 신비로운 불빛을 내며 날아다니는 반딧불이를 만나기가 힘들어지고 있는 것이다.

나 그렇다면 인공 불빛을 받고 자라는 식물은 어떠할까? 식물도 빛 공해의 피해를 입고 있다. 모든 식물은 자연의 이치에 따라야 제대로 자란다. 그런데 밤이 낮처럼 환해지면서 생태계의 질서가 파괴되어 식물이 돌연변이를 일으키고, 결국 그 피해는 고스란히 인간에게 돌아오게 된다.

다 벼는 낮이 길 때 광합성 작용을 활발히 해서 영양분을 최대한 저장했다가 낮이 짧아지는 시기에 이삭을 만든다. 그런데 밤에도 계속 빛을 받으면 이삭이 제대로 여물지 못한다. 불빛에 민감한 들깨는 꽃을 피우지 못해 열매가 맺지 않고 계속 웃자라기만 한다. 빛에 가장 민감한 시금치는 보름달 밝기의 2배인 0.7럭스만 되어도 잘 자라지 않는다. 그만큼 식물의 생장에는 알맞은 빛과 어둠이 중요하다.

라 사람도 빛 공해의 피해를 입고 있다. 우리나라의 도시에 사는 아이들은 시골에 사는 아이들보다 안과를 자주 찾는다. 세계적으로 유명한 과학 잡지 《네이처》에서 밤에 항상 불을 켜 놓고 자는 아이의 34퍼센트가 근시라는 조사 결과를 발표했다. 불빛 아래에서는 잠드는 데 걸리는 시간인 수면 잠복기가 길어지고 뇌파도 불안정해진다. 이 때문에 도시의 눈부신 불빛은 아이들의 깊은 잠을 방해하고 있는 것이다.

● **서식지**(棲 깃들일 서, 息 쉴 식, 地 땅 지)
생물 따위가 일정한 곳에 자리를 잡고 사는 곳.

● **인공**(人 사람 인, 工 장인 공)
사람의 힘으로 자연에 대하여 가공하거나 작용을 하는 일.

● **공해**(公 공평할 공, 害 해할 해)
산업이나 교통의 발달에 따라 사람이나 생물이 입게 되는 여러 가지 피해.

● **생장**(生 날 생, 長 길 장)
나서 자람.

▲ 4월 22일은 '지구의 날'입니다. '지구의 날'에는 세계 곳곳에서 지구를 위해 불필요한 전등을 끄는 행사를 한답니다. 소등 행사는 저녁 8시부터 10분 동안 진행하는데, 지구를 보호하는 움직임에 동참하고 잠깐이라도 빛 공해의 피해를 줄여 보는 것도 좋겠지요?

1 가~라의 서술상 특징을 알맞게 말하지 <u>못한</u> 친구의 이름을 쓰세요.

> • 예슬: 가는 전문가의 의견을 인용하여 서술했어.
> • 도빈: 나는 묻고 답하는 형식으로 서술했어.
> • 나현: 다는 이해를 돕기 위해 구체적인 수치를 제시했어.
> • 승기: 라는 조사 결과를 활용하여 근거로 제시했어.

(   )

2 '빛 공해'에 대한 내용으로 알맞은 것은 무엇인가요? (   )

① 환경오염 때문에 생겨났다.
② 식물에게는 긍정적인 영향을 끼친다.
③ 반딧불이의 불빛을 세게 만들어 짝짓기를 돕는다.
④ 낮이 짧아지면서 생태계의 질서가 파괴되는 현상이다.
⑤ 도시의 아이들이 안과를 자주 찾는 원인이 되기도 한다.

3 글쓴이가 이 글을 쓴 까닭으로 알맞은 것을 두 가지 고르세요. (   )

① 빛 공해의 피해를 알려 주고 싶어서이다.
② 반딧불이가 사라져 가는 까닭을 알려 주기 위해서이다.
③ 사람은 인공 불빛 없이 살아가기 어렵다고 생각했기 때문이다.
④ 시력이 더 이상 나빠지지 않게 하는 방법을 알려 주기 위해서이다.
⑤ 인공 불빛의 문제점을 우리 모두가 알고 있어야 한다고 생각했기 때문이다.

4 '빛 공해의 피해'를 줄일 수 있는 실천 방법으로 가장 적절한 것을 보기 에서 골라 기호를 쓰세요.

> 보기
>
> ㄱ. 나무를 많이 심자.
> ㄴ. 벼농사를 장려하자.
> ㄷ. 불필요한 전등은 끄자.
> ㄹ. 일회용품 사용을 줄이자.

(   )

5 밑줄 친 낱말이 ㉠과 비슷한 뜻으로 쓰인 것은 무엇인가요? (   )

① 바람이 불어서 날씨가 춥게 느껴졌다.
② 어제는 눈이 오는 바람에 길이 미끄러웠다.
③ 올해는 시험에 합격하는 것이 나의 바람이다.
④ 축구공에 바람이 빠져서 경기를 계속할 수 없었다.
⑤ 나의 바람대로 이번 여름 방학은 할머니 댁에서 보내면 좋겠다.

6 빈칸에 알맞은 말을 넣어 이 글의 핵심 내용을 한 문장으로 요약하세요.

한줄
요약

반딧불이와 식물이 빛 ☐☐ 의 피해를 입고 있으며, 밤에 불을 켜 놓고 자는 아이의 ☐☐ 이 나빠지거나 도시의 불빛이 깊은 잠을 방해하는 등 사람도 빛 ☐☐ 의 피해를 입고 있다.

지문 속 필수 어휘

낱말의 뜻을 참고하여, 다음 문장의 빈칸에 들어갈 알맞은 낱말을 완성하세요.

❶ 거실에서 들려오는 텔레비전 소리가 공부에 ㅂ 해 가 되었다.

남의 일을 간섭하고 막아 해를 끼침.

❷ 감기약이 작 ㅇ 한 때문인지 책상에 앉은 지 얼마 되지 않아 잠이 왔다.

어떠한 현상을 일으키거나 영향을 미침.

❸ 잠드는 데 걸리는 시간을 수면 ㅈ ㅂ 기 라고 한다.

어떤 자극, 원인이 작용하여 반응이 나타나기까지의 시간.

문제 속 개념어

실천 방법 實 열매 실, 踐 밟을 천, 方 모 방, 法 법 법

문제 상황이 나타나 있는 글에는 그 문제를 해결할 수 있는 방안이 제시되는 경우가 많습니다. 이 해결 방안을 구체적인 행동으로 옮기는 방법을 실천 방법이라고 합니다.

가정에서 낭비되는 에너지가 많다. 가정에서 손쉽게 에너지를 절약하는 방법을 알아보
_{문제 상황}
자. 첫째, 에너지를 불필요하게 사용하지 않아야 한다. 쓰지 않는 전기 플러그만 뽑아
_{해결 방안 ①}   _{실천 방법 ①}
두어도 전기가 절약된다. 둘째, 에너지 사용을 줄여야 한다. 여름에 실내 온도를 26도
_{해결 방안 ②}
로 설정하여 냉방기를 적게 쓰도록 노력하는 것이 좋다.
_{실천 방법 ②}

문제 상황: 가정에서 낭비되는 에너지가 많음.

↓

해결 방안: 에너지를 불필요하게 사용하지 않기, 에너지 사용 줄이기

↓

실천 방법: 쓰지 않는 전기 플러그 뽑아 두기, 여름에 냉방기 적게 쓰도록 노력하기

안전띠는 생명 띠

어휘 수준 ★★★★★
글감 수준 ★★★★★
글의 길이 881자

(가)
'안전띠는 생명 띠' 긴 설명이 필요 없는 표어이다. 실제로 수많은 교통사고 현장에서 안전띠 덕분에 소중한 생명을 지킨 일이 많다. 하지만 안전띠를 했다고 해서 안전이 완벽하게 보장되는 것은 아니다. 안전띠를 제대로 매지 않았을 때 오히려 피해가 더 커질 수도 있다.

안전띠는 성인 남자 몸무게의 서른 배 정도 되는 힘에도 견딜 수 있게 설계된다. 그런데 안전띠를 맬 때 가장 소홀히 하기 쉬운 것은 대체로 다음 두 가지인 것 같다. 첫째, 안전띠가 꼬인 상태 그대로 매는 것이다. 이 점에 대해서는 캠페인을 통해서도 많이 지적되고 있지만, 막상 그 충격이 어느 정도인지에 대해서는 무심한 듯하다. 안전띠의 국제 규격은 폭 4.6cm이다. 그런데 안전띠가 꼬인 채로 매게 되면 차에 충격이 가해졌을 때 오히려 안전띠가 몸에 닿는 부분에 충격이 가해져서 큰 부상을 입을 수도 있다.

둘째, 안전띠를 배 위에 걸치는 경우인데, 이것은 정말 흔히 저지르는 실수이다. 골반뼈는 우리 몸에서 가장 튼튼한 뼈 중 하나로 허리 부분의 안전띠는 바로 그 골반뼈를 이용해서 충격을 줄여 준다. 그런데 안전띠를 너무 위쪽으로 매면 충격이 골반보다는 배에 가해지게 되어 결국 장기에 손상을 입게 된다. 배가 나온 사람들은 특히 배 위쪽으로 안전띠를 올려 매고는 하는데, 이제부터는 최대한 아래쪽으로 매야 한다는 것을 꼭 기억하자.

그 밖에 아이들과 함께 탔을 때 안전띠 하나로 두 아이를 매면 외부에서 충격이 전해질 때 아이들끼리 머리를 부딪쳐 크게 다칠 수 있다. 또, 엄마가 아기를 안은 채로 안전띠를 매고 타는 경우 사고가 나면 아기는 충격을 흡수하는 역할을 하게 되어 엄마 몸무게의 7배에 해당하는 충격을 받게 된다. 그러므로 안전띠가 ㉠<u>완벽한</u> 생명 띠가 되려면 올바른 방법으로 매는 것이 중요하다.

▲ 골반뼈는 우리 몸통의 아래쪽 부분을 이루는 뼈에요. 엉덩이 부분의 뼈대로, 허리등뼈와 다리뼈를 잇는 깔때기 모양의 크고 납작한 뼈인데요. 몸의 중심에 위치해 있어서 몸의 축으로 비유하는 아주 중요한 뼈랍니다.

● **설계**(設 베풀 설, 計 꾀 계)
건축 · 토목 · 기계 제작 따위에서, 그 목적에 따라 실제적인 계획을 세워 도면 따위로 명시하는 일.

● **장기**(臟 내장 장, 器 그릇 기)
내장의 여러 기관.

● **흡수**(吸 숨들이쉴 흡, 收 거둘 수)
빨아서 거두어들임.

1 이 글의 내용으로 알맞지 <u>않은</u> 것은 무엇인가요? (　　　)

① 안전띠의 국제 규격은 폭 4.6cm이다.

② 안전띠를 제대로 맸다면 배보다 골반에 가해지는 충격이 작다.

③ 배가 나온 사람들도 최대한 배 아래쪽으로 안전띠를 매는 것이 안전하다.

④ 어른이 아기를 안고 탔다가 사고가 나면 아기가 충격을 흡수하는 역할을 한다.

⑤ 안전띠는 성인 남자 몸무게의 서른 배 정도 되는 힘에도 견딜 수 있게 설계되었다.

2 ㉮를 통해 알 수 있는 글쓴이의 **주장**은 무엇인가요? (　　　)

① 안전띠를 매는 방법은 때에 따라 다르다.

② 안전띠를 매면 모든 사고를 막을 수 있다.

③ 안전띠 매기 운동이 활발히 벌어지고 있다.

④ 안전띠를 매는 것은 의무적으로 해야 한다.

⑤ 안전띠를 올바른 방법으로 매는 것이 중요하다.

＋수능연결

주장은 글에 드러난 글쓴이의 견해를 말해요. 한 편의 글은 하나의 주장을 담고 있을 수도 있고, 둘 이상의 대립되는 주장을 담고 있는 경우도 있습니다. 글에 나타난 글쓴이의 주장이 무엇인지를 이해하면, 글의 주제를 파악하는 데 도움이 됩니다.

> 한편 ㉠다른 시각을 가진 사람들도 있다. 이들은 저작물의 공유 캠페인이 확산되면 저작물을 창조하려 ~~~~~**주장**~~~~ ~할 것이라고 우려한다. 이들은 결과적으로 활용 가능한

22. ㉠의 **주장**에 가장 가까운 것은?

① 이용 허락 조건을 저작물에 표시하면 창작 활동을 더욱 활성화한다.

② 저작권자의 정당한 권리 보호를 위해

③ 비영리적인 경우 저작권자의 동의가

④ 저작권자가 자신들의 노력에 상응하

> 수능에는 누가 어떤 주장을 펼치고 있는지 이해하는 문제가 자주 출제돼요.

⑤ 자신의 저작물을 자유롭게 이용하도록 양보하는 것은 다른 저작권자의 저작권 개방을 유도하여 공익을 확장시킨다.

3 안전띠를 맬 때 주의해야 할 점이 <u>아닌</u> 것을 보기 에서 골라 기호를 쓰세요.

> 보기
> ㄱ. 안전띠는 꼬이지 않도록 매야 한다.
> ㄴ. 안전띠를 배에 걸쳐서 매는 것은 위험하다.
> ㄷ. 안전띠를 맬 때 아이들을 각각 따로 매는 것은 위험하다.

(   )

4 ㉠과 바꾸어 쓸 수 있는 말로 알맞은 것은 무엇인가요? (   )

① 온전한
② 신중한
③ 편안한
④ 합리적인
⑤ 융통성 있는

5 빈칸에 알맞은 말을 넣어 이 글의 핵심 내용을 한 문장으로 요약하세요.

한줄
요약

안전띠를 제대로 매지 않았을 때는 오히려 [|]가 더 커질 수 있으므로 안전띠

가 사고를 막는 [| |]가 되려면 올바른 방법으로 매는 것이 중요하다.

지문 속 필수 어휘

다음 문장을 읽고, (   ) 안에 공통으로 들어갈 낱말을 완성하세요.

❶

- 올해부터 자동차 전 좌석에서는 (   )를 매야 한다.
- 어린아이가 (   )를 맬 때에는 카시트를 이용하는 것이 좋다.

안	ㅈ	ㄸ

❷

- (   )을 다루는 의술은 항상 신중해야 한다.
- 불교의 가르침은 작은 (   )도 소중히 여겨 살생을 하지 말자는 것입니다.

ㅅ	명

다음 문장을 읽고, 두 낱말 중 알맞은 것을 찾아 ○표 하세요.

❸ 이 모든 사고는 평소 안전 관리를 [소홀히 / 소홀이] 하여 발생한 것이다.

❹ 교통 법규를 지키자는 [캠페인 / 캠패인] 이 전국 곳곳에서 열렸다.

낱말의 뜻을 참고하여, 다음 문장의 빈칸에 들어갈 알맞은 낱말을 완성하세요.

❺ 이 물건은 작은 | 충 | ㄱ | 에도 쉽게 부서집니다.

물체에 급격히 가하여지는 힘.

❻ 새로 산 소파를 살펴보다가 약간 | ㅅ | 상 | 된 부분이 있어서 다른 상품으로 교환하였다.

병이 들거나 다침. 품질이 변하여 나빠짐.

소아 비만의 원인과 예방법

어휘 수준 ★★★★☆
글감 수준 ★★★★★
글의 길이 1,075자

소아 비만은 같은 또래 친구들의 평균 몸무게보다 20퍼센트 이상 높은 경우를 말한다. 소아 때 비만이 생긴 어린이의 약 80~85퍼센트는 어른이 되어서도 비만으로 고생하며, 고혈압, 당뇨병 등 주로 어른이 걸리는 병을 앓기도 한다.

소아 비만의 원인은 식습관, 유전, 환경, 심리, 병 등이 있다. 그런데 이들 원인 중 특정한 병에 의한 비만은 1퍼센트 미만이고, 편식이나 잦은 과식 등의 잘못된 식사 습관이나 장기간의 열량 과다 섭취 등으로 비만이 생기는 경우가 대부분이다.

비만 발생의 30퍼센트 정도는 유전적인 요인에 의한 것으로 알려져 있다. 특히 비만은 10세 이전 아동의 경우 유전 요인이 상당히 강하게 작용하는 것으로 밝혀졌다. 역학 조사에 따르면 자녀의 비만율은 부모 모두 비만인 경우는 80퍼센트, 부모 중에서 한쪽이 비만인 경우는 40퍼센트, 부모 모두가 정상인 경우는 7퍼센트 정도가 된다.

환경 요인도 빼놓을 수 없다. 환경 요인에는 부모의 성격, 가족 수, 텔레비전 시청 시간 등이 있다. 먼저, 부모의 성격과 비만의 관계를 살펴보면, ㉮대개 활동적인 부모의 자녀는 마른 편이며, 과잉보호하는 부모의 자녀는 음식을 많이 먹어 비만해지기 쉽다. 그리고 자녀가 한 명인 가족의 비만율이 가장 높고 가족 수가 많을수록 비만율은 줄어든다고 한다. 또 텔레비전도 영향을 끼치는데, ㉯시청 시간이 1시간 늘어날 때마다 비만 발생률은 2퍼센트씩 늘어난다고 한다.

심리 요인이 비만을 일으키기도 한다. 불안, 고민, 슬픔, 스트레스는 일반적으로 사람들의 식욕을 떨어뜨리는 원인이 되지만, 비만아에게는 오히려 과식의 원인이 되기도 한다. 우울함이나 스트레스를 없애기 위해 열량이 높은 음식을 많이 먹었다가 체중이 불어나게 되고, 이로 인해 다시 우울함이나 스트레스를 느끼는 악순환에 빠지게 되는 것이다.

이러한 소아 비만을 예방하려면 음식을 조절하고 운동을 꾸준히 하여야 한다. 기름진 음식과 당분이 많이 들어 있는 식품은 열량이 높고 과식하기 쉬워 비만의 주된 원인이 되므로 이런 음식은 줄여야 한다. 그리고 걷기, 달리기, 줄넘기, 수영 등 산소가 필요한 운동을 일주일에 3회 이상 꾸준히 하는 것이 좋다.

● **심리**(心 마음 심, 理 다스릴 리)
마음의 작용과 의식의 상태.

● **열량**(熱 더울 열, 量 헤아릴 량)
열에너지의 양. 단위는 보통 칼로리(cal)로 표시함.

● **역학**(疫 전염병 역, 學 배울 학)
어떤 지역이나 집단 안에서 일어나는 질병의 원인이나 변동 상태를 연구하는 학문.

정답과 해설 **8쪽**

1 이 글의 내용 전개 방식으로 알맞은 것은 무엇인가요? (   )

① 문제 상황에 대한 서로 다른 주장을 소개하고 있다.

② 구체적 사례를 제시하여 해결 방안의 한계를 설명하고 있다.

③ 특정한 현상이 나타나게 된 배경을 시간 순서대로 밝히고 있다.

④ 문제의 원인을 분석한 후 이에 대한 예방 방안을 제시하고 있다.

⑤ 대상이 미치는 영향을 여러 측면에서 살펴본 후 이를 요약하고 있다.

2 이 글을 통해 알 수 있는 내용이 <u>아닌</u> 것은 무엇인가요? (   )

① 소아 비만은 성인 비만으로 이어질 가능성이 크다.

② 비만을 예방하려면 열량이 높은 음식은 피하는 것이 좋다.

③ 부모의 비만 정도나 성격이 아이의 비만에 영향을 줄 수 있다.

④ 병으로 인한 비만보다 유전으로 인한 비만이 건강에 더 해롭다.

⑤ 심리적인 스트레스로 인해 잘못된 식사 습관을 갖게 될 수도 있다.

3 ㉮, ㉯를 통해 이끌어 낼 수 있는 내용으로 알맞은 것을 보기 에서 모두 골라 기호를 쓰세요.

보기
ㄱ. 신체 활동 시간이 늘어나면 열량을 소모하는 양이 줄어 비만이 발생하지 않겠군.

ㄴ. 텔레비전 시청이 사람들의 활동량에 영향을 주기 때문에 비만이 발생하는 것이겠군.

ㄷ. 텔레비전 시청과 마찬가지로 컴퓨터 게임을 오래 해도 비만 발생률이 높아질 수 있겠군.

(   )

4 **보기** 는 이 글과 관련하여 찾은 자료입니다. 이 글과 **보기** 를 바탕으로 예린이와 세주에 대해 이해한 내용으로 알맞은 것을 모두 골라 ○표 하세요.

> **보기**
>
> 　대한비만학회의 비만도 기준에 따르면, 비만도가 20퍼센트 이상인 경우가 비만에 해당한다. 이 중에서도 20~29퍼센트는 경도 비만, 30~49퍼센트는 중등도 비만, 50퍼센트 이상은 고도 비만으로 나눈다. 비만도는 {(실제 체중−신장별 표준 체중)÷신장별 표준 체중}×100으로 계산한다. 4남매 중 막내딸인 예린이는 9세로, 키 133cm, 몸무게 36kg이며, 부모 모두 비만이다. 키 133cm의 여자아이의 표준 체중은 30kg, 남자아이의 표준 체중은 31kg임을 참고하여 {(36kg−30kg)÷30kg}×100으로 계산하면 예린이의 비만도가 나온다. 이때 비만도를 나타내는 단위는 퍼센트이다. 형이 둘인 세주는 예린이와 나이, 키는 같으나 몸무게는 40kg이며, 아버지만 비만이다.

(1) 대한비만하회의 비만도 기준에 따르면 예린이는 경도 비만에 해당한다. (　　　)

(2) 비만도 계산법을 적용하면 세주의 비만도는 약 29퍼센트가 나온다. 　(　　　)

(3) 세주의 비만은 예린이에 비해 유전적인 요인이 더 크게 작용했을 것이다. (　　　)

한줄 요약

5 빈칸에 알맞은 말을 넣어 이 글의 핵심 내용을 한 문장으로 요약하세요.

　소아 비만의 원인으로는 병, 잘못된 식습관, ☐☐ 적 요인, ☐☐ 요인, 심리 요인 등이 있으며, 소아 비만을 예방하기 위해서는 음식을 조절하고 ☐☐ 을 꾸준히 해야 한다.

지문 속 필수 어휘

낱말의 뜻을 참고하여, 다음 문장의 빈칸에 들어갈 알맞은 낱말을 완성하세요.

❶ 맵고 짜게 먹는 ┌─┬─┬─┐ ㅅ│습│ㄱ └─┴─┴─┘ 은 위 건강에 좋지 않다.

  음식을 취하거나 먹는 과정에서 저절로 익혀진 행동 방식.

❷ 서울과 그 주변 지역에 인구가 ┌─┬─┐ 과│ㄷ └─┴─┘ 하게 집중되고 있다.

  너무 많음.

❸ 운동을 하려면 ┌─┬─┬─┐ ㅎ│ㄷ│적 └─┴─┴─┘ 인 옷으로 갈아입어라.

  몸을 움직여 행동하는. 또는 그런 것.

다음 문장을 읽고, (   ) 안에 공통으로 들어갈 낱말을 완성하세요.

❹
- 그의 성공 (   )은 성실한 생활 태도에 있다.
- 정치 불안은 물가가 오르는 (   )이 되기도 한다.

┌─┬─┐ ○│인 └─┴─┘

❺
- 전염병 (   )을 위해 물은 반드시 끓여 먹어야 한다.
- 손을 깨끗이 씻는 습관은 병을 (   )하는 데 도움이 된다.

┌─┬─┐ 예│ㅂ └─┴─┘

다음 문장을 읽고, 두 낱말 중 알맞은 것을 찾아 ○표 하세요.

❻ 아무리 가뭄이 들어도 이 우물은 [말르지 / 마르지] 않는다.

❼ 너무 놀라서 들고 있던 컵을 바닥에 [털어뜨렸다 / 떨어트렸다].

실업은 왜 발생하는 걸까

어휘 수준 ★★★★★
글감 수준 ★★★★★
글의 길이 936자

 실업은 개인과 사회에 모두 손해를 끼친다. 먼저 개인은 실업으로 경제적인 어려움을 겪는다. 그리고 일을 통해 얻는 자아실현이 어려워지면서 우울증 등 정신 질환으로 고생하기도 한다. 또한 사회는 자원의 낭비, 기술력의 저하 등을 겪을 수 있다. 그렇다면 개인과 사회 모두에 손실을 끼치는 실업은 왜 발생하는 것일까? 실업의 종류를 살펴보면 실업이 왜 발생하는지 그 이유를 알 수 있다.

 실업에는 여러 종류가 있다. 첫째로 ㉠마찰적 실업이 있다. 기업이 태어나고 ㉮자라고 쇠퇴하고 죽는 과정에서 일자리는 생겼다가 없어지기 마련이다. 노동자들은 여러 가지 이유로 일자리를 바꾸기도 한다. 문제는 이런 과정이 즉각적으로 ㉯일어나지 않는다는 것이다. 기업이 자리에 ㉰맞는 사람을 찾고, 노동자가 새 일자리를 찾는 데는 시간이 걸린다. 이 때문에 마찰적 실업이 발생한다.

 또 다른 형태는 필요한 노동자의 종류와 시장에 나와 있는 노동자의 종류가 맞지 않아서 발생하는 실업이다. 이를 가리켜 ㉡기술적 실업이라고 한다. 일반적인 경제 이론에 따르면 노동자들은 시장이 요구하는 산업에 필요한 기술을 익혀 그 분야로 진출할 수 있다. 하지만 현실적으로 새로운 일을 익혀 곧바로 그 분야에 ㉱뛰어드는 것은 쉽지 않은 일이다. 스칸디나비아 나라들처럼 체계적인 정부 보조금과 제도적 지원으로 노동자들의 직업 훈련을 ㉲돕는다 해도 기술적 실업을 없애는 것은 쉽지 않다.

 대공황이나 글로벌 금융 위기와 같이 수요의 부족으로 인해 실업이 생기는 경우도 있다. 이를 ㉢순환적 실업이라고 부른다. 순환적 실업의 해결책은 경기가 살아나 기업들이 회복하여 새로운 일자리를 창출해 내도록 하는 것이다.

 이외에도 정치적 실업, 체제적 실업 등이 있다. 이처럼 우리 사회에는 다양한 형태의 실업이 모두 존재하며 공존하고 있다. 어느 때는 한 가지 형태의 실업이 더 많이 발생하고, 상황이 바뀌면 다른 형태의 실업이 등장하기도 한다.

● **실업**(失 잃을 실, 業 업 업)
일할 의사와 노동력이 있는 사람이 일자리를 잃거나 일할 기회를 얻지 못하는 상태.

● **손실**(損 덜 손, 失 잃을 실)
잃어버리거나 축이 나서 손해를 봄. 또는 그 손해.

● **수요**(需 구할 수, 要 요구할 요)
어떤 재화나 용역을 일정한 가격으로 사려고 하는 욕구.

▲ 스칸디나비아는 보통 북부 유럽에 위치한 덴마크와 함께 스칸디나비아 반도의 노르웨이와 스웨덴 이렇게 세 국가를 일컫는 말이에요. 요즈음은 정치 경제 사회 문화의 유사성으로 핀란드와 아이슬란드까지 포함해 이르기도 한답니다.

1 이 글의 내용과 일치하지 <u>않는</u> 것은 무엇인가요? (   )

① 실업은 여러 가지 이유로 인해 발생한다.

② 순환적 실업을 해결하기 위해서는 경기 회복이 필수적이다.

③ 기술적 실업은 정부의 지원을 통해 완벽하게 해결할 수 있다.

④ 마찰적 실업의 원인 중 하나로 구직 활동에 걸리는 시간을 들 수 있다.

⑤ 상황에 따라 특정 형태의 실업이 다른 실업들보다 더 많이 발생할 수 있다.

2 ㉠, ㉡, ㉢을 알맞게 비교한 것은 무엇인가요? (   )

① ㉠, ㉡은 ㉢에 비해 해결이 더 어렵다.

② ㉠, ㉡은 ㉢과 달리 시간이 지나면 자연적으로 해결된다.

③ ㉠, ㉡은 ㉢과 달리 개인의 노력으로 일부 해결할 수 있다.

④ ㉡이 해결될 경우 ㉠, ㉢도 함께 해결될 수 있다.

⑤ ㉠, ㉡, ㉢을 해결하기 위해서는 정부의 지원이 필수적이다.

3 ㉡에 해당하는 사례로 적절한 것은 무엇인가요? (   )

① 대규모 정리 해고로 직장을 잃은 A씨

② 장사가 잘 되지 않아 가게를 접은 B씨

③ 실업 수당만으로 생활하며 직업을 구하는 것을 포기한 C씨

④ 주판을 잘 다루지만, 주판이 컴퓨터로 대체되면서 직장을 잃은 D씨

⑤ 월급이 적어서 직장을 그만두고, 더 많은 월급을 주는 직장을 찾는 중인 E씨

4 실업을 줄이기 위한 정책으로 적절하지 <u>않은</u> 것은 무엇인가요? (   )

① 고용을 늘리는 기업에 보조금을 지원해 준다.

② 노동자들이 새로운 기술을 배울 수 있는 직업 학교를 만든다.

③ 노동자들의 이직과 기업의 해고가 더 쉬운 자유로운 노동 환경을 만든다.

④ 경기를 살리기 위해, 투자를 적극적으로 하는 기업에 경제적 지원을 해 준다.

⑤ 노동자가 원하는 직장을 찾고, 기업이 원하는 노동자를 찾을 수 있도록 노동자와 기업을 연결하는 시스템을 만든다.

5 다음 중 ㉮~㉺를 바꾸어 쓴 말로 적절하지 <u>않은</u> 것은 무엇인가요? (   )

① ㉮: 성장하고

② ㉯: 발발하지

③ ㉰: 적합한

④ ㉱: 진입하는

⑤ ㉲: 원조한다

한줄요약

6 빈칸에 알맞은 말을 넣어 이 글의 핵심 내용을 한 문장으로 요약하세요.

실업의 종류로는 기업이 사람을 찾고, 노동자가 일자리를 찾는 데 걸리는 시간으로 인해 생기는 □□□ 실업, 필요한 노동자의 종류와 시장에 나와 있는 노동자의 종류가 맞지 않아 발생하는 □□□ 실업, 수요의 부족으로 인해 발생하는 □□□ 실업 등이 있다.

지문 속 필수 어휘

다음 문장을 읽고, ( ) 안에 공통으로 들어갈 낱말을 완성하세요.

❶
- 한동안 운동을 하지 못해 체력이 ( )되었다.
- ( )된 팀의 사기를 북돋기 위해 주장은 애를 썼다.

저	ㅎ

❷
- 그는 자신에 대한 악성 루머에 ( )인 반응을 보였다.
- ( )으로 조치하지 않으면 참사가 일어날 것이다.

ㅈ	ㄱ	적

❸
- 한류를 통해 상당히 많은 부를 ( )해 냈다.
- 고용을 ( )하기 위해서는 정부의 적극적인 노력이 필요하다.

ㅊ	출

❹
- 터키는 동서양 문화가 ( )하는 나라이다.
- 인간은 동식물과 ( )하기 위해 노력해야 한다.

공	ㅈ

다음 문장을 읽고, 두 낱말 중 알맞은 것을 찾아 ○표 하세요.

❺ [정신 질환 / 정신 질한]을 치료하기 위해 많은 연구들이 진행 중이다.

❻ 고려의 [쇠퇴 / 쇠퇘]를 틈타 왜구들이 침략해 왔다.

❼ 나는 수업을 마치고 [곧바로 / 곳바로] 집으로 갔다.

경기는 어떻게 순환할까

어휘 수준 ★★★★★
글감 수준 ★★★★★
글의 길이 1,117자

경제 신문에서는 경제에 대해 평가할 때 '경기가 좋아졌다.'나 '경기가 나빠졌다.' 라는 표현을 사용한다. 경기는 국민 경제의 총체적인 상태를 의미한다. 경기가 좋 다는 말은 경제 상황이 좋다는 의미이고, 경기가 나쁘다는 말은 반대로 경제 상황 이 좋지 않다는 의미이다. 이러한 경제 상황에 따라 한 나라의 경기는 항상 안정적 으로 머물러 있지 않고 변동한다. 경기가 좋을 때에는 경제 활동이 활발하여 실업 률이 낮고, 성장률은 높으며, 국민 소득의 크기가 커지는 호황 상태에 놓이기도 하 지만 경기가 나쁠 때에는 그 반대의 상황이 나타난다.

호황 상태에서 경제 활동이 점차로 위축되어 나갈 때를 가리켜 경기가 후퇴한다 고 한다. 경기 후퇴가 심해지면 경제는 침체 상태에 놓이게 된다. 침체가 심할 때 를 가리켜 ㉠불황이라고 부른다. 경기 침체 상태에서 경제 활동은 위축되고, 실업 률은 높아지며, 성장률은 낮아진다. 즉 불황일 때에는 기업의 이윤은 줄어들고 그 에 따라 기업의 투자도 감소하게 된다. 또한 소비자들의 소비 활동이 둔화됨에 따 라 영업점들의 매출도 줄어들고 전체적으로 국민 소득이 감소하게 된다. 이후 경 제가 침체 상태를 벗어나 경제 활동이 다시 활발해지기 시작하는 국면이 오게 되는 데, 이를 경기 회복이라고 부른다.

이처럼 경제 상황이 변동 순환하는 현상을 가리켜 경기 변동 또는 경기 순환이 라고 한다. 일반적으로 경기 변동은 '호황-후퇴-불황-회복'의 네 가지로 구분되 는데, 이때 경기의 정점에서 다음 정점까지 또는 저점에서 다음 저점까지의 기간 을 순환 주기라고 한다. 경기의 순환 과정은 보통 저점에서 정점까지의 상승 국면 과 정점에서 저점까지의 하강 국면의 두 국면으로 나누는데, 이를 다시 상승 국면 은 회복기와 확장기로, 하강 국면은 후퇴기와 수축기로 나누어 네 국면으로 구분하 기도 한다. 또한 장기 추세를 기준으로 하여 윗부분, 즉 경기 정점을 전후한 기간을 호경기로, 아랫부분, 즉 경기 저점을 전후한 기간을 불경기로 부른다.

경기 주기를 알면 경기 변동에 대한 타이밍을 예측하는 데 큰 도움이 된다. 특히 수축기가 확장기보다 짧다는 것은 수축기가 경기 상승보다 더 급격하게 진행됨을 의미한다. 따라서 개인이든 기업이든 수축기를 미리 대비하지 못하면 급격한 경기 변동으로 피해를 볼 수 있다.

● **경기**(景 볕 경, 氣 기운 기)
매매나 거래에 나타나는 호 황·불황 따위의 경제 활동 상 태.

● **침체**(沈 가라앉을 침, 滯 막힐 체)
어떤 현상이나 사물이 진전하 지 못하고 제자리에 머무름.

● **정점**(頂 정수리 정, 點 점 점)
맨 꼭대기가 되는 곳.

● **저점**(低 밑 저, 點 점 점)
낮은 점수, 또는 낮은 지점.

1 이 글의 내용과 일치하지 <u>않는</u> 것은 무엇인가요? (   )

① 경기 침체 상태에서는 실업률이 높아진다.

② 경기 침체 상태에서는 경제 활동이 위축된다.

③ 경기 후퇴가 심해지면 경제는 침체 상태가 된다.

④ 경기는 항상 안정적으로 머물러 있지 않고 변동한다.

⑤ 경제 활동이 위축되어 나갈 때를 경기가 회복된다고 한다.

2 이 글의 '경기 변동'에 대한 설명으로 옳은 것을 두 개 고르세요. (   )

① 경기 변동은 '호황−불황−후퇴−회복'으로 구분한다.

② 경제 상황이 순환하는 현상을 경기 순환이라고 한다.

③ 경기의 정점에서 저점까지의 기간을 순환 주기라고 한다.

④ 경제 활동이 다시 활발해지는 국면을 경기 회복이라고 한다.

⑤ 경기의 순환 과정에서 하강 국면은 회복기와 확장기로 나눈다.

3 ㉠과 관계있는 경제 상황을 보기 에서 모두 골라 기호를 쓰세요.

보기

ㄱ. 기업의 투자가 줄어들게 된다.

ㄴ. 패밀리 레스토랑의 매상이 증가한다.

ㄷ. 백화점을 찾는 고객이 줄어들게 된다.

ㄹ. 국가의 국민 소득이 작년보다 증가한다.

(   )

경제 45

4 이 글을 통해 알 수 있는 '경기'에 대한 설명으로 적절한 것은 무엇인가요? (   )

① 경제 상황이 좋지 않은 상태를 말한다.
② 국민 경제의 총체적인 상태를 의미한다.
③ 국가의 전체 소득에 대한 수치를 말한다.
④ 경제 상황이 변동 순환하는 현상을 말한다.
⑤ 경제 활동이 다시 좋아지는 상황을 말한다.

5 보기 의 그림은 경기의 순환 과정을 나타내는 그래프입니다. ⓐ와 ⓑ의 올바른 명칭을 쓰세요.

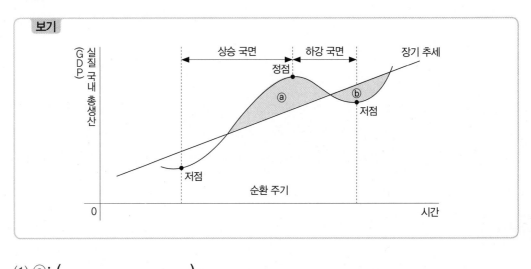

(1) ⓐ: (   )
(2) ⓑ: (   )

6 빈칸에 알맞은 말을 넣어 이 글의 핵심 내용을 한 문장으로 요약하세요.

경기는 국민 ☐☐ 의 총체적인 상태를 의미하는 말이며 경기 변동은 '☐☐

–후퇴–☐☐–회복'의 네 가지로 구분된다.

지문 속 필수 어휘

다음 문장을 읽고, (   ) 안에 공통으로 들어갈 낱말을 완성하세요.

1
- 그가 남긴 업적은 매우 높게 (   )되었다.
- 선생님께서는 나의 실력을 높게 (   )해 주셨다.

평 ㄱ

2
- 올해는 과일값의 (   )이 특히 심했습니다.
- 출발하기 하루 전에 계획이 (   )되었습니다.

ㅂ 동

3
- 그는 싸움에 있어서만은 (   )를 모르는 장군이었다.
- 기업의 규모는 줄어들고, 경기는 (   )하고 있다.

후 ㅌ

4
- 수출의 (   )로 경제가 악화되고 있습니다.
- 주전 선수가 지쳐서 움직임이 (   )되고 있습니다.

ㄷ 화

다음 문장을 읽고, 두 낱말 중 알맞은 것을 찾아 ○표 하세요.

5 오랜 불황으로 자동차의 판매량이 [감소 / 감수] 되었다.

6 그는 손가락으로 북쪽을 [가리켰다 / 가르쳤다].

7 4월 마지막 주는 중간고사 [기관 / 기간] 이다.

8 이번 지진으로 많은 사람이 큰 [피혜 / 피해] 를 입었다.

글에도 순서가 있다

만약 우리가 누군가와 대화를 나눌 때 순서가 없이 그때그때 떠오르는 대로 말을 하면 어떻게 될까요? 두 사람 간의 대화가 잘 이루어질까요? 우리가 머릿속으로 할 말을 차근차근 정리해서 순서대로 이야기하는 것처럼, 우리가 읽는 독해 지문에도 순서가 있습니다.

다음은 어떤 한 유명 연예인이 11초 만에 풀었다고 알려진, 아이큐 테스트 문제입니다.
대부분의 사람들은 2분 안에 풀 수 있다고 하니, 우리도 한번 도전해 볼까요?

● 다음 그림을 보고, ❶부터 ❺까지 사건이 일어난 순서대로 나열해 보세요.

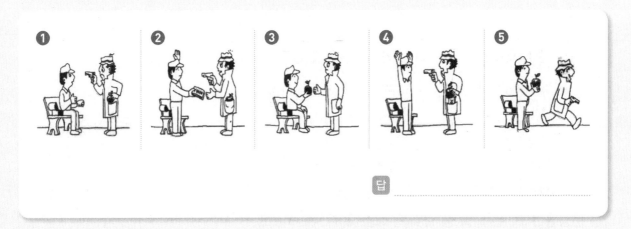

순서대로 답을 잘 찾으셨나요??
빠른 시간에 답을 찾아낸 친구도 있겠지만, 오래 헤맨 친구도 있을 거예요.
아예 정답을 찾지 못한 친구도 있을 거고요.

정답은 ❸ → ❶ → ❷ → ❹ → ❺입니다.

● 이제 정답을 안 상태에서 그림을 순서대로 놓고 해석해 볼까요?

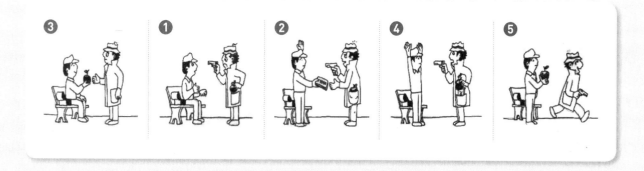

왼쪽 남자가 오른쪽 남자에게 사과를 주지만(❸), 오른쪽 남자는 총을 꺼내 왼쪽 남자에게 돈을 요구합니다(❶). 이에 왼쪽 남자는 돈을 건네줍니다(❷). 오른쪽 남자는 돈을 주머니에 넣고(❹), 더 이상 필요가 없어진 사과를 왼쪽 남자에게 돌려주고 사라진다(❺)는 내용이네요.

왼쪽 문제에서처럼 그림의 순서가 뒤죽박죽일 때는 이야기의 내용을 정확히 파악하기 어려웠지요.
하지만, 정답을 알고 난 후, 순서대로 정리된 상태에서 그림을 보면 어떤가요?
내용이 훨씬 쉽게 이해가 되지요?

모든 글에는 '순서'가 있습니다.
대개 문학적인 글은 시간과 공간의 순서에 따라 글을 써 나가는 경우가 많아요. 물론 비문학에도 '순서'가 있지요. 비문학은 정의, 비교, 대조, 분류 등 문학보다 더 다양한 방식으로 글을 써 나갑니다.
국어에서는 이를 '전개 방식'이라는 용어로 표현합니다.

모든 비문학 지문은 나름의 순서를 가지고 있어요.
문제 속의 그림처럼 시간 순서대로 글을 쓸 수도 있고, 혹은 어떤 문제를 주고 그 해결 방안을 제시하는 순서로도 글을 쓸 수 있어요.

글을 써 내려간 순서를 알고 글을 읽으면, 글의 내용을 훨씬 쉽게 이해할 수 있습니다.

❝ 글을 읽을 때 글의 순서가 어떻게 이어지고 있는지를 파악하면
글의 내용을 이해하는 것이 훨씬 쉬워진답니다.❞

관광 산업

8 분 안에 풀어보세요.

어휘 수준 ★★☆☆☆
글감 수준 ★★☆☆☆
글의 길이 966자

우리는 우리 주변이나 다른 지역을 여행하며 여가 활동을 하고 있다. 이렇게 여러 지역을 여행하는 개인적 행위, 또는 조직적으로 이루어지는 ⓐ여가 활동을 관광이라고 한다. 그리고 사람들에게 관광에 필요한 서비스를 제공하는 산업을 관광 산업이라고 한다. 관광 산업이 어떻게 ⓑ변화하고 있는지 자세하게 알아보자.

먼저 ⓒ기존의 관광 산업에 대해 살펴보자. 관광 산업은 지속적으로 성장해 왔다. 관광 산업이 성장할 수 있었던 ⓓ요인으로는 근로 시간의 단축과 소득 향상에 따른 여유로운 시간의 확보, 관광 기반 시설의 ⓔ확충 등을 들 수 있다. 관광 산업의 성장은 많은 부분에서 긍정적인 영향을 주었다. 우선 외화를 획득하게 해 주는 것을 비롯하여 사람들의 소득을 향상시켰다. 또한 지역, 국가 간의 문화 교류에 기여했으며 국위 선양에도 큰 영향을 미쳤다.

하지만 기존의 관광 산업이 좋은 영향을 준 것만은 아니다. 관광 산업이 발달하면서 필요해진 인력을 주로 일용직, 계약직으로 채용하다 보니 고용이 불안정해지는 상황이 만들어지기도 했다. 또한 문화유산이 훼손되는가 하면, 생태계 파괴 및 환경 오염이라는 심각한 부작용이 나타나기도 했다. 관광객을 더 많이 유치하려는 목적에만 치우쳐 자연환경을 대규모로 개발한 것이 대표적인 사례이다.

이러한 문제에 대한 우려가 커지면서 최근에는 자연환경에 대한 새로운 인식이 확대되어, 지속 가능이라는 특성을 담은 여러 형태의 관광 산업의 필요성이 제기되었다. 그 결과 자연환경을 생각하는 입장에서 생태 관광 산업을 개발하게 되었다.

㉠생태 관광 산업은 자연의 파괴를 억제하면서 자연 그 자체를 즐기는 친환경적 관광 산업이다. 생태 관광 산업은 자연 훼손을 최소화하면서도 지역 사회의 소득을 증대시킬 수 있는, 즉 환경적 요소와 경제적 요소를 모두 만족시키는 새로운 관광 산업으로 주목받고 있다. 이제 우리는 이렇게 자연 친화적이고, 지속 가능한 관광 산업을 앞으로도 계속 발전시켜 나갈 필요가 있다.

● **지속**(持 가질 지, 續 이을 속)
어떤 상태가 오래 계속됨. 또는 어떤 상태를 오래 계속함.

● **일용직**(日 날 일, 傭 품팔이 용, 職 직책 직)
하루 단위로 근로 계약을 체결하여 임금을 지불받는 직위나 직무.

● **계약직**(契 맺을 계, 約 묶을 약, 職 직책 직)
정년이 보장된 정규직과 달리 계약 기간 내에만 고용이 지속되는 직위나 직무.

● **유치**(誘 꾈 유, 致 이를 치)
꾀어서 데려옴.

1 이 글의 내용 전개 방식으로 적절한 것은 무엇인가요? (   )

① 전문가의 견해를 인용하여 대안을 제시하고 있다.

② 여러 사례를 활용하여 기존의 이론을 반박하고 있다.

③ 특정 대상에 대한 대립적인 이론을 제시한 후 절충하고 있다.

④ 대상의 두 가지 측면을 알아본 뒤 앞으로의 방향성을 제시하고 있다.

⑤ 대상에 대한 다양한 입장을 제시한 후 각 입장의 문제점을 비판하고 있다.

2 이 글의 내용과 일치하지 <u>않는</u> 것은 무엇인가요? (   )

① 관광 산업의 발달은 양면적인 결과를 가져왔다.

② 관광 산업은 개인뿐만 아니라 국가에도 영향을 준다.

③ 근로 요건의 변화는 다른 산업의 발달에 영향을 준다.

④ 생태 관광 산업은 자연을 파괴하지 않으므로 친환경적이다.

⑤ 최근의 관광 산업은 자연과의 공존을 중시하는 방향을 추구한다.

3 이 글을 읽은 학생들이 보인 반응으로 가장 적절한 것은 무엇인가요? (   )

① 관광 산업 종사자들은 모두 일용직이나 계약직이겠군.

② 사람들이 일하는 시간이 줄어든 것이 고용 불안의 원인이로군.

③ 문제점에 대한 공감대가 커지면서 새로운 방법을 모색하게 되었군.

④ 지속 가능한 관광 산업이 확대되면 국가 간 문화 교류는 위축되겠군.

⑤ 관광 산업으로 외화를 더 많이 획득하게 된 것은 부정적 영향에 해당하는군.

4 ㉠과 보기 의 ㉡에 대한 설명으로 적절하지 <u>않은</u> 것은 무엇인가요? (　　　)

> **보기**
>
> 　최근 경제·금융·건설 등의 산업에서 경제적 효과도 높이면서 환경 문제도 개선할 수 있는 방법을 다각도로 모색하고 있다. 이 중에서 기존의 산업 구조를 친환경적으로 바꾸어 나가는 것을 ㉡녹색 산업이라고 한다. 탄소 배출을 줄이려는 노력이나 자원을 효율적으로 사용하여 공해를 줄이려는 노력, 자원을 재활용하여 경제적 비용을 절감하려는 노력 등이 여기에 해당한다.

① ㉠은 일시적 효과보다 계속적인 발전을 중시하고 있다.
② ㉡은 산업 분야 전반에 걸쳐 새로운 대안을 찾고 있다.
③ ㉠은 ㉡과 달리 특정 산업이라는 측면에서 접근하고 있다.
④ ㉡은 ㉠과 달리 기존의 산업 구조를 유지한다는 특성이 있다.
⑤ ㉠과 ㉡은 모두 환경적 측면과 경제적 측면에서의 효과를 고려하고 있다.

5 ⓐ~ⓔ의 사전적 의미로 적절하지 <u>않은</u> 것은 무엇인가요? (　　　)

① ⓐ: 일이 없어 남는 시간.
② ⓑ: 세월의 흐름에 따라 바뀌고 변함.
③ ⓒ: 이미 존재함.
④ ⓓ: 사물이나 사건이 성립되는 까닭. 또는 조건이 되는 요소.
⑤ ⓔ: 늘리고 넓혀 충실하게 함.

6 빈칸에 알맞은 말을 넣어 이 글의 핵심 내용을 한 문장으로 요약하세요.

　　　　을 파괴하는 부작용을 일으키는 기존의 관광 산업에 대한 우려가 확대되어 최근에는 　　　　을 보호하며 지속 가능성을 추구하는 새로운 관광 산업을 개발하게 되었다.

지문 속 필수 어휘

낱말의 뜻을 참고하여, 다음 문장의 빈칸에 들어갈 알맞은 낱말을 완성하세요.

❶ 생태 관광은 최근 관광 산업에 큰 `ㅇ` `향` 을 주었다.

　　　　사물이나 사람의 고유한 성질이 다른 사물이나 사람의 상태를 규정짓거나 변화시키는 작용.

❷ 케이팝(K-POP)은 우리나라의 국위 `선` `ㅇ` 에도 큰 도움을 주었다.

　　　　명성이나 권위 따위를 널리 떨침.

❸ 훈민정음은 우리나라의 위대한 문화 `ㅇ` `산` 이다.

　　　　선조가 남긴 가치 있는 물질적, 정신적 전통.

다음 문장을 읽고, (　　) 안에 공통으로 들어갈 낱말을 완성하세요.

❹
- 이번 사건으로 그의 명예가 크게 (　　　)되었다.
- 그는 명성 있는 우리 가문의 명예를 (　　　)하였다.

　`훼` `ㅅ`

❺
- 지진의 가장 큰 피해는 건물의 (　　　)라고 할 수 있다.
- 전쟁 중이라고 해도 무분별한 (　　　) 행위는 인정될 수 없다.

　`ㅍ` `괴`

다음 문장을 읽고, 두 낱말 중 알맞은 것을 찾아 ○표 하세요.

❻ 우리 회사는 새로운 제품을 [개발 / 계발] 하기 위해 노력했다.

❼ 선인장은 건조한 기후에도 잘 견디는 [특성 / 특징] 이 있다.

❽ 신체의 [발전 / 발달] 은 아이들의 정서에도 큰 영향을 준다.

기펜의 역설이 나타나는 이유

어휘 수준 ★★☆☆☆
글감 수준 ★★★☆☆
글의 길이 1,052자

본격 독해 훈련

배추의 가격이 오르면 비싼 가격 때문에 부담되어 사람들이 배추를 평소보다 덜 구매하고, 반대로 가격이 내리면 배추를 평소보다 더 쉽게 구매하기 마련이다. 이처럼 상품의 가격과 수요량 사이에는 반비례 관계가 성립하는데, 이러한 관계를 수요 법칙이라고 한다.

영국의 경제학자 기펜은 ㉠아일랜드 사람들의 소비 패턴을 조사하는 과정에서 매우 이상한 현상을 발견하였다. 그의 관찰 결과에 따르면, 감자의 가격이 떨어짐에 따라 그것에 대한 수요량이 늘어나야 할 텐데, 오히려 줄어드는 반응이 나타났다. 다시 말해 그 당시 아일랜드 사람들이 주식으로 삼던 감자의 경우에는 수요의 법칙이 성립하지 않는다는 사실이 드러난 것이다.

사람들은 이 현상을 '기펜의 역설'이라고 불렀는데, 이런 현상이 나타나는 이유는 과연 무엇이었을까? 우선 당시의 아일랜드 사람들에게 감자가 어떤 의미를 갖고 있었는지에 주목할 필요가 있다. 중요한 점은 그들이 무척 가난했기 때문에 빵 대신 감자를 주식으로 삼고 있었다는 사실이다. 감자를 특히 좋아해서가 아니라, 경제적 여유가 없어 할 수 없이 감자를 주식으로 삼을 수밖에 없었다는 말이다.

이런 상황에서 감자 가격이 내려간다고 해 보자. 그렇게 되면 가난한 살림살이에 약간의 여유가 생기게 되고, 이에 따라 평소 먹고 싶던 빵을 조금이나마 사 먹을 수 있게 된다. 빵으로 배를 불린 사람들은 이제 감자를 예전만큼 많이 먹지 않아도 된다. 많은 사람이 이런 방식으로 소비 패턴을 변화시키면, 감자 가격이 내려감에 따라 그 수요량도 줄어드는 것을 관찰할 수 있게 된다. 가난한 사람일수록 식료품에 대한 지출 비중이 더 큰 법이다. 당시의 아일랜드 사람들은 매우 가난했기 때문에 거의 감자로 살다시피 했을 것이고, 따라서 소득의 대부분을 감자를 사는 데 썼을 것이다. 그렇기 때문에 감자의 가격 하락에서 오는 소득 효과가 특히 컸을 것이라고 짐작할 수 있다. 소득 효과는 특정 제품의 가격 변동이 소비자의 소득 수준에 영향을 미치고, 이것이 제품 구매량 변화로 이어지는 효과를 말한다. 이렇게 소득 효과가 아주 큰 경우에만 수요의 법칙에 위배되는 반응을 관찰할 수 있게 된다.

● **수요**(需 구할 수, 要 요구할 요)
어떤 제품을 일정한 가격으로 사려고 하는 욕구.

● **주식**(主 주인 주, 食 밥 식)
밥이나 빵과 같이 끼니에 주로 먹는 음식.

● **역설**(逆 거스를 역, 說 말씀 설)
어떤 주의나 주장에 반대되는 이론이나 말.

● **위배**(違 어긋날 위, 背 배반할 배)
지키지 않고 어김.

1 이 글을 읽고 답할 수 있는 질문이 <u>아닌</u> 것은 무엇인가요? (   )

① 기펜의 역설이 일어나기 위한 조건에는 어떤 것이 있나?

② 기펜의 역설에 대한 당시 경제학자들의 반응은 어떠했나?

③ 아일랜드 사람들이 감자를 주식으로 삼은 이유는 무엇인가?

④ 감자 가격의 하락이 아일랜드 사람들에게 어떤 효과를 가져 왔나?

⑤ 아일랜드 사람들의 소비 패턴을 이상한 현상이라고 한 이유는 무엇인가?

＋수능연결

'글을 읽고 답할 수 있는 물음이 아닌 것'을 고르는 문제 유형입니다. 다소 어려워 보이지만 자세히 보면 결국 지문에서 설명한 내용과 설명하지 않은 내용을 파악하는 문제입니다. 이런 문제를 풀 때는 선택지의 질문에 대한 대답을 지문에서 찾을 수 있는지 하나하나 확인해야 합니다.

> 그래서 시각적 효과와 관련되는 척도들과 함께 도로변에 있는 건축물의 색채, 간판, 가로수 등을 고려한 도시 설계와 ~~~~~~~
>
> **글을 읽고 답할 수 있는 질문이 아닌 것**

20. 이 **글을 읽고 답할 수 있는 질문이 <u>아닌</u> 것은?**

　① 도시 설계와 경관 디자인에서 고려해야 할 것은?

　② 도로변 건물의 특성 중 가로 경관에 ~~~~~

　③ 최근 도시 경관 개선이 이전보다 주목~~~~~

　④ 가로 경관의 시각적 효과와 관련된 척~~~~~

　⑤ 널찍한 느낌의 가로를 시각적으로 좁힐 ~~~ 있는 방법은 무엇인가?

> 수능에는 글을 읽고 답할 수 있는 질문보다 답할 수 있는 질문이 아닌 것을 찾는 문제가 더 많이 출제됩니다.

---

2 이 글을 읽고 ㉮를 그래프로 나타낸 것으로 적절한 것은 무엇인가요? (   )

①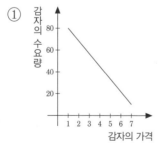

②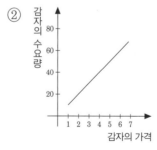

③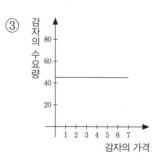

④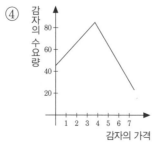

⑤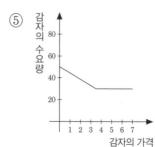

3 이 글의 특징으로 적절하지 <u>않은</u> 것은 무엇인가요? (　　)

① 통념과 일치하지 않는 현상을 제시하고 있다.

② 용어와 관련한 내용을 구체적으로 설명하고 있다.

③ 특정한 현상이 사회에 끼친 영향을 분석하고 있다.

④ 전문가의 연구 결과를 바탕으로 글을 전개하고 있다.

⑤ 실제 사례를 이용하여 글의 내용을 뒷받침하고 있다.

4 이 글을 바탕으로 보기 를 <u>잘못</u> 이해한 것은 무엇인가요? (　　)

> **보기**
>
> • 선생님: 오늘 배운 내용에 대해서 질문 있습니까?
>
> • 학생: 선생님, 오늘 배운 아일랜드의 예와 비슷한 경우로는 어떤 것이 있을까요?
>
> • 선생님: 우리나라의 경우를 들 수 있겠네요. 우리도 아주 가난했던 시절이 있었죠. 그때는 쌀을 살 돈이 없어 보리밥을 먹는 가정이 많았습니다. 요즈음은 건강에 좋다고 일부러 보리밥을 찾는 사람도 있지만, 그때는 먹기 싫은데도 돈이 없어 억지로 보리밥을 먹어야 하는 처지의 사람들이 많았어요. 단 한 번만이라도 흰 쌀밥을 배불리 먹는 것이 소원이라고 말하는 사람까지도 볼 수 있었습니다. 따라서 그때의 보리는 오늘 우리가 보았던 아일랜드 사람들의 감자와 비슷한 성격을 가졌을 것으로 짐작할 수 있습니다.

① 예전의 보리는 소득 효과가 비교적 컸을 것이다.

② 예전의 쌀은 아일랜드의 빵과 같은 성격을 지닌다.

③ 예전의 보리는 아일랜드의 감자와 같은 성격을 지닌다.

④ 예전의 보리 가격이 하락했다면 쌀밥을 더 먹었을 것이다.

⑤ 예전의 보리에 대한 수요는 수요 법칙과 일치했을 것이다.

5 빈칸에 알맞은 말을 넣어 이 글의 핵심 내용을 한 문장으로 요약하세요.

한줄요약

아일랜드 사람들의 사례와 같이 수요 법칙이 성립하지 않는 현상을 '□□의 □□'이라고 하는데, 이는 □□ 효과가 아주 큰 경우에 발생한다.

지문 속 필수 어휘

낱말의 뜻을 참고하여, 다음 문장의 빈칸에 들어갈 알맞은 낱말을 완성하세요.

❶ 싼 값에 좋은 물건을 <u>ㄱ 매</u>하여 기분이 좋다.
　　　　　　　물건 따위를 사들임.

❷ 자동차 <u>ㅅ 요 량</u>이 갑자기 늘어나고 있다.
　일정한 가격에서 사람들이 사고자 하는 물건의 양.

❸ 마침내 그들의 계약이 <u>ㅅ 립</u>되었다.
　　　　　　일이나 관계 따위가 제대로 이루어짐.

❹ 선생님의 평소와 다른 옷차림은 우리들의 <u>주 ㅁ</u>을 끌었다.
　　　　　　　　　　　관심을 가지고 주의 깊게 살핌. 또는 그 시선.

❺ 아이가 학교에 들어가면서 교육비 <u>ㅈ 출</u>이 부쩍 늘었다.
　　　　　　　　　어떤 목적을 위하여 돈을 지급하는 일.

다음 문장을 읽고, 두 낱말 중 알맞은 것을 찾아 ○표 하세요.

❻ 구름이 걷히자 산봉우리가 ［ 들어났다 / 드러났다 ］.

❼ 한국인은 쌀을 주식 ［ 으로 / 으로써 ］ 삼는다.

❽ 소매치기는 법에 ［ 위배되는 / 위베되는 ］ 행위이다.

광고 어떻게 볼까

어휘 수준 ★★☆☆☆
글감 수준 ★★☆☆☆
글의 길이 1,169자

본격 독해 훈련

사전에 풀이된 광고의 의미는 '세상에 널리 알림' 혹은 '상품이나 서비스에 대한 정보를 여러 가지 매체를 통하여 소비자에게 널리 알리는 의도적인 활동'이다. 그런데 광고는 단순히 무엇을 알리는 데 그치지 않고, 듣거나 보는 사람들을 설득하여 의도한 대로 행동하게 하려는 목적을 지닌다.

광고는 크게 상업적 이익을 위한 ㉠상업 광고와 공공의 이익을 위한 ㉡공익 광고로 나눌 수 있다. 상업 광고는 상품을 판매함으로써 이익을 얻기 위해, 공익 광고는 사회 전체의 이익을 위해 만들어진다. 공익 광고를 만드는 주체는 정부 단체나 공공 기관일 때가 많다. 공익 광고는 듣거나 보는 사회 구성원들이 바람직한 행동을 하거나 올바른 가치관을 갖도록 하는 것을 목적으로 한다. 이외에도 구체적인 상품을 직접 제시하지 않고, 기업이 소비자들에게 자신에 대한 긍정적인 인상을 심어 주기 위해 만드는 ㉢이미지 광고가 있다.

이러한 광고는 매체에 따라 특징적인 설득 방법을 갖는다. 영상 매체에서는 상품을 이야기 속에 자연스럽게 등장시키거나, 평범한 사람을 등장시켜 친근한 느낌을 주기도 하며, 연예인이나 유명인을 등장시켜 광고에서 다루고 있는 대상을 선호하게 만든다. 또 전문가나 과학적으로 보이는 통계를 활용하여 신뢰감을 주며, 기억에 남는 인상적인 음악을 넣어 음악과 함께 상품을 떠올리게 한다. 음성 매체에서는 듣는 사람이 한 번 듣고도 오랫동안 기억할 수 있도록 상품에 대한 정보를 반복적으로 강조하거나 운율적 요소를 이용하고, 사람들이 좋아하는 음악이나 연예인의 목소리로 듣는 사람의 마음을 ⓐ끌기도 한다. 인쇄 매체에서는 주로 시각적으로 강한 인상을 주는 방법들을 활용한다. 사람들의 관심을 끄는 문구, 널리 알려지거나 인기 있는 캐릭터, 눈에 띄는 색채 등을 활용하고 문자와 그림을 동시에 관련지어 적절히 배치함으로써 눈길을 사로잡는 광고를 만든다. 인터넷 매체에서는 문자, 그림, 소리, 동영상 등을 복합적으로 활용하며, 누리꾼들의 관심을 끌어 광고로부터 해당 상품 판매 사이트로 곧장 이동하게 하기도 한다.

이처럼 광고는 목적 달성을 위해 다양한 방법이 동원되므로 이를 비판적으로 평가하여 받아들일 필요가 있다. 광고를 듣거나 볼 때, 표현이 과장되거나 사실과 다른 내용이 없는지 비판적으로 따져 보고, 광고에서 선전하고 있는 상품이 과연 내게 필요한 것인지 판단할 줄 아는 자세가 필요하다.

● **매체**(媒 중매 매, 體 몸 체)
어떤 작용을 한쪽에서 다른 쪽으로 전달하는 물체. 또는 그런 수단.

● **운율**(韻 운 운, 律 법칙 율)
시문(詩文)의 음성적 형식. 음의 강약, 장단, 고저 또는 동음이나 유음의 반복으로 이루어짐.

● **배치**(配 나눌 배, 置 둘 치)
사람이나 물자 따위를 일정한 자리에 알맞게 나누어 둠.

● **복합**(複 겹칠 복, 合 합할 합)
두 가지 이상을 하나로 합침.

정답과 해설 13쪽

1 이 글에 사용된 설명 방법으로 알맞지 <u>않은</u> 것은 무엇인가요? (   )

① 대상의 사전적 의미를 밝히며 글을 시작하고 있다.

② 열거의 방식을 활용하여 대상에 대한 이해를 돕고 있다.

③ 일정한 기준에 따라 대상의 종류를 나누어 제시하고 있다.

④ 여러 대상의 차이점을 바탕으로 각각의 특징을 설명하고 있다.

⑤ 대상을 구성하는 요소들을 나누고 각각을 차례대로 소개하고 있다.

2 이 글과 보기 를 통해 알 수 있는 내용으로 알맞은 것에 ○표 하세요.

> **보기**
>
> 인쇄물, 라디오, 텔레비전, 인터넷 등과 같은 다양한 매체에서 사용되는 말을 매체 언어라고 한다. 매체 언어는 단순히 문자만 제시하는 것이 아니라, 소리, 음성, 문자, 그림, 동영상 등이 두 가지 이상 합쳐져 의미를 만들어 내는 복합 양식의 특징이 있다.

(1) 인터넷 광고에는 매체 언어의 특징이 잘 드러나 있겠군.   (   )

(2) 인쇄 광고는 문자로만 제시되므로 복합 양식의 특징은 나타나지 않겠군.

(   )

3 ㉠, ㉡, ㉢에 대한 설명으로 알맞은 것을 다음에서 모두 골라 기호를 쓰세요.

> ㄱ. ㉠, ㉡은 개인의 이익보다 사회 전체의 이익을 중시한다.
>
> ㄴ. ㉠, ㉢을 만드는 주체는 주로 기업인 경우가 많다.
>
> ㄷ. ㉡, ㉢은 소비자에게 올바른 가치관을 심어 주기 위해 만든다.
>
> ㄹ. ㉠, ㉡, ㉢은 모두 정보 전달보다는 설득을 주된 목적으로 한다.

(   )

4 환경과 관련된 광고를 만들기 위한 회의입니다. 이 글에서 설명한 광고의 설득 방법이 <u>아닌</u> 것을 사용한 사람은 누구인가요? (   )

> - 사회자: 일상의 작은 실천이 환경 보호에 큰 힘이 될 수 있다는 내용을 전달하는 광고를 만들어 봅시다.
> - 지민: 한겨울에 사람들이 보일러 온도를 1도씩 올리는 영상과 북극의 얼음이 점점 더 많이 녹아 무너져 내리는 영상을 대비한 후, 북극곰이 살 곳을 잃고 힘들어하는 장면을 넣어 문제의 심각성을 드러내는 건 어떨까요?
> - 다혜: 보일러 온도를 1도씩 올리는 것이 지구 온난화에 미치는 영향을 조사하여 그래프로 정리한 자료를 보여 주면 신뢰감을 줄 수 있을 것입니다.
> - 정희: 유명 가수인 홍길동을 등장시켜 시청자들에게 함께 실천하자는 말을 하면 설득력을 더 높일 수 있습니다.
> - 범수: 북극곰이 삶의 터전을 잃고 헤매는 장면에 배경 음악을 넣어 사람들이 그 음악을 들을 때마다 북극곰의 어려움을 떠올리게 하는 방법도 있습니다.
> - 영은: 주제를 강조하면서도 사람들의 기억에 오래 남을 수 있는 광고 문구도 생각해 봅시다. 이왕이면 라디오 광고에서도 활용할 수 있도록 비슷한 단어나 문장이 반복되거나 운율이 느껴지는 광고 문구를 만들면 좋겠지요.

① 지민   ② 다혜   ③ 정희   ④ 범수   ⑤ 영은

5 ⓐ와 같은 의미로 사용된 것은 무엇인가요? (   )

① 시간을 <u>끌지</u> 말고 빨리 공을 차라.
② 아버지는 소를 <u>끌고</u> 논으로 나가셨다.
③ 차가 고장 나 견인차가 와서 <u>끌고</u> 갔다.
④ 그 가게는 손님을 <u>끌</u> 만한 무엇인가가 있다.
⑤ 바지를 질질 <u>끌고</u> 다니지 말고 접어서 입어라.

한줄요약

6 빈칸에 알맞은 말을 넣어 이 글의 핵심 내용을 한 문장으로 요약하세요.

광고는 상업 광고와 [   ] 광고, 이미지 광고로 나눌 수 있는데, 매체에 따라 다양한 [   ] 방법이 사용되므로 [   ]인 자세로 광고를 보아야 한다.

지문 속 필수 어휘

낱말의 뜻을 참고하여, 다음 문장의 빈칸에 들어갈 알맞은 낱말을 완성하세요.

❶ 소희의 끈질긴 [ㅅ][득]으로 영수는 자신의 꿈에 도전하게 되었다.

　　상대편이 이쪽 편의 이야기를 따르도록 여러 가지로 깨우쳐 말함.

❷ 무조건 비난만 하지 말고 공정한 [비][ㅍ]을 해야 좋은 결과를 얻을 수 있다.

　　　　현상이나 사물의 옳고 그름을 판단하여 밝히거나 잘못된 점을 지적함.

문제 속 개념어

설명 방법 說 말씀 설, 明 밝을 명, 方 모 방, 法 법 법

어떤 대상이나 현상을 알기 쉽게 풀어 정보를 전달하는 방법을 '설명 방법'이라고 합니다. 낱말이나 용어의 뜻을 풀이하는 정의, 예를 들어 설명하는 예시, 종류별로 묶어서 설명하는 분류, 전체를 부분으로 나누어 설명하는 분석, 공통점과 차이점을 바탕으로 설명하는 비교와 대조 등이 있습니다.

정의	가수는 (노래 부르는 것이 직업인 사람)이다. ➡ 뜻을 풀이함.
예시	사람들이 좋아하는 콩에는 (땅콩, 강낭콩)이 있다. ➡ 예를 들어 설명함.
분류	문학은 시대에 따라 (고전 문학과 현대 문학)으로 나뉜다. ➡ 종류별로 묶어서 설명함.
분석	식물의 구조는 (뿌리, 줄기, 잎, 꽃)으로 되어 있다. ➡ 전체를 부분으로 나누어 설명함.
비교	(소설은 동화와 마찬가지로) 상상의 세계를 그린다. ➡ 공통점을 중심으로 설명함.
대조	(개는 주로 낮에, 고양이는 주로 밤에) 활동한다. ➡ 차이점을 중심으로 설명함.

다음 문장에 해당하는 설명 방법을 찾아 연결하세요.

❸ 나무는 줄기나 가지가 목질로 된 여러해살이 식물이다. •　　　　• 비교

❹ 언어는 크게 음성 언어와 문자 언어로 나눌 수 있다. •　　　　• 정의

❺ 축구와 야구는 모두 공을 가지고 하는 운동이다. •　　　　• 분류

잊힐 권리

어휘 수준 ★★★★★
글감 수준 ★★★★★
글의 길이 1,089자

자신에 대한 틀린 정보가 인터넷상에 돌아다니고 있는 것을 발견했다면 기분이 어떨까? 당장 없애고 싶을 것이다. 그런데 이러한 정보를 삭제할 수 있는 권한은 특정한 기업에 있기 때문에 일반인이 스스로 정보를 지우기란 쉽지 않다. '잊힐 권리'는 바로 이러한 인터넷 환경에서 나온 말이다. 잊힐 권리란 인터넷상의 개인 정보에 대해 유통 기한을 정하거나 틀린 내용을 수정 또는 영구적으로 없앨 것을 요청할 수 있는 권리를 말한다. 이러한 잊힐 권리를 법으로 정하는 것에 대해서는 찬성과 반대 의견이 대립하고 있다.

잊힐 권리를 법으로 정하는 데에 찬성하는 사람들은 개인의 인권을 보호하기 위해서라고 주장한다. 주로 ⊙신문이나 잡지처럼 종이로 된 인쇄 매체로 정보를 주고받던 시대에는 기사를 오래 보관하기 힘들었고, 시간이 지나면 기사가 사람들의 기억 속에서 점차 잊혀졌기 때문에 그것으로 인한 피해가 크지 않았다. 하지만 인터넷으로 정보를 손쉽게 접하는 오늘날에는 개인에 대한 정보를 쉽게 검색할 수 있고, 한 번 보도된 기사는 언제든지 다시 찾아볼 수 있기 때문에 ⓒ기사와 관련된 사람이 이른바 '신상 털기'로 인한 피해를 입을 수 있다. ⓒ이러한 일들이 무분별하게 일어난다면 당사자는 정신적으로나 물질적으로 매우 큰 피해를 입을 수 있기 때문에 이를 막을 수 있는 법이 필요하다는 것이다.

반면 잊힐 권리를 법으로 정하는 것을 반대하는 사람들도 있다. 잊힐 권리가 법으로 정해지면 언론사는 표현의 자유가 제한될 수 있다는 것이다. 사람들이 자신의 기사에 민감하게 반응하고 삭제를 요구하면 언론사는 보도하는 데 조심스러워질 수밖에 없다. 그리고 ②기사나 자료가 지나치게 삭제될 경우 정부나 기업, 특정인과 관련된 정보에 대한 국민의 알 권리가 침해될 수 있다. 이들은 ⑩인터넷에 넓게 퍼져 있는 개인의 정보를 찾아 지우는 것은 기술적으로 대단히 어렵고 비용이 많이 들기 때문에도 법으로 정하는 것에 반대한다.

인터넷이 생활화되어 있는 현대인에게 잊힐 권리는 중요한 문제이다. 잊힐 권리가 나쁘게 사용되는 일을 막으려면 아직도 논의할 것이 많다. 앞으로 잊힐 권리를 둘러싼 문제들이 어떻게 해결되어 나가는지 계속 관심을 갖고 지켜보아야 할 것이다.

● **권한**(權 권리 권, 限 한계 한)
어떤 사람이나 기관의 권리나 권력이 미치는 범위.

● **영구적**(永 길 영, 久 오랠 구, 的 과녁 적)
오래도록 변하지 아니하는. 또는 그런 것.

● **무분별**(無 없을 무, 分 나눌 분, 別 나눌 별)
분별이 없음.

● **침해**(侵 침노할 침, 害 해칠 해)
침범하여 해를 끼침.

정답과 해설 14쪽

1 이 글의 내용으로 알맞은 것은 무엇인가요? (   )

① 인쇄 매체 시대에는 정보를 오래 보관할 수 있었다.

② '잊힐 권리'를 없애야 개인의 인권을 보호할 수 있다.

③ 인터넷상의 정보들은 손쉽게 접하고 손쉽게 삭제할 수 있다.

④ 인터넷상의 개인 정보를 찾아 지우는 데는 많은 비용이 든다.

⑤ '잊힐 권리'가 법으로 정해지면 언론사는 표현의 자유가 생길 것이다.

2 이 글의 전개 방식으로 알맞은 것은 무엇인가요? (   )

① 전문가의 말을 인용해서 주장을 뒷받침하고 있다.

② '잊힐 권리'에 대한 서로 다른 주장을 보여 주고 있다.

③ '잊힐 권리'에 대한 문제점과 해결 방안을 제시하고 있다.

④ '잊힐 권리'가 나타나게 된 과정을 시간 순으로 제시하고 있다.

⑤ 개인적인 경험을 예로 들어 '잊힐 권리'가 무엇인지를 설명하고 있다.

3 ㉠~㉤ 중, '잊힐 권리'를 법으로 정하는 것에 대한 찬성과 반대의 주장을 뒷받침하는 근거로 알맞지 <u>않은</u> 것은 무엇인가요? (   )

① ㉠   ② ㉡   ③ ㉢

④ ㉣   ⑤ ㉤

4 다음 중 '잊힐 권리'를 법으로 정하는 것을 찬성할 사람은 누구일지 모두 골라 기호를 쓰세요.

> ㉮ 취업 준비생인 가영이는 인터넷에 무심코 악성 댓글을 썼던 것이 취업에 나쁜 영향을 미칠까 걱정하고 있다.
> ㉯ 나영이는 자신이 사는 지역 국회 의원의 경력과 활동 내용, 공약을 지키고 있는지의 여부 등이 궁금하였다.
> ㉰ 다영이는 인터넷에 자신의 이름을 검색해 보고 자신도 모르게 자신의 사진들이 올라와 있는 것을 알게 되었다.

(   )

5 다음 사실에서 이끌어 낼 수 있는 내용으로 알맞은 것에 ○표 하세요.

> • 인터넷에 정보의 객관성이 떨어지는 기사가 점점 많아짐.
> • '잊힐 권리'는 '개인의 인권 보호'라는 입장과 '알 권리 보장'이라는 입장이 대립됨.

(1) 인터넷 사용이 늘면서 '잊힐 권리'를 주장하는 사람들이 많아질 것이다. (   )
(2) 개인 정보를 수정하고 삭제하는 것은 개인의 자유에 맡겨야 한다.   (   )

한줄
요약

6 빈칸에 알맞은 말을 넣어 이 글의 핵심 내용을 한 문장으로 요약하세요.

인터넷상의 개인 정보를 삭제하는 '잊힐 권리'에 대해서 개인의 [|]을 보호하기 위해 잊힐 권리는 법으로 정해져야 한다는 주장과 표현의 [|]가 제한되고 알 권리가 침해될 수 있어 잊힐 권리를 법으로 정하는 것에 반대하는 주장이 있다.

지문 속 필수 어휘

낱말의 뜻을 참고하여, 다음 문장의 빈칸에 들어갈 알맞은 낱말을 완성하세요.

❶ 유제품을 살 때에는 반드시 | ㅇ | 통 | 기한을 확인해야 한다.

화폐나 물품 따위가 세상에서 널리 쓰임.

❷ 아버지와의 의견 | 대 | ㄹ |으로 진로를 결정하기가 쉽지 않았다.

의견이나 처지, 속성 따위가 서로 반대되거나 모순됨. 또는 그런 관계.

❸ 어른뿐만 아니라 아동의 | ㅇ | 권 |도 보장되어야 한다.

인간으로서 당연히 가지는 기본적 권리.

❹ 이곳은 | 제 | ㅎ | 구역이니 함부로 들어오지 마시오.

일정한 한도를 정하거나 그 한도를 넘지 못하게 막음.

다음 밑줄 친 말의 알맞은 뜻을 찾아 번호를 쓰세요.

❺ 이번 행사는 <u>특정</u> 지역에서만 실시한다.　　　　　　　　　　(　　)
　① 특별히 구분한
　② 특별히 지정한

❻ 통일을 위한 <u>논의</u>가 한창 진행 중이다.　　　　　　　　　　(　　)
　① 어떤 문제에 대하여 서로 의견을 내어 토의함. 또는 그런 토의.
　② 서로 다른 의견을 가진 사람들이 각각 자기의 주장을 말이나 글로 논하여 다툼.

다음 문장을 읽고, (　　) 안에 공통으로 들어갈 낱말을 완성하세요.

❼
　• 시간이 흐르고 그의 (　　　)에 변화가 왔다.
　• 목격자의 (　　　)을 보호하기 위해 힘을 쏟고 있다.

| ㅅ | 상 |

❽
　• 이 사건은 (　　　)끼리 합의해서 조용히 해결해야 한다.
　• 그는 피해를 입은 (　　　)를 직접 만나 사과하고 싶었다.

| 당 | ㅅ | 자 |

개인 정보 ——————

어휘 수준 ★★☆☆☆ _{하 중 상}
글감 수준 ★★★☆☆
글의 길이 1,040자

가 정보화 사회에 들어서면서 SNS(Social Network Service) 등을 통해 자신의 사생활이나 개인 정보를 공개하는 사람들이 많아졌다. 그런가 하면 기업들은 다양한 마케팅 활동을 위해 고객들의 직업이나 취향 등의 개인 정보를 더 많이 확보하고자 노력하고 있다. 그런데 한편으로는 개인 정보가 대량 유출되어 사회적으로 큰 논란을 일으켰다는 소식이 뉴스에 등장하기도 한다. 과연 '개인 정보'란 정확하게 무엇을 말하는 것일까? 그리고 우리는 소중한 '개인 정보'를 어떻게 지킬 수 있을까?

나 '개인 정보'란 이름이나 주소, 주민등록번호 등 다른 사람과 구분하여 특정한 개인을 알아볼 수 있는 정보를 말한다. 이때의 '개인 정보'란 '살아 있는 개인에 관한 정보'를 말하는 것이기 때문에 이미 사망한 사람이나 회사와 같은 단체에 관한 정보는 '개인 정보'라 할 수 없다.

다 업무를 목적으로 개인 정보를 수집하고 저장 및 활용하는 공공 기관, 단체 등을 '개인 정보 처리자'라고 하며, 개인 정보에 의하여 알아볼 수 있는 사람을 '정보 주체'라고 한다. '개인 정보 처리자'는 적법한 절차를 거쳐 정당하게 개인 정보를 수집해야 하며, 수집한 정보는 안전하게 관리해야 한다. 또한 '정보 주체'인 개인도 다른 정보 주체의 개인 정보를 함부로 사용해서는 안 되며, 자신의 개인 정보가 무분별하게 사용되지 않도록 주의해야 한다. 즉, 개인 정보를 보호하기 위해서는 '개인 정보 처리자'와 '정보 주체'가 모두 노력해야 한다.

라 우리나라는 이전까지 공공 부문과 민간 부문에서 분야별로 개인 정보와 관련된 법규가 각각 존재하여, 규제 수준이 일정하지 않거나 법 적용의 사각지대가 발생하는 문제점이 있었다. 그러나 2011년 3월 29일에 '개인 정보 보호법'을 제정하여 '개인 정보 처리자'의 의무와 '정보 주체'의 권리를 강화하였고, '개인 정보'를 보다 적극적으로 보호하고 있다. 이 법에 따르면 '다른 사람의 개인 정보를 함부로 이용하거나 알려 주는 경우 5년 이하의 징역 또는 5천만 원 이하의 벌금을 내야' 하므로 우리 모두 각별히 주의해야 할 것이다.

● **SNS**(Social Network Service)
특정한 관심이나 활동을 공유하는 사람들 사이의 관계망을 구축해 주는 온라인 서비스.

● **마케팅**(marketing)
소비자에게 상품이나 서비스를 효율적으로 제공하기 위한 체계적인 경영 활동.

● **적법**(適 맞을 적, 法 법 법)
정해진 법규에 들어맞음.

● **사각지대**(死 죽을 사, 角 구석 각, 地 땅 지, 帶 띠 대)
관심이나 영향이 미치지 못하는 구역을 비유적으로 이르는 말.

● **징역**(懲 혼날 징, 役 부릴 역)
죄인을 교도소에 일정 기간 가두어 두고 노동을 시키는 형벌.

1 이 글의 내용 전개 방식으로 알맞은 것은 무엇인가요? (   )

① 개인 정보를 친숙한 대상에 빗대어 설명하고 있다.

② 개인 정보에 대한 사람들의 일반적인 생각을 반박하고 있다.

③ 주요 용어에 대한 개념 설명과 더불어 개인 정보 보호의 필요성을 강조하고 있다.

④ 기업들이 개인 정보를 얻기 위해 어떤 노력을 기울이는지 구체적으로 설명하고 있다.

⑤ 질문을 통해 독자들의 궁금증을 유발하고 개인 정보를 보호하지 않는 현실을 비판하고 있다.

2 보기 의 내용을 추가하기에 알맞은 위치를 고르세요. (   )

> 보기
>
> 　단, 사망한 사람의 정보라도 현재 생존한 유족과 관련된 정보라면 개인 정보에 포함될 수 있다.

① 가 문단 앞　　　　② 가 문단 뒤　　　　③ 나 문단 뒤

④ 다 문단 뒤　　　　⑤ 라 문단 뒤

3 이 글의 내용을 <u>잘못</u> 이해한 사람은 누구인지 이름을 쓰세요.

> • 용수: '개인 정보 보호법'까지 따로 제정한 것을 보니, 개인 정보는 정말 중요한 것 같아.
>
> • 명희: 엄마의 주민등록번호를 이용해서 게임 사이트에 접속하면 법을 위반한 행동이 되는구나.
>
> • 은정: 2011년 이전에는 '개인 정보 보호법'이 없었으니 회사나 단체가 개인 정보를 함부로 도용했어도 법에 따라 처벌을 받지는 않았을 거야.

(　　　　　　　)

4 이 글과 보기 의 내용을 통해 알 수 있는 사실로 적절하지 <u>않은</u> 것은 무엇인가요?

보기

당사는 개인 정보 보호법 등 관련 법률에 의거하여 정보 주체로부터 개인 정보를 수집함에 있어 아래 내용을 안내하고 있습니다. 고객님께서는 다음 내용을 자세히 읽어 보신 후에 동의 여부를 결정하여 주시기 바랍니다.

1. 개인 정보의 수집 및 이용 목적: 고객 문의 및 불만 사항의 처리, 고객 정보 분석을 통해 서비스 개선, 이벤트 행사에 따른 경품 추첨 및 배송 등
2. 수집하려는 개인 정보의 항목
   – 필수 항목: 이름, 휴대전화번호, 성별, 나이, 주소
   – 선택 항목: 블로그 등 홈페이지 주소, 직업
3. 개인 정보의 보유 및 이용 기간: 회원 탈퇴 시까지 보관
4. 동의를 거부할 권리 및 동의 거부에 따른 안내: 고객님께서는 본 안내에 따른 개인 정보 수집에 대하여 거부를 하실 수 있는 권리가 있습니다. 본 개인 정보 수집에 대하여 거부하시는 경우, 회원 가입이 이루어지지 않음에 따라 당사의 회원 대상 서비스를 이용하실 수 없습니다.

위 내용을 확인하였으며, 개인 정보 수집에 동의합니다. [예 ☐ / 아니오 ☐]

① 〈보기〉의 안내문은 2011년 이후에 작성한 것이다.
② 회사는 '개인 정보 처리자'로서의 의무를 이행하기 위해 〈보기〉의 안내문을 만들었다.
③ 마지막에 정보 주체가 '아니오'를 선택했다면, '개인 정보 처리자'는 개인 정보를 적법하게 수집하지 못한다.
④ 개인 정보의 보유 및 이용 기간을 '회원 탈퇴 시까지'라고 한정한 것은 '개인 정보 처리자'의 권리를 강화하기 위해서이다.
⑤ 수집하려는 개인 정보를 '필수 항목'과 '선택 항목'으로 구분한 것은 '정보 주체'의 권리를 강화하기 위해서라고 이해할 수 있다.

5 빈칸에 알맞은 말을 넣어 이 글의 핵심 내용을 한 문장으로 요약하세요.

한줄
요약

개인 정보란 특정한 개인을 알아볼 수 있는 정보를 말하며, 2011년에 제정된 '개인 정보 보호법'에서는 개인 정보 처리자의 ☐☐와 정보 주체의 ☐☐를 강화하여 개인 정보를 보다 적극적으로 보호하고 있다.

지문 속 필수 어휘

다음 문장을 읽고, (　) 안에 공통으로 들어갈 낱말을 완성하세요.

❶
- 음식들이 다양하게 있으니 (　　)에 따라 골라 드세요.
- 그녀는 복고 (　　)의 옷을 즐겨 입는다.

취	ㅎ

❷
- 공장의 유해 물질 (　　)을 감시해야 한다.
- 그는 기밀문서의 (　　)에 대해 책임을 추궁당했다.

ㅇ	출

❸
- 남북통일은 우리 민족이 (　　)가 되어야 한다.
- 세계 역사를 이끌어 온 (　　)는 영웅인가? 민중인가?

ㅈ	체

❹
- 일을 할 때에는 정해진 (　　)에 따라 진행해야 한다.
- 이번 사건의 피해자는 법적 (　　)를 밟아 소송을 준비했다.

절	ㅊ

다음 문장을 읽고, 두 낱말 중 알맞은 것을 찾아 ○표 하세요.

❺ 현대 국어의 시작 시기는 아직도 [논란 / 의논]의 여지가 많다.

❻ 정부는 강력한 [규재 / 규제]를 통해 불법 무기를 단속하기로 했다.

❼ 국회는 투기를 억제하기 위한 법률을 [제정 / 재정]하려 한다.

❽ 건널목을 건널 때에는 신호에 [주이 / 주의]해야 한다.

디지털 중독

어휘 수준 ★★☆☆☆ 하 중 상
글감 수준 ★★☆☆☆
글의 길이 1,098자

'디지털 중독'은 일상생활을 하는 것이 곤란할 정도로 인터넷, 스마트폰 등을 과도하게 사용하는 현상을 말한다. 디지털 중독 현상은 우리 주변에서도 쉽게 찾아볼 수 있다. 대표적으로 스마트폰을 집에 두고 왔거나 배터리가 별로 남지 않았을 때 불안감과 초조함에 휩싸인다거나 몇 분마다 문자 메시지를 확인하지 않으면 신경이 쓰이는 것 등이 바로 디지털 중독 증세이다.

우리 사회에서 디지털 중독은 마약이나 도박처럼 법의 규제 대상이 아니기 때문에 약물 중독이나 도박 중독처럼 심각한 문제로 여기지 않는 경향이 있다. 그러나 디지털 중독을 간과해서는 안 되는 이유는 디지털에 중독되어 뇌에 영향을 미치는 과정이 약물 중독과 흡사하기 때문이다. 그 ㉠과정은 다음과 같다. 몸에 투여된 특정 약물은 뇌를 자극하여 신경 전달 물질인 도파민을 분비함으로써 쾌락을 느끼게 한다. 그런데 약물 투여에 의한 자극이 지속적으로 이루어지면 도파민이 전달되는 뇌 회로가 발달하고, 그렇게 되면 같은 수준의 자극으로는 이전과 같은 쾌락을 느끼지 못하게 된다. 그러므로 이전과 같은 쾌락을 얻기 위해 기존보다 더 많은 약물을 투여하게 되고, 결국 중독으로 이어지게 되는 것이다.

스마트폰과 같은 디지털 기기의 높은 편리성과 실용성 그리고 오락성은 디지털 기기에 대한 의존성과 밀접한 관련이 있다. 스마트폰과 같은 디지털 기기를 통해 즐거움을 느끼게 되면 몰입과 탐닉으로 이어져 디지털 기기에 대한 의존도가 높아진다. 이렇게 디지털 기기에 대한 의존도가 높아지면 디지털 기기를 사용할 수 없는 상황이 발생할 경우에 심리적으로 초조함이나 불안감, 스트레스를 느끼게 되고 이는 집중력 저하와 우울로 이어질 수 있다. 이런 ㉡디지털 중독의 위험성에 가장 많이 노출된 집단은 어린이와 청소년이다. 이들은 성인에 비해 고차원적 사고나 판단을 담당하는 뇌의 전두엽이 덜 발달되어 있어 자극에 민감하고 디지털 기기를 통해 얻게 되는 즐거움이나 쾌감을 스스로 통제하기가 어렵다.

디지털 중독에 효과적으로 대응하기 위한 최선의 방안은 예방이다. 따라서 사회적으로 디지털 중독의 가능성과 증상에 대한 충분한 홍보와 교육을 실시하여 디지털 기기를 사용하는 사람들이 스스로 위험성을 깨닫고 주의하도록 해야 한다.

● **규제**(規 법 규, 制 절제할 제)
규칙이나 규정에 의하여 일정한 한도를 정하거나 정한 한도를 넘지 못하게 막음.

● **간과**(看 볼 간, 過 지날 과)
큰 관심 없이 대강 보아 넘김.

● **쾌락**(快 쾌할 쾌, 樂 즐길 락)
유쾌하고 즐거움. 또는 그런 느낌.

● **전두엽**(前 앞 전, 頭 머리 두, 葉 잎 엽)
대뇌 반구의 앞부분. 운동 중추와 운동 언어 중추가 있고 사고, 판단과 같은 고도의 정신작용이 이루어지는 곳임.

1 이 글에 대한 설명으로 가장 알맞은 것은 무엇인가요? (   )

① 디지털 중독에 대한 상반된 견해를 인용하고 있다.

② 중독 현상에 대한 전문가의 연구를 근거로 들고 있다.

③ 디지털 중독을 해결하는 일이 시급함을 강조하고 있다.

④ 디지털 중독을 다른 중독과의 비교를 통해 설명하고 있다.

⑤ 중독 현상을 대하는 사회적 관점의 변화를 살펴보고 있다.

2 이 글의 내용과 일치하는 것은 무엇인가요? (   )

① 성인은 어린이와 청소년에 비해 전두엽 기능이 덜 발달하였다.

② 디지털 중독이 뇌에 미치는 영향은 약물 중독의 과정과 비슷하다.

③ 디지털 중독은 마약 중독이나 도박 중독만큼 심각한 문제는 아니다.

④ 스마트폰을 사용하면서 불안감과 초조함을 느끼는 것이 디지털 중독 증세이다.

⑤ 성인은 청소년에 비해 디지털 기기를 통해 얻는 쾌감을 스스로 통제하기가 어렵다.

3 보기 는 ㉠을 도식으로 정리한 것이다. 이에 대한 반응으로 적절하지 <u>않은</u> 것은 무엇인가요? (   )

보기

㉮   ㉯   ㉰
약물을 투입함.   →   뇌를 자극함.   →   쾌락을 느낌.

① ㉮에서 투입되는 약물은 중독성을 가진 특정 약물이다.

② ㉯를 통해 몸에 변화를 일으킬 수 있는 신경 전달 물질이 분비된다.

③ ㉯를 지속하게 되면 신경 전달 물질이 전달되는 뇌 회로가 발달하게 된다.

④ ㉰는 도파민이라는 물질의 분비로 인해 일어나는 현상이다.

⑤ ㉰를 같은 강도로 지속하기 위해서는 꾸준하게 같은 양의 약물을 주입해야 한다.

4 ⓛ의 근본적 이유로 가장 적절한 것은 무엇인가요? (   )

① 뇌가 덜 발달되어 자극을 통제하기가 어렵기 때문에

② 디지털 기기에 의존할 수밖에 없는 생활 환경 때문에

③ 디지털 기기의 오락성에 가장 많이 노출되기 때문에

④ 마약이나 도박처럼 법의 규제 대상이 아니기 때문에

⑤ 중독 현상에 대한 교육을 제대로 받을 기회가 없었기 때문에

5 '디지털 중독'의 예로 적절하지 <u>않은</u> 것은 무엇인가요? (   )

① 스마트폰을 꺼 두었을 때 중요한 연락이 올 것 같아 불안하다.

② 온라인 게임을 매일 1시간씩 했으나 점차로 시간이 늘어나 밤을 새게 되었다.

③ 인터넷선의 장애로 인터넷을 사용할 수 없게 되자 무엇을 할지 몰라 우울하다.

④ 매일 아침 공책에 계획표를 작성하던 것을 블로그와 같은 웹사이트에 작성한다.

⑤ 전자 메일을 확인한 지 얼마 지나지 않아 다른 메일이 온 것 같은 생각에 계정에 재접속해 본다.

한줄
요약
6 빈칸에 알맞은 말을 넣어 이 글의 핵심 내용을 한 문장으로 요약하세요.

| | | |

디지털 중독은 마약 중독이나 도박 중독처럼 심각한 문제이므로 디지털 기

기를 사용하는 사람들이 스스로 | | | 을 깨닫고 주의해야 한다.

지문 속 필수 어휘

다음 문장을 읽고, (   ) 안에 공통으로 들어갈 낱말을 완성하세요.

❶
- 그 술집은 알코올에 (   )된 사람들로 가득하였다.
- 그는 마약에 (   )되었다는 의혹에 휘말렸다.

중 ㄷ

❷
- 그녀는 술과 노름에 (   )하여 세월을 보냈다.
- 만화책에 (   )하여 시간 가는 줄 몰랐다.

ㅌ ㄴ

❸
- 그 약에 대한 부작용을 (   )해서는 안 된다.
- 그 사건의 진실한 내막은 (   )되고 말았다.

ㄱ 과

❹
- 약물 (   )로 질병을 치료할 수 있다.
- 정부는 문화재 복원 사업에 백억 원을 (   )하였다.

투 ㅇ

다음 문장을 읽고, 두 낱말 중 알맞은 것을 찾아 ○표 하세요.

❺ 전학 가는 친구를 배웅한 후 쓸쓸함에 [휩쌓였다 / 휩싸였다].

❻ [말로써 / 말로서] 천 냥 빚을 갚는다고 한다.

❼ 공포 영화를 보면 [퀘감 / 쾌감]을 느낄 수 있다.

❽ 마라톤 행사로 오늘 교통이 [통재 / 통제]된다.

엄마 손은 약손

⑧ 분 안에 풀어보세요.

가 엄마 손의 치료 효과는 얼토당토않은 것이 아니라 과학적으로 ⊙여러 가지 근거가 있다. 그중 하나로 위약 효과가 있다. 위약 효과란 환자의 불안감을 없애기 위하여 의사가 환자에게 주는, 가짜 약물로 생기는 효과를 말한다. 이에 따르면, 약이 실제로 효과가 없어도 그 약을 먹으면 나을 것이라는 믿음 때문에 환자의 고통이 사라진다고 한다.

나 아이들이 배가 아픈 것은 낮에 차가운 것을 너무 많이 먹었기 때문일 수 있다. 흔히 배가 차가워진 상태에서는 소화가 제대로 되지 않는다. 이렇게 배에 탈이 났을 때, 따뜻한 손길로 배 주변을 쓸어 주는 것만으로도 치료 효과가 있을 수 있다. 손에 있는 온기가 배의 온기와 만나 배를 따뜻하게 해 주면 차가운 상태에 있는 배가 안정되어 배앓이가 치료되기 때문이다.

다 또, 배를 쓸어 주면 장운동이 활발해지기 때문에 아픔이 사라지기도 한다. 한의학에서는 위와 같이 장이 약한 사람에게 배를 둥글게 비벼 주는 운동을 적극적으로 권한다. 배꼽을 중심으로 시계 방향으로 원을 그리면서 배를 꾹꾹 누르며 쓸어 주면, 장운동이 활발해져서 변비가 사라지고 아랫배의 살이 빠지는 효과를 볼 수 있다는 것이다.

라 몸에 있는 기를 주고받기 때문에 치료 효과가 있다는 주장도 있다. 아이들의 배앓이는 몸에 맞지 않는 기운이 들어와서 생긴다고 한다. 배를 쓸어 줄 때 어머니의 기가 아이에게 전달되면, 배 부분에 막혀 있던 기운이 풀리면서 아픔이 사라지게 된다는 것이다.

마 마지막으로 엄마 손의 약효는 '사랑 확인 이론'으로 설명되기도 한다. 배앓이와 같은 증상들은 가족이나 친구들의 관심을 불러일으킨다. 그래서 아픈 사람에게 주위 사람들의 동정심과 보살핌이 전해지면, 아픈 사람은 심리적인 안정을 얻게 되어 병이 치료되는 것이다.

▲ 혹시 주변에 있는 사람이 가벼운 병으로 아파한다면 그 사람에게 따뜻한 마음을 전해 보세요. '사랑 확인 이론'에 따라, 따뜻한 마음이 그 사람에게 전해진다면 엄마 손처럼 그의 병이 곧 낫게 될지도 모르니까요.

● **위약**(僞 거짓 위, 藥 약 약)
환자에게 심리적 효과를 얻도록 하려고 주는 가짜 약.

● **기**(氣 기운 기)
눈에는 보이지 않으나 느껴지는 기운.

1 이 글을 쓰기 위한 계획하기 단계에서 메모한 내용으로 알맞은 것은 무엇인가요?

( )

① 글의 목적: 위약에 대한 정보를 제공함.
② 읽을 대상: 약 먹기를 힘들어하는 아이들
③ 표현 방법: 다정하고 친근한 대화체로 표현함.
④ 전달 매체: 배앓이 치료의 중요성을 알리는 영상 광고
⑤ 글의 주제: 엄마 손의 치료 효과는 과학적으로 근거가 있음.

2 ㉠에 해당하는 내용으로 볼 수 <u>없는</u> 것은 무엇인가요? ( )

① 위약 효과가 있다.
② 장운동이 활발해지게 한다.
③ 실제로 약물이 효과가 있다.
④ 손의 온기가 배를 안정시킨다.
⑤ 심리적인 안정을 얻게 되어 병이 치료된다.

3 '위약 효과'에 대한 설명으로 알맞은 것은 무엇인가요? ( )

① 위약이 몸에 해가 된다.
② 위약으로 대부분의 병이 치료된다.
③ 실제 치료 효과가 있는 약물을 쓴다.
④ 위약 때문에 고통이 사라지기도 한다.
⑤ 약의 효과를 믿지 않아서 나타나는 현상이다.

4 보기의 내용이 들어가기에 알맞은 곳은 어디인가요? (   )

> **보기**
>
> 예를 들어, 약 모양으로 만든 비스킷을 배가 아플 때 듣는 좋은 약으로 알고 먹은 사람 가운데에 많은 사람이 아픔이 없어졌다고 말한다. 또, 실제로 아프지도 않은데 심리적인 이유로 아픔을 호소하는 사람들에게 밀가루로 만든 약을 주면 아픔이 사라지기도 한다.

① **가**의 뒤   ② **나**의 뒤

③ **다**의 뒤   ④ **라**의 뒤

⑤ **마**의 뒤

5 다음 중, '사랑 확인 이론'으로 설명되는 치료 효과는 무엇인가요? (   )

① 아침마다 줄넘기를 하면서부터 다리가 덜 저렸다.

② 할머니가 곁에 있어 주시니 아픈 증상이 사라졌다.

③ 음식을 골고루 먹었더니 감기에 잘 걸리지 않았다.

④ 산에 올라가 좋은 공기를 마셨더니 두통이 없어졌다.

⑤ 의사 선생님을 만난 것만으로도 병이 나은 기분이었다.

6 빈칸에 알맞은 말을 넣어 이 글의 핵심 내용을 한 문장으로 요약하세요.

한줄 요약

엄마 손의 치료 효과는 [   ] 효과, 손의 온기가 배를 따뜻하게 해 주는 효과, 장운동이 활발해지는 효과, 몸의 기를 주고받는 효과, '[   ] 확인 이론'으로 설명되는 효과 등 과학적으로 여러 가지 근거가 있다.

지문 속 필수 어휘

낱말의 뜻을 참고하여, 다음 문장의 빈칸에 들어갈 알맞은 낱말을 완성하세요.

❶ 가만가만 등을 쓰다듬는 어머니의 ㅅ 길 에 그만 잠이 들었다.

내밀거나 잡거나 닿거나 만지거나 할 때의 손.

❷ 오랜만에 바닥에 이불을 깔고 누웠더니 방바닥의 온 ㄱ 가 느껴졌다.

따뜻한 기운.

❸ 우리는 마음의 ㅇ 정 을 찾을 때까지 쉼터에서 쉬기로 하였다.

육체적 또는 정신적으로 편안하고 고요함.

문제 속 개념어

계획하기 단계 計 셀 계, 劃 그을 획, 段 층계 단, 階 섬돌 계

글을 쓰는 과정 중 글쓰기 계획을 세우는 단계입니다. 먼저 글을 쓰는 목적과 읽을 사람을 생각하고, 쓸 내용을 떠올립니다. 글을 쓰기 위하여 계획하고 내용을 떠올리면 글을 읽는 사람이 내용을 이해하기 쉽고 글을 좀 더 짜임새 있게 쓸 수 있습니다.

계획하기 → 내용 조직하기 → 글로 쓰기 → 고쳐쓰기

▲ 글 쓰는 과정

❹ 글 쓰는 과정에서 글을 쓰는 상황과 목적을 고려해야 하는 단계에 ○표 하세요.

(1) 계획하기 　(　　) 　　　　(2) 내용 조직하기 　(　　)

(3) 글로 쓰기 　(　　) 　　　　(4) 고쳐쓰기 　　　(　　)

흙 속의 미생물, 방선균

8 분 안에 풀어보세요.

흙 속의 미생물에서 감기약 성분을 얻는다면 믿을 수 있을까? 놀랍게도 과학자들은 흙 속의 미생물인 방선균에서 그 성분을 얻고 있다. 방선균은 실처럼 생긴 가지가 서로 연결된 형태를 띤 세균의 한 종류이다. 방선균은 흙, 식물, 동물의 몸, 하천, 바닷물 등에 사는데 그중에서도 흙 속에 가장 많이 산다.

방선균은 우리 생활에 많은 도움을 준다. 먼저 ㉠방선균은 식물이 사는 데 꼭 필요한 질소를 공급해 준다. 그래서 농사에 도움이 된다. 또한 방선균은 유기물을 분해하기 때문에 퇴비를 만드는 데에 쓰인다. 화장실, 정화조 등의 악취를 없애고 가정의 하수 등을 정화하는 데에도 이용된다. 무엇보다도 방선균의 가장 큰 특징은 곰팡이나 병원균을 파괴하는 항생 물질을 만들어 내는 것이다.

⎡(가) 방선균이 만들어 내는 항생 물질은 의약품을 만드는 데 널리 이용된다. 우리가 사용하는 의약품 중 약 70%가 방선균이 만들어 낸 항생 물질을 원료로 한다. 감기약이나 안약, 피부 질환에 바르는 연고에서부터 암이나 결핵을 치료하는 약에 이르기까지 방선균의 쓰임은 다양하다.⎦

과학자들은 계속해서 방선균 연구에 ㉡힘쓰고 있다. 최근에는 흙 속에 있는 방선균뿐 아니라 바다에 있는 방선균에 대한 연구가 새롭게 진행되고 있다. 새로운 방선균의 발견과 그것의 활용 방안에 대한 연구는 방선균의 활용 가치를 높이는 데 기여할 것이다.

● **정화**(淨 깨끗할 정, 化 될 화)
불순하거나 더러운 것을 깨끗
하게 함.

● **병원균**(病 병 병, 原 근원 원,
菌 버섯 균)
병의 원인이 되는 균.

● **항생 물질**(抗 겨룰 항, 生 날
생, 物 물건 물, 質 바탕 질)
미생물, 세균 따위의 자람을 막
거나 죽이는 물질.

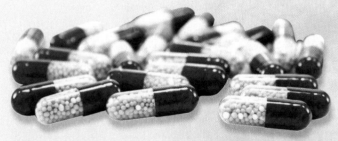

▲ 방선균으로 만드는 감기약은 감기에 따른 증상을 완화시켜 감기를 참고 견딜 만하게 만들어 주는 소염 진통제 또는 항생제를 말해요. 감기 자체를 치료하는 약은 아니기 때문에 평소에 균형 잡힌 식사와 규칙적인 생활로 감기에 걸리지 않도록 예방하는 것이 중요하답니다.

1 이 글의 내용과 일치하지 <u>않는</u> 것은 무엇인가요? (   )

① 방선균은 물속에서 가장 많이 발견된다.
② 방선균은 식물이 살아가는 데 도움을 준다.
③ 방선균은 가정의 하수를 정화하는 데 활용된다.
④ 최근에는 바다에 있는 방선균에 대한 연구가 이루어지고 있다.
⑤ 방선균이 만들어 내는 항생 물질은 의약품을 만드는 데 이용된다.

2 ㈎에서 내용을 설명하는 방식으로 알맞은 것은 무엇인가요? (   )

① 항생 물질의 종류를 분류하여 설명하였다.
② 항생 물질의 쓰임을 예를 들어 설명하였다.
③ 항생 물질이 무엇인지 그 의미를 밝혀 설명하였다.
④ 항생 물질의 여러 가지 문제점을 분석하여 설명하였다.
⑤ 항생 물질이 만들어지는 과정을 인과 관계로 설명하였다.

3 ㉠에서 이끌어 낸 사실로 알맞은 것에 ○표 하세요.

(1) 식물은 방선균이 없으면 살아갈 수 없다.   (   )
(2) 질소는 식물이 사는 데 반드시 필요한 성분이다.   (   )
(3) 방선균은 식물을 통해 병균을 파괴하는 항생 물질을 만들어 낸다.   (   )

4 윗글을 바탕으로 보기 를 탐구한 내용으로 적절한 것은 무엇인가요? (　　　)

> **보기**
>
> 울릉도의 흙 속에서 말라리아 치료 물질이 발굴되다
>
> 　한국생명공학연구원들은 울릉도의 흙에서 약 200여 종의 방선균을 분리하여, 말라리아 치료 물질을 발굴하였다. 희귀 방선균은 실험실 안에서 배양이 어렵기 때문에 연구원들은 매우 느리게 생장하는 방선균을 울릉도 흙으로부터 선택적으로 분리하였고, 이후 긴 기간에 걸쳐 배양한 결과 새로운 화합물을 발굴하는 데 성공하였다. 이렇게 발굴한 화합물은 세포의 독성을 보이지 않으면서도 특정 기생충에 강한 독성을 가졌다. 말라리아를 일으키는 열대열원충이 바로 이런 기생충 중 하나이다.

① 방선균이 나오는 비료를 썼기 때문에 일어난 결과로군

② 바다에 있는 방선균에 대한 연구도 새롭게 진행되고 있군.

③ 방선균이 식물에 질소를 공급해 준다는 증거로 삼을 수 있겠군.

④ 방선균이 만들어 낸 항생 물질 덕분에 감기약을 만들 수 있었군.

⑤ 새로운 방선균의 발견이 방선균의 활용 가치를 높이는 데 기여하겠군.

5 ⓛ과 바꾸어 쓸 수 있는 말로 알맞은 것은 무엇인가요? (　　　)

① 힘을 들여 일을 하고

② 힘을 한곳으로 모으고

③ 힘을 들여 남을 도와주고

④ 힘이 쓰여서 지치는 면이 있고

⑤ 힘에 부쳐 능히 당하여 내기 어렵고

한줄요약

6 빈칸에 알맞은 말을 넣어 이 글의 핵심 내용을 한 문장으로 요약하세요.

　　□□□ 은 우리 생활에 많은 도움을 주는데, 특히 방선균이 만들어 내는 항생 물질은 감기약 같은 □□□ 을 만드는 데 널리 이용되는 등 그 쓰임이 다양하다.

지문 속 필수 어휘

낱말의 뜻을 참고하여, 다음 문장의 빈칸에 들어갈 알맞은 낱말을 완성하세요.

❶ 외국에서 들여온 농산물에서 농약 | ㅅ | 분 |이 검출되었다.

유기적인 통일체를 이루고 있는 것의 한 부분.

❷ 아빠와 나는 하천에서 나는 | ㅇ | 취 | 때문에 코를 막았다.

나쁜 냄새.

❸ 가난으로 고통받는 나라에 대해 식량과 | 의 | ㅇ | ㅍ | 지원이 필요하다.

병을 치료하는 데 쓰는 약품.

다음 문장을 읽고, (   ) 안에 공통으로 들어갈 낱말을 완성하세요.

❹
- (   )되지 않은 폐수가 흘러나와 하천이 오염되었다.
- 공장에서 나온 폐수로 더러워진 하천이 (   )되었다.

| 정 | ㅎ |

❺
- 금이 귀한 것은 세상에 (   ) 알려진 사실이다.
- 지금은 종이와 동전으로 된 화폐가 (   ) 쓰이고 있다.

| ㄴ | 리 |

❻
- 새로운 기술을 (   )하면 제품의 성능이 좋아진다.
- 컴퓨터의 보급으로 타자기의 (   ) 가치는 떨어졌다.

| 활 | ㅇ |

❼
- 그는 세계 평화에 (   )하여 노벨 평화상을 수상했다.
- 우리 반 회장은 팀 우승에 결정적인 (   )를 했다.

| ㄱ | 여 |

감기란 무엇인가

어휘 수준 ★★ ☆ ☆ ☆
글감 수준 ★★ ☆ ☆ ☆
글의 길이 780자

⏱ **8** 분 안에 풀어보세요.

　감기란 독감 바이러스 외의 다른 바이러스로 생기는 호흡기 염증성 질환을 통칭하는 질병이다. 예전에는 콧물, 기침, 재채기 같은 증상을 포괄적으로 감기라고 불렀지만 의학이 발달하면서 원인이 확실한 것들은 다른 이름으로 부르고 있다. 현재까지 알려진 바에 따르면 아데노바이러스를 비롯해 최소 100가지 이상의 바이러스가 감기를 일으킨다고 한다.

　콧물, 기침, 재채기가 나고 목이 아프면 무조건 감기라고 생각하기 쉽지만 꼭 그렇지는 않다. 증상은 감기와 비슷하지만 실제로는 감기와 다른 '사이비 감기'가 있다. 사이비 감기는 감기와는 병이 다르니 그 치료법도 당연히 달라져야 한다.

　감기와 가장 혼동하는 ㉠사이비 감기로는 '독감'이 있다. 독감은 종종 '감기가 악화된 것' 또는 '감기 중에 독한 것'이라고 오해를 받는다. 감기와 독감 모두 콧물, 기침이 나는데, 며칠이 지나면 낫는 감기와 달리 독감은 심할 경우 기관지염이나 폐렴으로 발전하고, 오한, 고열, 근육통이 먼저 나타난다. 또 감기가 시기를 ㉡타지 않는 것과 달리 독감은 유행하는 시기가 정해져 있다.

　독감은 유행성 감기 바이러스 때문에 생긴다. 감기는 백신을 만들 수 없지만 독감은 백신을 만들 수 있다. 왜냐하면 감기를 일으키는 바이러스는 다양하지만 독감을 일으키는 바이러스는 한 종류이기 때문이다. 단, 유행성 감기 바이러스는 변이가 심하게 일어나기 때문에 매년 백신을 새로 만들어야 한다. 노약자는 그 해에 유행하는 독감 백신을 미리 맞되, 백신으로 항체가 만들어지기까지는 시간이 걸리므로 독감이 유행하기 3~4개월 전에 맞아야 한다.

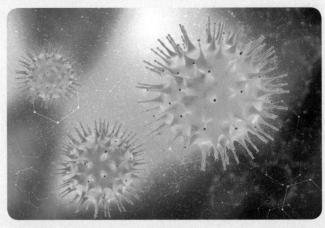

▲ 인플루엔자 바이러스의 전자 현미경 사진.
독감을 일으키는 인플루엔자 바이러스는 사람과 다양한 종류의 동물에서 호흡기 질병을 유발하는 바이러스입니다. 인플루엔자 바이러스에 의해 사람에게 발생하는 호흡기 질병을 독감이라고 일컫는데, 일반적인 감기와는 다릅니다. 바이러스 입자는 일반적으로 지름이 80~120 나노미터 정도인 둥근 형태이나, 경우에 따라 실 모양의 구조를 갖기도 합니다.

● **바이러스(virus)**
동물, 식물, 세균 등 살아 있는 세포에 기생하고, 세포 안에서만 증식이 가능한 미생물.

● **통칭(通 통할 통, 稱 이를 칭)**
일반적으로 널리 이름. 또는 그런 이름.

● **백신(vaccine)**
감염을 예방하기 위해 사람이나 동물을 자동적으로 면역시킬 목적으로 쓰이는 항원.

● **변이(變 변할 변, 異 다를 이)**
예상하지 못한 사태나 괴이한 변고.

1 이 글을 읽는 방법으로 가장 적절한 것은 무엇인가요? (   )

① 어휘의 객관적 의미를 중심으로 정보를 이해하며 읽는다.

② 서사의 전개에 따라 진행되는 이야기를 정리하며 읽는다.

③ 제시된 문제를 파악하고 그 해결 방안을 파악하며 읽는다.

④ 글쓴이의 여정을 중심으로 견문, 감상을 파악하며 읽는다.

⑤ 찬성과 반대의 입장을 알고 주장의 타당성을 판단하며 읽는다.

2 이 글의 내용과 일치하지 <u>않는</u> 것은 무엇인가요? (   )

① 감기는 호흡기 염증성 질환을 통칭하는 질병이다.

② 감기를 일으키는 주요 바이러스에는 독감 바이러스가 있다.

③ 과거에는 콧물, 기침, 재채기 등의 증세를 감기라 진단하였다.

④ 감기를 일으키는 바이러스는 100가지 이상이라고 알려져 있다.

⑤ 콧물이 나고 목이 아프다고 해서 무조건 감기라고 할 수는 없다.

3 보기 를 활용해 이 글을 보완한다고 할 때, 그 방안으로 적절하지 <u>않은</u> 것은 무엇인가요? (   )

보기

　독감은 날씨가 춥고 건조한 10월부터 5월까지 발생률이 높은데, 여러 바이러스 중에서 인플루엔자(influenza) 바이러스에 의해 발생한다고 알려져 있다. 그런데 문제는 바이러스 내에서 유전자 돌연변이가 지속적으로 생기게 되면, 면역력이 없는 항원을 가진 바이러스가 출현하게 되고, 이렇게 면역력이 없는 바이러스가 사람들 사이에 급속하게 퍼져 나가면서 대유행을 일으키게 된다는 것이다.

① 독감이 주로 발생하는 시기를 구체적으로 제시할 수 있겠어.

② 독감을 일으키는 바이러스가 어떤 것인지를 제시할 수 있겠어.

③ 독감이 오한, 고열, 근육통을 일으키게 되는 이유에 대해 제시할 수 있겠어.

④ 독감이 어떤 이유로 인해 사람들 사이에 유행하게 되는지를 제시할 수 있겠어.

⑤ 독감 예방을 위한 백신이 면역력을 증진시키기 위한 것임을 제시할 수 있겠어.

4 ⑦과 같은 어휘를 사용한 이유로 가장 적절한 것은 무엇인가요? (　　　)

① 감기와 증상은 비슷하나 원칙적으로 감기와 다른 질병이기 때문에
② 감기에서 시작해서 더욱 심한 증상으로 발전하는 질병이기 때문에
③ 감기와는 다른 원인에서 시작되나 결국 같은 증상을 보이기 때문에
④ 감기와는 다른 증상을 보이지만 둘 다 치료 방법은 동일하기 때문에
⑤ 감기에 맞는 백신처럼 항체를 형성하기까지 시간이 오래 걸리기 때문에

5 ⓒ과 문맥적 의미가 가장 유사한 것은 무엇인가요? (　　　)

① 소년이 부끄러움을 잘 타는지 얼굴이 금방 붉어졌다.
② 그 청년은 나이답지 않게 추위를 타는지 몸을 웅크린다.
③ 이 옷은 흰색이어서 때가 잘 타기 때문에 사기가 꺼려진다.
④ 그 팀은 한창 상승세를 타고 있어서 이번에도 승리가 예상된다.
⑤ 우리 집 강아지는 동네 사람들의 손을 자주 타서인지 잘 자라지 못한다.

6 빈칸에 알맞은 말을 넣어 이 글의 핵심 내용을 한 문장으로 요약하세요.

한줄
요약

감기와 증상은 비슷하나 병도 다르고 치료법도 다른 ☐☐☐ 감기인 독감은

감기가 악화된 것으로 오해를 받지만, 발병 원인, 발병 시기, 발병 증세,

☐☐☐이 모두 다르므로, 이에 대한 주의가 필요하다.

지문 속 필수 어휘

낱말의 뜻을 참고하여, 다음 문장의 빈칸에 들어갈 알맞은 낱말을 완성하세요.

❶ 사람들은 영화를 영상 종합 예술이라고 | 트 | 칭 |하기도 한다.

　　　　　　　　　　　　　　일반적으로 널리 이름.

❷ 그는 | 원 | ㅇ | 모를 병으로 한 달 만에 세상을 떠났다.

어떤 사물이나 상태를 변화시키거나 일으키게 하는 근본이 된 일이나 사건.

❸ 수업 내용이 너무 | 프 | ㄱ | 적 |이라 이해하기가 어려웠다.

　　　　　　일정한 대상이나 현상을 어떤 범위 안에 모두 끌어넣는 것.

❹ 면역력이 약한 아이들은 | ㅂ | 이 | ㄹ | 스 |에 감염되기 쉽다.

　　　　　　살아 있는 세포에 기생하고, 세포 안에서만 증식이 가능한 미생물.

주어진 단어와 의미를 바르게 연결해 보세요.

❺ 증상　　・　　　　　　　　・ⓐ 예상하지 못한 사태나 괴이한 변고.

❻ 사이비・　　　　　　　　　・ⓑ 병을 앓을 때 나타나는 여러 가지 상태나 모양.

❼ 혼동　　・　　　　　　　　・ⓒ 겉으로는 비슷하나 속은 완전히 다름.

❽ 발전　　・　　　　　　　　・ⓓ 더 낮고 좋은 상태나 더 높은 단계로 나아감.

❾ 변이　　・　　　　　　　　・ⓔ 구별하지 못하고 뒤섞어서 생각함.

태양 광선

어휘 수준 ★★★☆☆
글감 수준 ★★★☆☆
글의 길이 681자

8 분 안에 풀어보세요.

태양으로부터 나오는 전자기파를 태양 광선이라고 말한다. 이 태양 광선은 인간을 비롯한 모든 생물체에게 매우 중요하다. 태양 광선은 가시광선, 적외선, 자외선 등 여러 가지 빛으로 이루어져 있는데 이 빛들은 각각 다른 특징을 가지고 있다.

가시광선은 사람이 눈으로 볼 수 있는 빛으로 빨강, 주황, 노랑, 초록, 파랑, 남색, 보라의 일곱 가지가 있다. 가시광선의 이 일곱 빛깔은 우리가 사물의 색을 구별할 수 있게 해 준다. 또, 가시광선은 식물이 영양분을 만드는 광합성 작용을 돕는다.

적외선은 가시광선의 빨간빛 바깥쪽에 있는 빛으로 눈으로는 볼 수 없다. 또한 가시광선이나 자외선에 비해 강한 열작용을 가지고 있는 것이 특징이다. 적외선은 혈액 순환을 돕고 통증을 감소시키는 효과가 있기 때문에 병원에서 사용하는 치료 기기에 이용된다. 이 밖에도 적외선은 야간 투시 촬영, 텔레비전 리모컨, 자동 경보기 등에 사용된다.

자외선은 가시광선의 보랏빛 바깥쪽에 있는 빛으로 눈으로는 볼 수 없지만, 인간의 피부에서 비타민 D를 생성하고 화학 작용이나 생리적 작용을 한다. [⠀⠀⠀⠀(가)⠀⠀⠀⠀] 자외선의 이러한 성질을 이용하여 여러 가지 기구를 만드는데 자외선 살균 소독기는 병원의 의료 기구나 식당의 그릇을 소독하는 데 이용된다. 하지만 자외선에 지나치게 노출되면 화상을 입거나 피부염이 생기므로 자외선이 강한 여름에는 자외선 차단제를 바르거나 양산을 사용하는 것이 좋다.

● **광합성**(光 빛 광, 合 합할 합, 成 이룰 성)
녹색식물이 빛 에너지를 이용하여 이산화 탄소와 수분으로 유기물을 합성하는 과정.

● **순환**(循 돌 순, 環 고리 환)
주기적으로 자꾸 되풀이하여 돎. 또는 그런 과정.

● **생리적**(生 날 생, 理 다스릴 리, 的 과녁 적)
신체의 조직이나 기능에 관련되는 것.

● **살균**(殺 죽일 살, 菌 버섯 균)
세균 따위의 미생물을 죽임.

▲ 빛이라면 가장 먼저 태양이 떠오르죠? 태양은 온 세상을 밝게 비추어 줄 뿐만 아니라 지구상의 모든 생명체가 살아가는 데 필요한 에너지의 근원이에요. 지구에 사는 모든 것들은 태양의 신세를 지고 있는 셈이지요. 이 세상에는 눈에 보이는 빛보다 눈에 보이지 않는 빛들이 훨씬 더 많은데, 태양에서 오는 빛 가운데 우리가 눈으로 볼 수 있는 것은 가시광선뿐이랍니다.

1 이 글의 서술 방식으로 알맞은 것은 무엇인가요? (   )

① 어떤 현상의 원인을 여러 방면에서 살펴보고 있다.

② 역사적 고찰을 통해 대상의 다양한 측면을 부각하고 있다.

③ 개념을 정의하고 구체적인 예를 들어 독자의 이해를 돕고 있다.

④ 권위 있는 전문가의 의견을 인용하여 대상의 필요성을 제시하고 있다.

⑤ 현상의 문제점을 제시한 후 그에 대한 적절한 해결 방안을 제안하고 있다.

2 이 글에서 답을 찾을 수 있는 질문으로 알맞지 <u>않은</u> 것은 무엇인가요? (   )

① 자외선은 무엇으로 이루어져 있나요?

② 가시광선이 식물에게 어떤 도움을 주나요?

③ 우리 생활에 적외선을 이용한 사례에는 무엇이 있나요?

④ 자외선의 성질을 이용하여 만든 기구에는 어떤 것이 있나요?

⑤ 우리 몸이 자외선에 지나치게 노출되었을 때 나타나는 증상에는 무엇이 있나요?

3 이 글을 읽고 미루어 짐작할 수 있는 내용으로 알맞지 <u>않은</u> 것은 무엇인가요?

(   )

① 무지개를 통해 볼 수 있는 일곱 가지 색이 가시광선이군.

② 우리 눈으로 볼 수 없는 자외선도 태양으로부터 나오는 빛이군.

③ 여름철 햇볕 아래에서 화상을 입게 되는 이유는 자외선에 지나치게 노출되었기 때문이겠군.

④ 어둠 속에서 사람이 다가서면 저절로 불이 켜지는 현관 등은 적외선 센서를 이용한 것이겠군.

⑤ 우리가 일상에서 자주 사용하는 텔레비전 리모컨의 적외선도 우리 눈으로 직접 확인할 수 있겠군.

4 이 글을 바탕으로 보기 의 ㉠~㉢에 대해 설명한 내용으로 알맞지 <u>않은</u> 것은 무엇인가요? (　　)

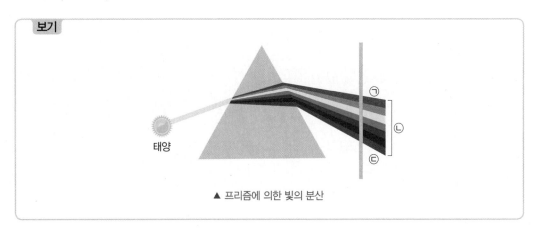

▲ 프리즘에 의한 빛의 분산

① ㉠은 가시광선의 빨간빛 바깥쪽에 있는 빛으로, 눈으로 볼 수 있다.

② ㉡은 사람이 눈으로 볼 수 있는 빛으로, 식물이 영양분을 만드는 광합성 작용을 돕는다.

③ ㉢은 가시광선의 보랏빛 바깥쪽에 있는 빛으로, 인간의 피부에서 비타민 D를 생성한다.

④ ㉠, ㉡, ㉢은 인간을 비롯한 모든 생물체에게 매우 중요하다.

⑤ 태양 광선은 ㉠, ㉡, ㉢ 등을 포함하여 여러 가지 빛으로 이루어져 있다.

5 ㈎에 들어갈 문장으로 가장 알맞은 것은 무엇인가요? (　　)

① 자외선은 광합성을 돕는다.

② 자외선은 살균 효과가 있다.

③ 자외선은 피부를 검게 한다.

④ 자외선은 혈액 순환을 돕는다.

⑤ 자외선은 피부염의 원인이 된다.

6 빈칸에 알맞은 말을 넣어 이 글의 핵심 내용을 한 문장으로 요약하세요.

한줄
요약

태양 광선은 사람이 눈으로 볼 수 있는 빛인 [　　　], 가시광선의 빨간빛 바깥쪽에 있는 빛인 적외선, 가시광선의 보랏빛 바깥쪽에 있는 빛인 [　　] 등으로 이루어져 있으며, 이 빛들은 각기 다른 특징을 가지고 있다.

지문 속 필수 어휘

다음 문장을 읽고, (　　) 안에 공통으로 들어갈 낱말을 완성하세요.

❶
- 공장 주변의 (　　)는 서서히 죽어 가고 있다.
- 인류는 수백만 년에 걸쳐 생성되어 온 고유한 (　　)의 형태
  들을 파괴하고 있다.

ㅅ	물	체

❷
- 음식만으로 다양한 (　　)을 섭취하기란 쉽지 않다.
- 식물이 성장을 유지하기 위해서는 뿌리 표면에서 지속적으로
  (　　)을 공급받아야 한다.

ㅇ	양	ㅂ

❸
- 좋다는 약은 모두 먹었으나 별 (　　)가 없었다.
- 남편의 말은 아내의 슬픔을 달래는 데 어느 정도 (　　)가 있
  었다.

ㅎ	과

❹
- 꽃이 피고 지는 모습을 통해 계절의 (　　)을 느낄 수 있다.
- 단조롭고 복잡한 생활이 여전히 계속해서 (　　)되고 있었다.

순	ㅎ

다음 문장을 읽고, 두 낱말 중 알맞은 것을 찾아 ○표 하세요.

❺ 탁자 옆에 있는 ⌈ 리모콘 ⌋ 으로 텔레비전을 켜라.
　　　　　　　　　 ⌊ 리모컨 ⌋

❻ 이런 ⌈ 사례 ⌋ 는 없었기 때문에 어떻게 처리해야 할지 모르겠다.
　　　　⌊ 사레 ⌋

❼ 여름철에는 자외선 ⌈ 차단재 ⌋ 가 필수품이다.
　　　　　　　　　　 ⌊ 차단제 ⌋

❽ 그녀는 무방비 상태로 위험에 ⌈ 노출 ⌋ 되었다.
　　　　　　　　　　　　 ⌊ 로출 ⌋

모든 문제에는
의도가 담겨 있다

"독해 문제, 어떻게 풀어야 하나요?"라고 질문할 때, "출제자의 의도에 맞추어, 출제자가 원하는 조건대로"라는 말을 많이 들어봤을 거예요. '의도'란 '이루고자 하는 생각이나 계획'을 가리키는 말입니다. 그러니까 '출제자의 의도'라는 것은 출제자가 문제를 통해 물어보고자 하는 것이라고 보면 됩니다.

그럼 다음 심리 테스트를 풀어 보고, 이 문제를 낸 사람의 '의도'가 무엇인지 한번 알아볼까요?

만약 당신이 인생을 살아가면서 다음 그림 속 다섯 가지 동물을 키운다고 합시다.
원숭이, 호랑이, 말, 소, 양이 있네요. 하지만 갈수록 키우기 힘들어져 한 마리씩 버려야 합니다.
머릿속으로 버릴 순서를 떠올려 보세요.

● 자, 그럼 여러분이 버리는 순서대로 동물을 나열해 볼까요?

결과

황당한 심리 테스트로 보이겠지만,
이 문제를 출제한 사람의 머릿속에는 각각의 요소가 체계적으로 설계되어 있습니다.
먼저 다섯 가지 동물들이 의미하는 바를 살펴볼까요?

원숭이는 **친구**를 의미합니다. 마지막까지 원숭이를 버리지 않고 함께 가는 사람은 우정을 중요하게 여기는 사람이에요.

 호랑이는 **자존심**을 의미합니다. 호랑이를 가장 먼저 버렸다면, 힘든 일 앞에서 자존심쯤은 쉽게 버릴 수 있다고 하네요.

 말은 **가족**을 뜻합니다. 말을 먼저 버리는 사람은 위기가 닥쳤을 때 가족을 제일 먼저 포기할 가능성이 높다고 해요.

 소는 **직업과 목표**를 의미합니다. 소를 가장 먼저 버린 사람은 아마도 자신의 직업적 성공보다 소소한 행복에 만족하는 사람일 확률이 높다고 하네요.

 양이 가리키는 것은 **사랑**입니다. 만약 여러분이 좋아하는 누군가가 제일 먼저 양을 버린다면, 정말 슬프겠죠?

그렇다면, 이 문제를 출제한 사람의 '의도'는 무엇일까요?
아마도 이 문제를 출제한 사람의 '의도'는 누구나 인생을 살아가면서 가장 중요하게 생각하는 우선순위(친구, 자존심, 가족, 직업, 사랑 등)가 다름을 동물에 빗대어 묻고 싶었을 거예요. 다소 주관적일 수는 있지만 간단해 보이는 심리 테스트 하나에도 이렇게 문제를 낸 사람의 의도가 담겨 있는데, 여러분이 읽고 풀어야 하는 독해 문제는 어떨까요?

물론 문제에도 출제자의 의도가 담겨 있습니다. 다른 점이 있다면, 위의 심리 테스트는 답이 여러 개가 될 수 있지만 독해 지문에서 출제되는 문제의 정답은 딱 하나! 라는 점입니다. 그래서 출제자가 어떤 답을 기대하고 문제를 출제했는지를 정확하게 파악하고, **출제자가 요구하는 대로 거기에 맞춰 문제를 풀어야만 좋은 점수를 받을 수 있습니다.**

문제에는 '지문의 내용과 일치하는/일치하지 않는 것'을 고르는 문제처럼 발문에서 그 의도가 분명히 드러나는 경우도 있지만, '〈보기〉를 바탕으로 이 글을 이해한 것으로 적절한/적절하지 않은 것'을 고르는 문제처럼 글쓴이의 관점이나 의도가 무엇인지를 먼저 추리하고 정보의 적절성을 판단해야 하는 경우도 있습니다. 당연히 어려운 시험일수록 자료에 숨은 의도를 추리해야 하는 문제가 더 많이 출제되겠죠?

> ❝ 모든 문제에는 의도가 담겨 있습니다.
> 그리고 얼마나 정확하게 출제자의 의도를 알아내느냐에 따라
> 문제에서 요구하는 답도 정확하게 찾을 수 있습니다. ❞

자율 주행차 ———————

어휘 수준 하 중 상
★★★★★
글감 수준 ★★★★★
글의 길이 981자

본격 독해 훈련

8 분 안에 풀어보세요.

　인공 지능을 통해 스스로 움직이는 자동차를 자율 주행차라고 부른다. 일반적으로 자율 주행차는 스스로 합리적인 판단을 ⓐ내리기 위해 센서를 통해 얻은 정보를 인공 지능 알고리즘에 따라 재빨리 분석해 활용한다. 그런데 여전히 판단의 정확성과 속도가 걸림돌로 남아 있다. 이 가운데 판단 속도는 하드웨어의 발전으로 얼마든지 단축할 수 있다. 하지만 정확성은 조금 다른 이야기이다. 인공 지능과 연결된 정보가 확실하지 않으면 오판의 가능성이 커지기 때문이다. 자동차는 사고가 날 경우, 인명 피해가 발생할 수 있는 사물이다. 따라서 잘못된 판단이 ⓑ가져올 위험성이 매우 크기에 자율 주행차 도입에 더더욱 신중할 수밖에 없다.

　이런 가운데, 인간 운전자의 뇌파를 읽고 ㉠자동차가 스스로 한발 먼저 움직이는 기능을 구현한 프로젝트가 진행되어 업계의 많은 주목을 받았다. 닛산이 선보인 'B2V(Brain to Vehicle)'가 그 주인공으로, 인간 운전자의 뇌에서 발생하는 뇌파를 자동차가 해석한 후 반응 시간을 줄이는 것이 핵심 기술이다. 예컨대, 인간 운전자가 운전대를 오른쪽으로 돌리겠다고 생각하면 뇌파가 자동차로 전달되어 0.2~0.5초 정도 만에 운전대를 오른쪽으로 회전하게 된다. 인간 운전자가 속도를 줄이겠다고 생각하면 그보다 빨리 브레이크를 작동시키고, 정지 상태에서 출발 의지를 가지면 가속 페달을 밟기 직전에 차가 먼저 ⓒ움직이는 식이다.

　인간의 생각이 자동차에 투영될 수 있다면 자율 주행의 치명적인 오류가 가져올 위험을 줄일 수 있다. 예를 들어, 자율 주행으로 움직이던 중 도로에 동물이 ⓓ나타났을 때 당연히 멈춰야 하지만 오류가 발생해 인식하지 못할 경우에는 인간 운전자가 수동으로 개입해야 한다. 하지만 미처 반응할 시간이 없을 때 인간 운전자가 ⓔ멈춰야 한다는 생각만 해도 차가 멈출 수 있다면 위험을 방지할 수 있다. 물론 긴급한 뇌파 명령이 내려지는 상황이 없도록 기본적으로 자율 주행의 오류를 줄이려는 노력 또한 계속 진행 중이다.

● **알고리즘**(algorism)
어떤 문제의 해결을 위해, 입력된 자료를 바탕으로 원하는 출력을 유도해 내는 규칙의 집합.

● **오판**(誤 그르칠 오, 判 판가름할 판)
잘못 보거나 잘못 판단함. 또는 잘못된 판단.

● **투영**(投 던질 투, 影 그림자 영)
어떤 일을 다른 일에 반영하여 나타냄.

정답과 해설 21쪽

1 이 글의 내용 전개 방식으로 가장 적절한 것은 무엇인가요? (   )

① 시간의 흐름에 따라 내용을 전개하고 있다.

② 문답 형식을 통해 독자의 호기심을 유발하고 있다.

③ 구체적인 예시를 들어 독자의 이해를 돕고 있다.

④ 반박 자료를 활용하여 **통념**이 잘못된 것임을 증명하고 있다.

⑤ 어떤 이론이 다양하게 분화되는 과정을 체계적으로 보여 주고 있다.

2 이 글의 내용과 일치하지 <u>않는</u> 것은 무엇인가요? (   )

① 자율 주행차가 내리는 판단의 속도는 더 이상 향상되기 힘들다.

② 인공 지능에 전달되는 정보가 불확실하면 인공 지능은 오판을 내릴 수 있다.

③ 인간의 생각만으로 움직이는 기능을 지닌 자동차가 사람들의 주목을 받았다.

④ 닛산의 'B2V'가 인간의 뇌파를 자동차에 전달하는 시간은 약 0.2~0.5초이다.

⑤ 자율 주행에서 발생하는 오류를 줄이기 위한 기술 개발이 지속적으로 이루어지고 있다.

3 ㉠에 대한 설명으로 적절하지 <u>않은</u> 것은 무엇인가요? (   )

① 인공 지능의 오판 가능성으로 인해 개발되었다.

② 자율 주행의 통제권은 모두 인공 지능에 있다.

③ 자율 주행의 오류가 가져올 위험을 줄일 수 있다.

④ 인간 운전자의 뇌파를 읽어 자동차를 작동시킬 수 있다.

⑤ 인간 운전자가 수동으로 개입하는 경우보다 반응 속도가 빠르다.

4 'B2V'가 작동하는 과정을 순서대로 나열한 것은 무엇인가요? (   )

> Ⓐ 인간 운전자가 장애물을 피해 브레이크를 밟아야겠다는 생각을 한다.
> Ⓑ 인간 운전자의 뇌파가 자동차로 전달된다.
> Ⓒ 인간 운전자가 장애물을 발견한다.
> Ⓓ 자동차가 브레이크를 작동시킨다.

① Ⓐ → Ⓑ → Ⓒ → Ⓓ
② Ⓐ → Ⓒ → Ⓑ → Ⓓ
③ Ⓑ → Ⓐ → Ⓓ → Ⓒ
④ Ⓒ → Ⓐ → Ⓑ → Ⓓ
⑤ Ⓒ → Ⓐ → Ⓓ → Ⓑ

5 문맥상 ⓐ~ⓔ와 다른 의미로 쓰인 것은 무엇인가요? (   )

① ⓐ: 해열제를 먹고 나니 열이 내려가는 것이 느껴졌다.
② ⓑ: 긍정적인 생각은 좋은 결과를 가져온다.
③ ⓒ: 가만히 있던 사자가 드디어 움직이기 시작했다.
④ ⓓ: 범인이 나타나길 기다렸지만, 끝내 아무도 오지 않았다.
⑤ ⓔ: 내가 부르자 동생은 뜀박질을 멈췄다.

6 빈칸에 알맞은 말을 넣어 이 글의 핵심 내용을 한 문장으로 요약하세요.

자율 주행차의 인공 지능은 잘못된 [   ]을 내릴 수 있기 때문에, 인간 운전자

의 [   ]를 읽고 자동차가 스스로 먼저 움직이는 기술이 개발 중에 있다.

지문 속 필수 어휘

낱말의 뜻을 참고하여, 다음 문장의 빈칸에 들어갈 알맞은 낱말을 완성하세요.

❶ 인간은 [합][리][적] 사고를 할 수 있다는 점에서 동물과 다르다.
　　　 이론이나 이치에 합당한, 또는 그런 것.

❷ 당신이 진실을 말하고 있는지 거짓을 말하고 있는지는 [뇌][ㅍ]를 검사하면 쉽게 알 수
　　있다.
　　　　　　　　　　　　　　　　　　 뇌의 활동에 의하여 일어나는 전류.

❸ 다른 것에 정신을 팔고 있던 나는 그의 말에 [반][ㅇ]하지 못했다.
　　　　　　　　　　　　　　 자극에 대응하여 어떤 현상이 일어남. 또는 그 현상.

문제 속 개념어

통념 通 통할 통, 念 생각 념

'통념'이란 '일반 사회에 널리 통하는 개념'을 말합니다. 사회 구성원들이 대체로 수긍하는 어
떤 생각 같은 것이라고 보면 됩니다. 하지만 모두가 그렇게 생각한다 할지라도 통념이 항상
옳은 것은 아닙니다. 도덕적으로나 논리적으로 옳지 않을 수 있기 때문입니다. 그래서 비문
학 지문에서는 그릇된 통념을 제시하고 잘못된 부분을 지적하거나 바로잡아주는 내용이 종
종 등장합니다.

　　지구는 둥글다. → 둘 다 통념임.
　　널리 알려진 상식
　　내성적인 사람일수록 소심하다는 것은 근거 없는 통념일 뿐이다.
　　사람들이 으레 그렇다고 흔히 하는 생각

나노 기술 ───────

⏱ **8** 분 안에 풀어보세요.

어휘 수준 ★★★★☆ ^{하 중 상}
글감 수준 ★★★★★
글의 길이 802자

　㉠아프지 않은 주사기를 상상해 본 적이 있는가? 나노 기술을 이용하면 우리가 상상만 해 왔던 일들이 실제로 실현될 가능성이 높다. '나노'는 10억 분의 1을 지칭하는 말로, 1나노미터는 머리카락 굵기의 10만 분의 1 정도이다. 나노 물질은 크기가 매우 작아서 인간의 눈으로는 볼 수 없고, 전자 현미경을 이용해야만 관찰이 가능하다. 나노 기술은 이처럼 물질의 특성을 나노 차원에서 규명하여 활용하는 기술을 가리킨다.

　나노 기술은 두 가지 종류로 구분할 수 있다. 하나는 큰 것을 작게 만드는 기술이고 다른 하나는 물질의 알갱이를 새롭게 배열하여 새로운 물질을 만드는 기술이다. 큰 것을 작게 만드는 기술은 교실만 한 컴퓨터를 손바닥 크기로 작고 가볍게 만드는 데 이용된다. 물질의 알갱이를 새롭게 배열하여 새로운 물질을 만드는 기술은 철보다 강하면서도 가벼운 특성을 가진 소재를 개발하는 데 이용된다.

㉮ ┌　그렇다면 나노 기술의 미래는 어떨까? 정보 통신 분야에서는 우주에서도 통화가 가능한 휴대 전화, 각자 자기 나라 말로 외국인과 자유롭게 대화할 수 있는 실시간 동시 통역기 등을 개발 중이다. 의학 분야에서는 공기는 통하고 바이러스는 걸러 주는 투명 마스크, 몸속 구석구석을 관찰, 진단, 수술하는 의료용 로봇 등이 개발되고 있다. 산업 분야에서는 멀리서도 리모컨 하나로 색을 바꿀 수 있는 자동차, 빛을 받으면 스스로 표면을 깨끗하게 하는 청소 용품에 대한 └　연구가 진행되고 있다.

　나노 기술은 앞으로도 우리 생활의 다양한 분야에서 이용될 것이다. 그리고 이 기술은 미래 산업 전반과 과학 기술의 발전에 크게 ⓐ기여할 것으로 기대된다.

● **규명**(糾 얽힐 규, 明 밝을 명)
어떤 사실을 자세히 따져서 바로 밝힘.

● **구분**(區 나눌 구, 分 나눌 분)
일정한 기준에 따라 갈라 나눔.

● **소재**(素 본디 소, 材 재목 재)
어떤 것을 만드는 데 바탕이 되는 재료.

정답과 해설 **22쪽**

1 이 글의 글쓰기 전략으로 적절하지 <u>않은</u> 것은 무엇인가요? (   )

① 질문을 던지는 방식으로 화제를 설명하고 있다.

② 화제가 지니고 있는 뜻을 풀이하여 설명하고 있다.

③ 구체적 수치를 밝혀 화제의 특성을 설명하고 있다.

④ 화제를 기준에 따라 나누는 방식으로 설명하고 있다.

⑤ 유사한 특성을 지닌 다른 화제와의 공통점을 설명하고 있다.

2 이 글의 내용과 일치하지 <u>않는</u> 것은 무엇인가요? (   )

① 나노 물질은 크기가 작아서 전자 현미경을 이용해야만 관찰할 수 있다.

② 나노 기술은 물질의 특성을 나노 차원으로 다루어 활용하는 기술을 가리킨다.

③ 나노 기술은 큰 것을 작게 만드는 기술과 새로운 물질을 만드는 기술로 나눌 수 있다.

④ 의학 분야에서는 나노 기술을 활용하여 투명 마스크나 의료용 로봇에 대한 개발이 진행되고 있다.

⑤ 산업 분야에서는 나노 기술을 활용하여 빛을 받으면 색이 바뀌게 되는 자동차 연구가 진행되고 있다.

3 보기 를 참고할 때 ㉠에 대한 답을 추론한 내용으로 가장 적절한 것은 무엇인가요?

(   )

> **보기**
>
> 　주사를 맞으면 아픈 이유는 사람의 피부에 통증을 느끼게 하는 통점이 있기 때문이다. 주사 바늘이 피부를 찌를 때 바로 이 통점을 자극하여 아픔을 느끼게 되는 것이다. 통점은 주로 우리 피부에 조밀하게 흩어져 있는데 피부 표면에 1㎠당 100~200개 정도가 있다고 한다.

① 주사 바늘을 얇고 작게 만들어 통점을 피해 주사를 놓으면 된다.

② 통점에서 느낄 수 있는 아픔의 강도를 줄이는 약품을 개발하면 된다.

③ 주사 바늘을 피부에 찌를 때 가해지는 힘을 줄여 통증을 줄이면 된다.

④ 현재 주사를 놓는 부위를 팔이나 엉덩이가 아닌 다른 부위로 조정하면 된다.

⑤ 주사 바늘의 끝을 뭉툭하게 만들어 통점을 자극하는 정도를 적게 하면 된다.

4 ㉮를 언급한 글쓴이의 의도로 가장 적절한 것은 무엇인가요? (　　　)

① 나노 기술이 지닌 주요 기술적인 원리를 소개하고 그 발전 과정을 제시한다.

② 나노 기술이 발전하게 된 사회적 배경을 밝히고 앞으로의 발전 분야를 제시한다.

③ 나노 기술이 지닌 기술적 장점을 소개하고 앞으로 나아가야 할 방향을 제시한다.

④ 나노 기술이 인간 생활에 유용한 점을 밝히고 그 활용에서 유의할 점을 제시한다.

⑤ 나노 기술이 다양한 분야에서 개발 중임을 밝히고 응용 가능한 기술임을 제시한다.

5 ⓐ와 다음에 나오는 낱말의 관계로 알맞은 것에 ○표 하세요.

기여	이바지

(1) 뜻이 서로 비슷한 낱말이다. (　　　)

(2) 뜻이 서로 반대되는 낱말이다. (　　　)

(3) 한 낱말의 뜻이 다른 낱말에 포함된다. (　　　)

6 빈칸에 알맞은 말을 넣어 이 글의 핵심 내용을 한 문장으로 요약하세요.

나노 기술은 [　　]의 특성을 나노 차원에서 규명하여 활용하는 기술로, 큰 것을 작게 만드는 기술과 물질의 알갱이를 새롭게 배열하여 새로운 물질을 만드는 기술이 있으며, 정보 통신, [　　], 산업 전반 등 다양한 분야에서 개발 중이다.

지문 속 필수 어휘

낱말의 뜻을 참고하여, 다음 문장의 빈칸에 들어갈 알맞은 낱말을 완성하세요.

❶ 이번 계획은 여러모로 | 실 | ㅎ | 가능성이 높다고 할 수 있다.

꿈, 기대 따위를 실제로 이룸.

❷ 주민들은 사건의 진상 | ㄱ | 명 |을 촉구하였다.

어떤 사실을 자세히 따져서 바로 밝힘.

❸ 책의 | ㅂ | 열 |이 가지런해서 보기 좋았다.

일정한 차례나 간격에 따라 벌여 놓음.

다음 낱말의 뜻을 참고하여, 다음 문장의 (　　) 안에 들어갈 낱말을 넣어 보세요.

개발
(1) 토지나 천연자원 따위를 유용하게 만듦.
(2) 지식이나 재능 따위를 발달하게 함.
(3) 산업이나 경제 따위를 발전하게 함.
(4) 새로운 물건을 만들거나 새로운 생각을 내어놓음.

계발 슬기나 재능, 사상 따위를 일깨워 줌.

❹ 새로운 식품을 (　　　)하여 곧 상품으로 출시할 예정이다.

❺ 선생님은 학생의 잠재된 창의성이 (　　　)되도록 노력해야 한다.

빅 데이터 기술

⏱ **8** 분 안에 풀어보세요.

어휘 수준 하 중 상 ★★★★★
글감 수준 ★★★★★
글의 길이 960자

가 오늘날 우리 사회에서 데이터는 헤아릴 수 없을 만큼 넘쳐나고 있다. 그리고 데이터를 이해하고 관리하는 능력 또한 계속적으로 요구되고 있으며, 나날이 ㉠향상되고 있다. 이러한 흐름 속에서 정부와 많은 기업들이 데이터를 수집하고 관리하는 기존의 방법이 더 이상 효율적이지 않다는 점을 인식하고, 방대한 양의 데이터를 보다 효율적으로 관리하고 처리하기 위한 빅 데이터 기술에 관심을 보이고 있다.

나 빅 데이터란 기존의 데이터보다 그 양이 너무나 방대하여 기존의 방법이나 도구로는 수집과 관리가 어려운 데이터를 말한다. 빅 데이터 기술이 발전하여 빅 데이터를 실제로 활용할 수 있게 된다면 다음과 같은 장점이 있다. 우선 여러 산업 분야에서 더욱 빠르고 나은 의사 결정을 내리는 일이 가능해질 것이다. 그리고 의사 결정이 자동화되면 각종 의사 결정 과정에서 사람들이 겪는 번거로움이 줄어들고, 정부와 기업은 국민, 고객과의 상호 작용에서부터 시장 수요 파악 등과 같은 업무들에 이르기까지 다양한 분야에서 실시간 서비스를 ㉡지원할 수 있게 될 것이다.

다 한편 빅 데이터에 바탕을 둔 의사 결정은 큰 위험이 따를 수도 있다. 우선 데이터를 수집하고 분석하는 과정에서 개인의 사생활 침해에 대한 논란이 있을 수 있다. 또한 수집·제공된 데이터를 과연 믿을 수 있을 것인지, 데이터의 신뢰도에 대한 문제가 ㉢제기될 가능성이 있다.

라 빅 데이터 기술을 보다 안전하면서도 안정적으로 사용하려면 의사 결정을 위해 사용되는 데이터에 대한 신뢰를 ㉣구축하는 것이 무엇보다 중요할 것이다. 또한 사생활 침해에 대한 우려를 덜기 위해 개인 정보의 수집을 막고, 데이터 수집과 활용에 대한 명확한 지침을 만들어야 한다. 한편 빅 데이터 기술이 발전함에 따라 일자리가 감소하거나 일부 직종은 사라질 수도 있다는 우려가 있으나, 지금은 존재하지 않는 새로운 직종이나 일자리를 만들어 낼 수도 있다는 점 역시 ㉤고려해야 할 것이다.

● **의사 결정**
자기의 생각을 명확하게 함. 기업이나 단체 등의 조직이 그 활동 방침을 결정함.

● **지침**(指 가리킬 지, 針 바늘 침)
생활이나 행동 따위의 지도 방법이나 방향을 인도하여 주는 준칙.

● **직종**(職 직분 직, 種 종류 종)
직업이나 직무의 종류.

1 **이 글에 대한 설명으로 적절하지 <u>않은</u> 것은 무엇인가요? (   )**

① 빅 데이터를 처리하는 방법에 대해 설명하고 있다.

② 빅 데이터 기술의 이점과 함께 위험성을 제시하고 있다.

③ 빅 데이터 기술이 주목받게 된 사회적 배경을 제시하고 있다.

④ 빅 데이터의 활용이 의사 결정에 미칠 영향에 대해 전달하고 있다.

⑤ 빅 데이터 기술로 인해 펼쳐질 미래의 모습을 추측하여 제시하고 있다.

2 **이 글의 구조를 도식화한 것으로 가장 적절한 것은 무엇인가요? (   )**

① 가 - 나 - 다 - 라

② 가 / 나 - 다 - 라

③ 가 - [나 / 다] - 라

④ 가 - 나 - [다 / 라]

⑤ 가 - [나 / 다 / 라]

3 **이 글을 읽고, '빅 데이터 기술'에 대해 알 수 있는 내용으로 알맞은 것에 ○표 하세요.**

(1) 방대한 양의 정보를 효율적으로 관리하고 처리하기 위한 기술이다.   (   )

(2) 정보를 수집하는 과정에서 사생활 침해 문제가 제기될 수 있다.   (   )

(3) 방대한 양의 데이터를 활용하여 의사 결정을 더욱 어렵게 만든다.   (   )

4 보기에서 '빅 데이터 기술'의 위험성과 장점끼리 바르게 연결된 것은 무엇인가요?

(   )

> **보기**
>
> ⓐ 사생활 침해   ⓑ 일자리 감소
> ⓒ 실시간 서비스 제공   ⓓ 데이터 신뢰성 문제
> ⓔ 새로운 직종, 일자리 창출   ⓕ 신속한 의사 결정

	위험성	장점
①	ⓐ, ⓑ, ⓒ	ⓓ, ⓔ, ⓕ
②	ⓐ, ⓒ, ⓓ, ⓕ	ⓑ, ⓔ
③	ⓐ, ⓑ, ⓓ	ⓒ, ⓔ, ⓕ
④	ⓑ, ⓓ	ⓐ, ⓒ, ⓔ, ⓕ
⑤	ⓑ, ⓓ, ⓕ	ⓐ, ⓒ, ⓔ

5 ㉠~㉢의 사전적 의미로 적절하지 않은 것은 무엇인가요? (   )

① ㉠: 실력, 수준, 기술 따위가 나아지다.
② ㉡: 지극히 바라다.
③ ㉢: 의견이나 문제가 내어놓아지다.
④ ㉣: 체제, 체계 따위의 기초를 닦아 세우다.
⑤ ㉤: 생각하고 헤아려 보다.

6 빈칸에 알맞은 말을 넣어 이 글의 핵심 내용을 한 문장으로 요약하세요.

한줄 요약

데이터가 넘쳐 나는 현대 사회에서 보다 효율적인 의사 결정을 위해 ☐ ☐☐☐ 기술을 활용할 수 있지만 이 기술은 사생활 ☐☐ 나, 데이터의 신뢰도 문제 등이 생길 수 있으므로 활용에 유의해야 한다.

지문 속 필수 어휘

낱말의 뜻을 참고하여, 다음 문장의 빈칸에 들어갈 알맞은 낱말을 완성하세요.

❶ 이번 신제품은 기존 제품에 비해 성능이 한층 더 ㅎ 상 되었다고 자부한다.

실력, 수준, 기술 따위가 나아짐.

❷ 토의 과정에서 이전에는 생각지 못했던 색다른 견해가 제 ㄱ 되었다.

의견이나 문제가 내어놓아짐.

❸ 맛과 건강을 모두 고 ㄹ 하여 식단을 구성할 수 있도록 노력하였다.

생각하고 헤아려 봄.

❹ 헌법에 보장된 종교 선택의 자유가 침 ㅎ 되어서는 안된다.

침범하여 해를 끼침.

다음 문장을 읽고, (　　) 안에 공통으로 들어갈 낱말을 완성하세요.

❺
- 새로 온 감독은 선수들 간의 신뢰 (　　　)을 중시한다.
- 수자원을 효율적으로 이용하기 위해서는 댐의 (　　　)이 필수적이다.

구 ㅊ

❻
- 모든 생산 시설을 (　　　)하여 생산성을 높였다.
- 우리 회사의 고객 응답 서비스가 (　　　)되면서 통화 대기 시간이 단축되었다.

자 ㄷ 화

❼
- 새로운 통계 방법에 의한 이번 조사는 (　　　)가 아주 높게 나타났다.
- 몇 차례의 거짓말로 인해 우리들 사이에서 그 친구의 (　　　)는 거의 바닥으로 떨어졌다.

신 ㄹ 도

3차원 프린터

⏱ **8** 분 안에 풀어보세요.

어휘 수준 ★★★★★ 하 중 상
글감 수준 ★★★★★
글의 길이 961자

3차원 프린터가 처음 나왔을 때는 가격이 비싸서 전문가용이나 산업용으로만 사용했었다. 그러나 가격이 낮아지고 생산량이 늘어나면서 일반 가정이나 학교에서도 접할 수 있을 정도로 많은 사람이 사용하게 되었다.

3차원 프린터는 일반 프린터와 작동 방법이 다르다. 일반 프린터는 컴퓨터에서 만든 내용을 출력할 때 잉크를 종이 표면에 뿌려서 인쇄하는 방법으로 작동한다. 그래서 평면으로 된 2차원 이미지만 만들 수 있다. 하지만 3차원 프린터는 컴퓨터에서 만든 내용을 출력할 때 플라스틱 소재, 고무, 금속 등 다양한 재료를 쏘아 층층이 쌓아 올리는 방법으로 만들거나 커다란 덩어리를 조각하듯이 깎아서 인쇄물을 만들기 때문에 무인 비행기, 인공 장기 등과 같은 입체적인 실물을 만드는 데 활용할 수 있다.

3차원 프린터의 장점은 시험 삼아 제품의 모형을 만들어 보는 경우처럼 적은 양의 제품을 생산해야 하는 상황에서 ㉠빛을 발한다. 컴퓨터에서 디자인한 도면대로 바로 제품을 만들어 내므로 제품의 디자인을 바꾸거나, 잘못을 발견하였을 경우 컴퓨터로 도면만 고치면 바로 제품을 다시 만드는 것이 가능하다. 이렇게 모형을 만드는 과정이 쉽고 비용과 시간을 크게 절약할 수 있기 때문에 여러 회사들이 3차원 프린터를 이용하고 있다.

3차원 프린터를 이용하면 자신의 신체에 꼭 맞는 신발, 가방 등 하나밖에 없는 물건도 디자인하여 만들 수 있다. 이러한 3차원 프린터는 산업 분야뿐만 아니라 인간의 신체에 이식할 수 있는 인공 관절, 인공 귀, 의족 등 정교한 인공물을 만드는 의료 분야에서 사용될 수 있다. 그리고 지구에서 직접 물건을 운반할 필요 없이 3차원 자료를 전송하면 우주에서도 바로 만들 수 있어 우주 항공 분야에서 다양하게 활용할 수 있다.

앞으로 3차원 프린터의 사용 분야는 기술의 발전에 따라 끝없이 늘어날 것이다. 지금도 3차원 프린터는 자동차, 패션, 영화, 건축, 로봇, 음식 등 그 사용 분야를 넓혀 가고 있다.

● **도면**(圖 그림 도, 面 낯 면)
토목, 건축, 기계 따위의 구조나 설계를 나타낸 그림.

● **이식**(移 옮길 이, 植 심을 식)
살아 있는 조직이나 장기를 생체로부터 떼어 내어, 같은 개체의 다른 부분 또는 다른 개체에 옮겨 붙임.

1 이 글에서 글쓴이가 사용한 방법은 무엇인가요? (　　　)

① 3차원 프린터를 종류별로 나누어 설명하고 있다.
② 3차원 프린터가 만들어진 과정을 보여 주고 있다.
③ 일반 프린터와 3차원 프린터의 구성 요소를 분석하고 있다.
④ 일반 프린터와 3차원 프린터의 차이점을 들어 설명하고 있다.
⑤ 일반 프린터를 활용할 수 있는 분야를 예로 들어 설명하고 있다.

2 이 글에 나와 있는 글쓴이의 생각으로 알맞지 <u>않은</u> 것은 무엇인가요? (　　　)

① 3차원 프린터는 시범적으로 물건을 만드는 데 좋을 것이다.
② 3차원 프린터는 정교한 제품을 만드는 데에 적합할 것이다.
③ 3차원 프린터의 가격이 낮아져 일반인들도 사용하기가 쉬워질 것이다.
④ 3차원 프린터는 출력하기 전에 디자인한 제품을 수정하기가 쉬울 것이다.
⑤ 3차원 프린터는 입체적인 모형을 만들기 때문에 산업용으로만 사용할 것이다.

3 다음 사실에서 추론할 수 있는 내용으로 알맞은 것에 ○표 하세요.

> • 3차원 프린터의 사용 분야는 기술의 발전에 따라 계속 늘어날 것이다.

(1) 일반 프린터는 그 사용이 줄어 사라질 것이다.　　　　　　　(　　　)
(2) 3차원 프린터의 사용량이 증가하며 관련 산업이 발달할 것이다.　　　(　　　)

4 3차원 프린터와 관계있는 것을 보기 에서 모두 골라 기호를 쓰세요.

> 보기
>
> ㈎ 친구에게 줄 편지를 프린터를 이용해 칼라로 만들었다.
>
> ㈏ 프린터로 내 손가락에 꼭 맞는 반지를 만들었다.
>
> ㈐ 높은 곳에 있는 다리를 만드는 데 프린터를 활용했다.
>
> ㈑ 프린터로 같은 내용의 인쇄물을 한 번에 여러 장 출력했다.

(   )

5 ㉠에 대한 설명으로 알맞은 것에 모두 ○표 하세요.

> 빛을 발한다.

(1) 글자 그대로의 의미로 해석해야 한다. (   )

(2) '제 능력이나 값어치를 드러낸다.'라는 의미로 쓰인 표현이다. (   )

(3) 원래의 뜻과는 다른 새로운 뜻으로 굳어져 쓰이는 말이다. (   )

6 빈칸에 알맞은 말을 넣어 이 글의 핵심 내용을 한 문장으로 요약하세요.

한줄
요약

3차원 프린터는 평면적이지 않고 [ ][ ]적인 출력물을 만들므로 앞으로 [ ][ ]의

발전에 따라 다양한 분야에서 사용량이 늘어날 것이다.

지문 속 필수 어휘

다음 문장을 읽고, (　　) 안에 공통으로 들어갈 낱말을 완성하세요.

❶

- 아파트 단지 주변으로 (　　　) 호수가 생겼다.
- 기술의 발전으로 (　　　) 지능의 시대가 다가오고 있다.

ㅇ	공

❷

- 팝업북은 책장을 열면 장면이 (　　　)으로 나타난다.
- 조각은 그림에 비해 장면 구성이 (　　　)이다.

ㅇ	체	적

❸

- 설계 (　　　)에 따라 건물을 지었다.
- 집을 만들기 전에 (　　　)을 먼저 그려야 한다.

도	ㅁ

❹

- 못 입는 옷을 (　　　)하여 가방을 만들었다.
- 이 도로는 밤시간에 주차장으로 (　　　)될 예정이다.

ㅎ	용

다음 문장을 읽고, 두 낱말 중 알맞은 것을 찾아 ○표 하세요.

❺ 그 집은 계단마다 [층층이 / 층층히] 예쁜 화분이 놓여 있었다.

❻ 집에 오신 손님에게 사과를 [깎아서 / 깍아서] 대접했다.

❼ 광고 회사는 유명 연예인을 모델로 [제품 / 재품]을 광고한다.

읽기란 무엇인가

6분 안에 풀어보세요.

읽기는 '글쓴이와 읽는 이의 생각과 느낌의 만남'이라고 한다. 이 말 속에서 우리는 '어떻게 읽을 것인가'에 대한 답을 찾아볼 수 있다. 그 답은 바로 글쓴이의 생각을 파악하고, 동시에 읽는 이의 생각과 느낌을 적극적으로 활용하는 데에 있다. 이 말을 좀 더 쉽게 풀어서 설명해 보자.

첫째로, 글을 잘 읽기 위해서는 글쓴이의 생각을 제대로 파악해야 한다. 이를 위해서는 우선 글의 내용을 정확히 파악해야 한다. 글 속에 담긴 중심 내용과 세부 내용을 구분하고, 이러한 내용들이 어떻게 ㉠조직되어 있는지를 파악해야 하는 것이다. 그런 다음 글쓴이의 글쓰기 의도나 목적을 파악해야 한다.

㈎ ┌ 다음의 몇 가지 예를 살펴보자. 의학이나 법률, 또는 과학 서적과 같이 정보성이 강한 글은 글 속에 제시된 정보를 정확히 파악하고 해석하면서 읽는 것이 좋다. 설득적 성격이 강한 광고문이나 주장하는 글은 그 속에 담긴 정보와 의도를 파악하고, 이를 비판적으로 받아들여야 한다. 그리고 정서적인 글은 그 안에 담긴 가치와 감동을 느끼며 읽으려고 노력해야 한다.
└

둘째로, 글을 잘 읽기 위해서는 읽는 이 스스로 자기의 지식과 경험을 되돌아보고, 이를 능동적이고 적극적으로 활용해야 한다. 이때에는 배경지식을 적극적으로 ㉡동원하는 것이 글 읽기에 도움이 된다. 또한 읽는 이는 글쓴이가 ㉢언급하지 않고 남겨 둔 내용까지 추리하고 상상하며 읽어야 한다. 경우에 따라서는 자기 생각을 바탕으로 글쓴이의 생각을 ㉣비판하고 ㉤대안도 제시할 수 있어야 한다.

● **서적**(書 글 서, 籍 문서 적)
책

● **정서**(情 뜻 정, 緖 마리 서)
사람의 마음에 일어나는 여러
가지 감정

● **능동**(能 능할 능, 動 움직일 동)
다른 것에 이끌리지 아니하고
스스로 일으키거나 움직임.

정답과 해설 **25쪽**

1 이 글에서 읽기의 방법으로 제시하지 <u>않은</u> 것은 무엇인가요? ( )

① 글을 쓴 의도나 목적을 파악하며 읽는다.

② 글의 종류에 따라 읽는 방법을 달리한다.

③ 글의 내용을 있는 그대로 받아들이며 읽는다.

④ 글의 중심 내용과 세부 내용을 구분하며 읽는다.

⑤ 글의 내용들이 어떻게 조직되어 있는지를 파악하며 읽는다.

2 ㈎에 쓰인 설명 방법으로 가장 적절한 것은 무엇인가요? ( )

① 정의: 어떤 말이나 사물의 뜻을 밝혀 설명하는 방법

② 비교: 둘 이상의 대상에서 공통점을 찾아 설명하는 방법

③ 예시: 이해하기 쉽게 구체적인 예를 들어 설명하는 방법

④ 분류: 대상들을 일정한 기준에 따라 묶어 설명하는 방법

⑤ 과정: 상황과 흐름을 단계나 절차대로 설명하는 방법

3 배경지식을 활용한 글 읽기로 볼 수 <u>없는</u> 것은 무엇인가요? ( )

① 기행문을 읽으며 자신의 여행 경험을 떠올린다.

② 청소기의 사용 설명서를 읽으며 옷을 산 경험을 떠올린다.

③ 요리에 관한 글을 읽으며 음식을 만들었던 경험을 떠올린다.

④ 우리말 사용 사례집을 읽으며 우리말을 올바르게 사용했던 경험을 떠올린다.

⑤ 자동차의 구조를 설명한 글을 읽으며 장난감 자동차를 조립했던 경험을 떠올린다.

4 '글쓰기 의도나 목적'을 파악하며 보기 를 알맞게 읽은 것에 ○표 하세요.

> **보기**
>
> 쟁기를 그린 가장 오래된 그림은 약 5,500년 전 고대 도시 우르에서 발견되었다. 처음에는 나무로 쟁기를 만들었다가 1785년 영국의 로버트 랜섬이 철로 만든 쟁기를 발명하였다. 농부들은 말을 이용해 쟁기를 끌면서 밭을 갈았다.

(1) 글 속에 담긴 가치와 감동을 느끼며 읽었다. ( )

(2) 글 속에 제시된 정보를 정확히 파악하고 해석하면서 읽었다. ( )

(3) 글 속에 담긴 주장을 파악하고, 이를 비판적으로 받아들이며 읽었다. ( )

5 ㉠~㉤의 사전적 의미가 알맞지 않은 것은 무엇인가요? ( )

① ㉠: 짜서 이루거나 얽어서 만듦.

② ㉡: 어떤 목적을 달성하고자 물건, 수단 따위를 집중함.

③ ㉢: 어떤 문제에 대하여 말함.

④ ㉣: 사물의 옳고 그름을 판단함.

⑤ ㉤: 어떤 사람을 대신하여 의견을 발표함.

+ 수능연결

사전에는 그 단어의 의미가 실려 있는데, 이를 사전적 의미라고 해요. 일상생활에서 많이 사용하는 단어일수록 의미가 다양하기 때문에 문제에서 사전적 의미를 물을 때에는 그 단어가 가진 의미 중 가장 기본적이고 객관적인 뜻을 찾을 수 있어야 합니다.

> 다면 기업이 손해를 보기 때문이다. 기업은 손익 분기점 분석을 통해서 제품의 판매 성과에 대한 평가, ㉤적정한 생산 [사전적 의미] 사 결정에 필요한 자료를 얻을 수 있다.

20. ㉠~㉤의 사전적 의미로 적절하지 않은 것은?

　① ㉠: 끄집어내거나 솎아 냄.

　② ㉡: 어떤 일이나 사물이 생겨남.

　③ ㉢: 어떤 조건이나 전제를 내세움.

　④ ㉣: 보람이나 효과가 있음.

　⑤ ㉤: 알맞고 바른 정도.

> 수능에는 주로 고유어보다는 어려운 한자어의 사전적 의미를 묻는 문제가 자주 출제돼요.

6 빈칸에 알맞은 말을 넣어 이 글의 핵심 내용을 한 문장으로 요약하세요.

한줄 요약

글을 잘 읽기 위해서는 [｜]의 생각을 제대로 파악하고, 읽는 이 스스로 자기의 지식과 [｜]을 되돌아보고 이를 능동적이고 적극적으로 활용해야 한다.

지문 속 필수 어휘

낱말의 뜻을 참고하여, 다음 문장의 빈칸에 들어갈 알맞은 낱말을 완성하세요.

❶ 관객들은 영화의 결말을 연출자의 [ㅇ|도]와는 다르게 이해하였다.

무엇을 하고자 하는 생각이나 계획. 또는 무엇을 하려고 꾀함.

❷ 평소와 다르게 꼬마 탐정의 [추|ㄹ]는 완전히 빗나가고 말았다.

알고 있는 것을 바탕으로 알지 못하는 것을 미루어서 생각함.

❸ 어머니가 아침에 과일 주스를 마시는 것은 [ㅇ|상]적인 행동이다.

날마다 반복되는 생활.

다음 문장을 읽고, 두 낱말 중 알맞은 것을 찾아 ○표 하세요.

❹ 안전장치를 [재대로 / 제대로] 하지 않은 공사장들이 무더기로 적발되었다.

❺ 중심 내용을 자세히 설명해 주는 것이 [세부 / 새부] 내용이다.

다음 문장을 읽고, ( ) 안에 공통으로 들어갈 낱말을 완성하세요.

❻
- 여배우는 결혼 계획에 대해서는 (   )을 자제하였다.
- 시상식에서 이름이 (   )되지 않은 사람들은 실망하였다.

[언|ㄱ]

❼
- 친구들은 놀이 시간에 운동하는 것을 (   )으로 제시하였다.
- 다른 (   )이 없으니 발표자의 제안을 그대로 따르기로 했다.

[ㄷ|안]

관용어와 관용 표현

어휘 수준 ★★★★★ 하 중 상
글감 수준 ★★★★★
글의 길이 1,132자

우리말 중에는 '식은 죽 먹기'나 '바가지를 긁다.'처럼 습관적으로 굳어져 우리가 익숙하게 사용하는 말들이 있는데, 이를 관용어라고 한다. 관용어는 처음에는 어떤 사물이나 현상을 비유적으로 표현하면서 생겨났으나, 이후 사람들이 그 말이 만들어진 배경이나 원래의 의미를 잘 알지 못하면서도 그 표현과 의미를 가져다 널리 사용하게 되면서 자리를 잡게 된 것이다.

관용어의 의미에는 세 가지 특징이 있다. 첫째, 관용어의 의미는 구성 요소의 의미를 합해 만들어진 것이 아니므로 구성 요소의 의미와는 전혀 다른 제3의 의미를 지닌다. 예를 들어 '바가지를 긁다.'는 '바가지', '긁다'와는 아무 연관성이 없는 '잔소리하다.'라는 의미를 지니고 있다. 둘째, ㉠관용어는 글자 그대로의 의미로도 쓰이고 관용 의미로도 쓰이므로 두 개의 의미를 지니고 있다. 예를 들어 '물을 먹다.'라는 관용 표현은 '물을 마시다.'라는 글자 그대로의 의미와 '손해를 보거나 실패하다.'라는 관용 의미를 지니고 있다. 셋째, 관용어는 글자 그대로의 의미에서 관용 의미를 쉽게 예측하기 어렵다. 예를 들어 '시치미를 떼다.'라는 관용어는 그 유래를 모르면 그 의미를 알기 어렵다. '시치미를 떼다.'는 우리 선조들의 매사냥 풍속과 관련하여 나온 말로, 남의 매를 훔쳐다가 시치미를 떼고 자기 것인 양하는 행위에서 유래되어 오늘날에는 '모른 척하다.'라는 의미를 지니게 되었다.

관용어와 함께 일상생활에서 ㉡자주 사용되는 관용 표현으로는 속담과 명언이 있다. 속담은 예로부터 민간에 전하여 오는 짧은 글로, 대개 문장 형태로 되어 있다. 속담에는 우리 선조들의 삶과 지혜가 담겨 있으며, 주로 풍자적이고 교훈적인 내용을 담고 있는 것이 많다. 명언은 널리 알려진 말로, 누가 한 말인지 혹은 어느 책에 실려 있는 말인지가 알려진 관용 표현이다. 명언의 내용은 대부분 교훈적인 것이 많은데, 관용어나 속담과 달리 의미를 직접적으로 전달한다는 특징이 있다.

이러한 관용어와 관용 표현은 실제 언어생활에서 적절히 사용하면 듣는 사람을 쉽게 이해시킬 수 있다. 또한 대화 분위기를 재미있게 이끌면서도 말하려는 의도를 설득력 있게 전달할 수 있다. 따라서 일상생활에서 관용어나 관용 표현을 상황에 맞게 적절하게 사용하여 언어생활을 보다 풍요롭게 만들어 보도록 한다.

● 비유(比 견줄 비, 喩 깨우칠 유)
어떤 현상이나 사물을 직접 설명하지 않고 다른 비슷한 현상이나 사물에 빗대어서 설명함.

● 시치미
① 매의 주인을 밝히기 위하여 주소를 적어 매의 꽁지 속에다 매어 둔 네모꼴의 뿔. ② 자기가 하고도 아니한 체, 알고도 모르는 체하는 태도.

● 유래(由 말미암을 유, 來 올 래)
사물이나 일이 생겨남. 또는 그 사물이나 일이 생겨난 바.

● 풍자(諷 풍자할 풍, 刺 찌를 자)
문학 작품 따위에서, 현실의 부정적 현상이나 모순 따위를 빗대어 비웃으면서 씀.

1 이 글에 대한 설명으로 알맞지 <u>않은</u> 것은 무엇인가요? (   )

① 핵심 낱말의 의미를 풀어서 설명하고 있다.

② 두 대상의 차이점과 공통점을 밝히고 있다.

③ 구체적인 예를 들어 독자의 이해를 돕고 있다.

④ 비유적 표현을 사용하여 주제를 강조하고 있다.

⑤ 대상의 특징을 몇 가지로 나누어 제시하고 있다.

2 이 글을 바탕으로 보기 의 밑줄 친 말들을 설명한 내용으로 알맞지 <u>않은</u> 것은 무엇인가요? (   )

> 보기
>
> ㈎ 그녀는 그 사실을 알면서도 시치미를 떼고 있었다.
>
> ㈏ 낮말은 새가 듣고 밤말은 쥐가 듣는다더니, 항상 말조심을 해야 한다.
>
> ㈐ 안중근은 "하루라도 책을 읽지 않으면 입안에 가시가 돋친다."라며 독서의 중요성을 강조하였다.

① ㈎는 원래의 의미와 상관없이 습관적으로 굳어져 익숙하게 사용되는 말이군.

② ㈎와 ㈏에는 말의 중요성에 대한 우리 선조들의 생각이 반영되어 있군.

③ ㈏와 ㈐는 교훈적인 내용을 담고 있다는 점에서 공통적이군.

④ ㈏에 비해 ㈐가 전달하고자 하는 의미가 직접적으로 드러나는군.

⑤ ㈎, ㈏, ㈐와 같은 말들을 상황에 맞게 적절하게 사용하면 풍요로운 언어생활을 할 수 있겠군.

3 ㄱ을 ㄴ으로 바꾸어 표현하려고 할 때, 빈칸에 들어갈 속담으로 가장 알맞은 것은 무엇인가요? (   )

> ㄱ. 그는 보고 들은 것이 별로 없고 아는 것도 없으면서 자신이 세상의 모든 것을 알고 있는 것처럼 행동한다.
>
> ㄴ. 그 친구는 (   ) 같은 사람이다.

① 속 빈 강정

② 우물 안 개구리

③ 빛 좋은 개살구

④ 아닌 밤중에 홍두깨

⑤ 개 발에 주석 편자

4 다음은 ㉠과 관련하여 찾은 예들입니다. '글자 그대로의 의미'와 '관용 의미'로 사용된 것을 구분하여 기호를 쓰세요.

> ㉮ 이제는 일이 <u>손에 익어</u> 더 빠르고 정확하게 일할 수 있게 되었다.
> ㉯ 그는 다른 사람보다 <u>발이 넓어</u> 신발을 살 때 어려움을 겪는다.
> ㉰ 예지가 상을 탄 것을 보고 민상이는 무척이나 <u>배가 아팠다.</u>
> ㉱ 오늘도 아이는 엄마가 오기를 <u>목이 빠지게</u> 기다렸다.

(1) 글자 그대로의 의미 ( )
(2) 관용 의미 ( )

5 다음을 참고할 때, ㉡과 ⓐ, ⓑ의 관계에 있는 말을 알맞게 연결한 것은 무엇인가요?
( )

> ⓐ<u>유의 관계</u>는 낱말의 뜻이 비슷한 관계에 있는 것을 말하고, ⓑ<u>**반의 관계**</u>는 낱말의 뜻이 반대되는 관계에 있는 것을 말한다.

	ⓐ	ⓑ		ⓐ	ⓑ
①	종종	가끔	②	매번	빈번히
③	종종	때때로	④	때때로	가끔
⑤	빈번히	종종			

6 빈칸에 알맞은 말을 넣어 이 글의 핵심 내용을 한 문장으로 요약하세요.

⎡한줄 요약⎦

□□□는 습관적으로 굳어져 익숙하게 사용되는 말로, 글자 그대로의 의미가 아닌 관용 의미로 사용되며, 관용어 외에도 관용 표현에 우리 선조들의 삶과 지혜가 담긴 □□, 그 출처가 알려진 □□ 등이 있다.

지문 속 필수 어휘

다음 문장을 읽고, (　) 안에 공통으로 들어갈 낱말을 완성하세요.

❶

• 그는 주인의 말에 속아 (　　)를 쓰고 물건을 샀다.
• 해수욕장의 장사꾼들은 피서객에게 (　　)를 씌웠다.

ㅂ	가	ㅈ

❷

• 이번 주말까지는 추위가 계속될 것으로 (　　)된다.
• 전문가의 (　　)대로 김 선수가 이번 대회에서 우승하였다.

ㅇ	측

❸

• 이솝 우화는 사람들에게 (　　)을 주는 내용으로 이루어져 있다.
• 이번 일로 우리가 얻은 (　　)은 정직하게 살자는 것이다.

교	ㅎ

문제 속 개념어

반의 관계 反돌이킬 반, 意뜻 의, 關관계할 관, 係맺을 계

반의 관계는 단어들의 의미가 서로 반대되거나 대립하는 경우를 가리킵니다. 반의 관계는 다시 반의 관계에 있는 낱말들 사이에 중간 개념이 존재하는 경우인 반대 관계, 중간 개념이 존재하지 않은 경우인 모순 관계로 나누어 볼 수 있습니다.

반대 관계	모순 관계
느리다　　빠르다	있다　　없다

다음 낱말들의 관계를 살펴보고 반대 관계인지 모순 관계인지 알맞은 것을 쓰세요.

❹ 살다　죽다 : (　　) 관계
❺ 크다　작다 : (　　) 관계
❻ 차갑다　뜨겁다 : (　　　) 관계

독해가 모든 공부의 기본인 이유

국어를 못하면, 사회와 영어는 물론이고 수학과 과학 같은 교과목도 잘하지 못하는 경우가 많습니다. 더 정확히 말해 국어에서의 독해 능력이 부족하면 다른 교과목에서의 성적도 좋을 수 없다는 뜻입니다. 왜 그런지 이유를 생각해 볼까요?

● 다음 그림을 보고 괄호 안에 들어갈 말을 적어 보세요.

현대 사회는 (　　　　　　) 사회이다.

정답은 '**정보화**'입니다. 답을 맞췄나요?

정보화 사회라고 하는 말은 한번쯤 들어 보았을 거예요. 정보화 사회란 말 그대로 양적, 질적으로 다양한 정보가 인터넷과 같은 네트워크를 통해 소통되는 사회입니다. 정보화 사회에서는 가치 있는 정보를 선별하여 수용하고, 이를 응용하여 또 다른 가치 있는 것을 만들어 내는 능력이 중요합니다.

그런데 지식과 정보의 형식이 다양해졌다고 해도 여전히 대부분은 '글'을 바탕으로 하고 있습니다. 따라서 정보를 비판적으로 수용하기 위해서는 '글'을 비판적으로 읽어내는 힘, 즉 독해 능력이 필요합니다.

우리가 학교에서 공부하는 수학, 과학, 사회 같은 교과목도 그 분야의 중요한 정보들에 해당합니다. 여러 교과목에서 접하게 되는 정보도 역시 대부분 '글'로 이루어져 있습니다.

국어 외의 교과목에서도 정보를 정확히 파악하고, 그 안에 담긴 의미를 찾아 이를 다른 것에 적용하는 독해의 과정을 통해 지식을 키워나갑니다. **따라서 독해 능력을 갖추고 있느냐 그렇지 않느냐에 따라 공부의 결과에 차이가 날 수밖에 없는 것이죠.**

그런데 독해란 단순히 글을 읽는 것만이 아니라 글을 읽으면서 적극적으로 사고하는 과정까지 포함하는 것입니다. 글을 통해 드러난 내용뿐만 아니라 드러나지 않은 내용까지도 깊이 있게 읽어내고, 다른 상황에 적용하는 과정 전체가 바로 독해라고 할 수 있습니다.
수능에서도 이를 측정하기 위해 추론적 사고나 비판적 사고, 적용하기 등의 문제를 출제하고 있습니다.

과거에 비해 정보의 양이 급격히 늘어난 현대 사회에서도 여전히 '글'의 비중은 높습니다.
그리고 '글'로 된 정보의 속뜻을 이해하고 비판적으로 수용하기 위해서는 더더욱 독해 능력이 중요합니다.

여러분이 중학교, 고등학교에 진학할수록 교과목의 수가 늘어나고, 내용도 어려워질 겁니다.
이는 '글'로 된 정보가 훨씬 많아지고 내용도 어려워진다는 것을 의미합니다.
그런데 교과목에 담긴 내용을 비판적으로 수용할 수 있는 독해 능력을 초등학생 때부터 키우며 준비한다면 국어뿐 아니라 여러 과목에서 좋은 점수를 받을 수 있을 것입니다.

> **❝ 정보를 비판적으로 수용하기 위해서는 독해 능력이 필요합니다.
> 독해 능력을 탄탄하게 갖추는 것은 다양한 정보로 이루어진
> 여러 교과목을 공부하기 위한 기본입니다.❞**

한글의 우수성

어휘 수준 ★★★★★ 하 중 상
글감 수준 ★★★★★
글의 길이 1,010자

세종 대왕이 만든 한글은 당시의 사상과 지식이 녹아 있는 고도의 발명품이다. 한글 모음의 경우 '하늘, 땅, 사람'을 뜻하는 천지인(天地人)의 모양을 본떠서 '•, ㅡ, ㅣ'의 기본 글자를 만들고, 이 기본 글자를 합쳐서 나머지 모음을 만들었다. 한글 자음의 경우 발음 기관의 모양을 본떠서 'ㄱ, ㄴ, ㅁ, ㅅ, ㅇ'의 기본 글자를 만들고, 이 기본 글자에 획을 더하여 나머지 자음을 만들었다. 세종 대왕은 이런 방법으로 모음 11자와 자음 17자, 모두 28자를 만들었는데, 오늘날에는 이 가운데 모음 10자와 자음 14자만 쓰고 있다.

이와 같이 세종 대왕은 동양 사상의 핵심을 이루는 하늘[天], 땅[地], 사람[人]의 모양과 발음 기관의 모양을 본떠서 기본 글자를 만든 다음, 그것에 획을 더하거나 기본 글자를 합쳐서 새로운 문자인 한글을 만들었던 것이다. 한글은 발음의 원리를 글자 모양에 반영한 과학적인 문자이다. 또한 기존의 어떤 문자를 모방하거나 변형한 것이 아니라 독자적인 원리를 적용하여 만든 것이라는 점에서 매우 독창적인 문자이다.

이러한 특성 때문에 한글은 세계에서 가장 배우기 쉬운 문자로 꼽힌다. ⓐ유럽 여러 나라를 중심으로 국제적으로 널리 쓰이는 로마자를 배우려면 글자 하나하나를 무조건 외워야 한다. 반면, 한글은 모음 3자와 자음 5자의 기본 글자만 익히면 다른 글자도 쉽게 익힐 수 있다. 그렇기 때문에 문자를 배우는 데 드는 시간이 다른 문자를 배우는 것에 비해 놀랄 만큼 절약된다. 우리나라가 문맹이 거의 없는 것은 이러한 한글의 특성 때문이기도 하다.

오늘날 우리는 휴대 전화로 문자를 전송하는데, 한글의 문자 입력 속도도 다른 언어에 비해 빠르다. 한글로 된 휴대 전화가 불과 10개 내외의 자판만으로도 모든 문자를 자유자재로 만들어 낼 수 있는 것은 한글의 창제 원리를 현대적으로 응용한 덕분이다. 자음과 모음을 모아 음절 단위로 묶어서 글자를 쓰게 하고, 무한한 소리를 표현한다는 점에서 한글은 정보화 시대에 컴퓨터, 휴대 전화 문자 등에 매우 적합한 문자이다.

▲ 한글은 12개의 자판으로 모든 문자 표현이 가능하고 빠른 속도로 문자 전송을 할 수 있어요. 이렇게 한글의 문자 입력 속도가 다른 언어에 비해 빠른 이유는, 기본 글자에 획을 더하거나 기본 글자를 합쳐서 만든 한글의 창제 원리를 휴대 전화의 문자 입력 방식에 적용했기 때문이랍니다.

● **고도**(高 높을 고, 度 법도 도)
수준이나 정도 따위가 매우 높거나 뛰어남. 또는 그런 정도.

● **변형**(變 변할 변, 形 모양 형)
모양이나 형태가 달라지거나 달라지게 함.

● **응용**(應 응할 응, 用 쓸 용)
어떤 이론이나 이미 얻은 지식을 구체적인 개개의 사례나 다른 분야의 일에 적용하여 이용함.

● **음절**(音 소리 음, 節 마디 절)
말소리의 단위. 자음과 모음으로 이루어지며, 모음은 단독으로 한 음절이 되기도 함. '아침'의 '아'와 '침' 따위임.

1 이 글의 내용으로 알맞지 <u>않은</u> 것은 무엇인가요? (   )

① 우리나라는 문맹이 거의 없다.

② 한글 자음은 발음 기관의 모양을 본떴다.

③ 창제된 28자를 오늘날까지 그대로 쓰고 있다.

④ 한글에는 창제 당시의 사상과 지식이 녹아 있다.

⑤ 한글은 독자적인 원리를 적용하여 만들었기에 독창적이다.

2 이 글을 쓴 글쓴이의 궁극적인 의도는 무엇인가요? (   )

① 한글의 우수성과 가치를 알려 주기 위해서

② 우수한 한글을 창제한 세종 대왕의 업적을 찬양하기 위해서

③ 한글이 기존의 어떤 문자를 모방한 것이 아님을 증명하기 위해서

④ 한글이나 로마자 등 문자를 배우는 것의 중요성을 강조하기 위해서

⑤ 한글의 문자 입력 속도가 다른 언어에 비해 무척 빠르다는 것을 입증하기 위해서

3 이 글에서 제시한 한글의 우수성을 보기 에서 찾아 바르게 묶은 것은 무엇인가요?

(   )

> 보기
>
> ㄱ. 세계 최초의 문자이다.
>
> ㄴ. 글자를 만드는 원리가 과학적이다.
>
> ㄷ. 정보화 시대에 적합한 문자이다.
>
> ㄹ. 국제적으로 널리 쓰이는 문자이다.

① ㄱ, ㄷ   ② ㄱ, ㄹ

③ ㄴ, ㄷ   ④ ㄴ, ㄹ

⑤ ㄷ, ㄹ

4 **보기**를 통해 한글 창제 이후의 모습을 짐작한 내용으로 알맞은 것은 무엇인가요?

( )

> **보기**
>
> 　이 스물여덟 글자를 가지고 전환하는 일에 제한이 없어 간략하면서도 요령이 있고, 자세하면서도 통하게 되었다. 그런 까닭으로 지혜로운 사람은 아침나절이 되기 전에 이를 깨우치고 어리석은 이라도 열흘이면 배울 수 있다.
>
> 　　　　　　　　　　　　　　　　　　　　　　　　　– 훈민정음(1446), 정인지 서문

① 일반 백성들은 문자의 필요성을 느끼지 못했을 것이다.
② 어려운 한자를 익혀서 쓰지 못하는 백성들이 많았을 것이다.
③ 한글을 쉽게 배울 수 있어 백성들과 지배층 사이에 의사소통이 원활했을 것이다.
④ 지혜로운 사람과 어리석은 사람이 구분되어 학습 방법이 달랐을 것이다.
⑤ 이웃 나라와 접촉하는 과정에서 중국어, 몽골어 등의 외래어가 들어와 언어생활이 혼란스러웠을 것이다.

5 ㉠에 사용된 설명 방법으로 알맞은 것은 무엇인가요? ( )

① 대상의 차이점을 들어 설명하고 있다.
② 대상을 구성 성분으로 나누어 설명하고 있다.
③ 대상을 일정한 기준에 따라 묶어서 설명하고 있다.
④ 설명하고자 하는 바를 다른 대상에 빗대어 설명하고 있다.
⑤ 설명하고자 하는 대상이 지닌 개념을 명확하게 규정짓고 있다.

한줄
요약

6 빈칸에 알맞은 말을 넣어 이 글의 핵심 내용을 한 문장으로 요약하세요.

　한글은 당시의 □□과 지식이 녹아 있는 고도의 발명품으로, 발음의 원리를 글자 모양에 반영한 □□적인 문자이고, 독창적이며 배우기 쉽고 정보화 시대에 적합한 문자이다.

지문 속 필수 어휘

다음 문장을 읽고, (　　) 안에 공통으로 들어갈 낱말을 완성하세요.

❶
- 그 학생은 (　　)에서 벗어난 질문을 하였다.
- 김 장군이 (　　)적인 역할을 하여 전쟁에서 승리하였다.

| ㅎ | 심 |

❷
- 새 시설을 지을 예산이 없으니 (　　) 시설을 이용할 수밖에 없다.
- 신제품이 (　　) 제품보다 성능이 월등히 좋다.

| 기 | ㅈ |

❸
- 새로운 기술이 (　　)되면 생산이 늘어날 것이다.
- 새로 만든 교칙은 모든 학생에게 (　　)된다.

| ㅈ | 용 |

❹
- 우리나라는 외래의 문화를 (　　)으로 발전시켰다.
- 그는 생산 비용을 줄일 수 있는 (　　) 방법을 제안하였다.

| ㄷ | ㅊ | 적 |

다음 문장을 읽고, 두 낱말 중 알맞은 것을 찾아 ○표 하세요.

❺ 허파, 기도, 호흡근 등은 호흡을 하는 데 도움을 주는 [기간 / 기관]이다.

❻ 오랜 노력 끝에 새로운 문학 양식을 [창제 / 창재]하였다.

❼ 그녀는 영어를 [자유자재 / 자유자제]로 구사하였다.

❽ 최 박사는 심장 수술의 일인자로 [꼽히는 / 꼽이는] 사람이다.

지시 표현의 세계 ────────

어휘 수준 ★★★★★
글감 수준 ★★★★★
글의 길이 1,066자

본격 독해 훈련

8 분 안에 풀어보세요.

모든 사물에는 고유한 이름이 있다. 이것들은 이름 그대로 문장에서 사용되기 때문에 하나의 문장 안에서도 얼마든지 이해될 수 있다. 그러나 '이, 그, 저'로 대표되는 지시 표현은 해당 사물을 지칭하면서도 본래 명칭으로 표현되는 것이 아니기 때문에 반드시 앞이나 뒤의 장면을 통해서만 구체적인 내용을 확인할 수 있다.

'이, 그, 저'는 원근을 나타낸 표현이다. 기본적으로 '이'는 말하는 사람과 가까운 표현, '그'는 듣는 사람과 가까운 표현, '저'는 말하는 사람과 듣는 사람으로부터 먼 표현으로 사용된다. '이는 우리의 소망이야.'에서처럼 '이'는 일정한 사건을 지시하는 대명사로 사용되기도 한다. 한편 '이, 그, 저'가 연결된 표현은 주로 이야기의 장면에서 실제로 존재하는 사물을 가리키는 데에 사용된다.

'이것, 그것, 저것', '이이, 그이, 저이', '이리, 그리, 저리'에서도 원근 개념을 그대로 반영하고 있다. '이때, 그때, 접때'의 경우에는 현재를 기준으로 하여 지금이면 '이때', 사건이 일어난 과거의 시간이면 '그때', 그리고 가장 오래전의 시간이면 '접때'가 쓰인다. 여하튼 말할 때 말하는 사람을 기준으로 한 '이, 그, 저'의 표현은 과거로부터의 거리를 잘 드러내 주고 있다고 할 수 있다.

지시 표현은 대개 앞에 나온 내용을 지시하는 것이 일반적이다. 그러므로 원근 표현은 해당 문장만으로 지시하는 내용이 정확히 어떤 것인지 알 수 없는 경우가 대부분이다. 즉 앞에 나오는 문장들을 통해서만 완전히 파악될 수 있는 것이다. 그런데 특이하게도 지시 표현이 뒤에 나오는 내용을 지시하는 경우가 있다. '자넨 이것을 알아야 해. 정의는 결국 이긴다는 것을 말이야.'에서 볼 수 있듯이 지시 표현 '이것'은 뒤에 나오는 '정의는 결국 이긴다'라는 내용을 지시하고 있지만, '그것, 저것'은 불가능하다. 이때의 '이것'이라는 지시 표현은 일반적인 '이, 그, 저'와는 차이가 있어 보인다. ㉠뭔가 힘주어 강조하는 내용을 말하는 사람이 주장하려고 할 때 '이것'이라는 표현을 사용한다. 이는 '이것'이 '그것, 저것'보다 말하는 사람과 가까운 내용을 지시할 수 있기 때문인 것으로 판단된다.

● **고유**(固 굳을 고, 有 있을 유)
본래부터 가지고 있는 특유한 것.

● **지칭**(指 가리킬 지, 稱 일컬을 칭)
어떤 대상을 가리켜 이르는 일. 또는 그런 이름.

● **원근**(遠 멀 원, 近 가까울 근)
멀고 가까움. 먼 곳과 가까운 곳의 사람.

1 이 글에 대한 설명으로 가장 알맞은 것은 무엇인가요? (   )

① 대상 간의 차이점을 중심으로 설명하고 있다.

② 비유와 상징을 활용하여 독자의 이해를 돕고 있다.

③ 구체적인 사례를 들며 설명한 내용의 오류를 지적하고 있다.

④ 시간의 흐름에 따라 변화하는 언어의 모습을 제시하고 있다.

⑤ 전문 용어를 일상적 용어로 풀이하며 논의를 진행하고 있다.

+수능연결

'시간의 흐름'이란 과거에서 현재로 이어지며 시간이 흐르는 것을 말합니다. 예를 들어 지문에 '초기에는', '오늘날에는', '2000년대에는'과 같이 시간 표현이 드러납니다. 시간 표현이 나타날 때는 대상의 변화 과정이 나타나는 경우가 많습니다.

> 작가주의의 영향력은 오늘날까지도 이어지고 있다. 예컨대 작가주의로 인해 '좋은' 영화 혹은 '위대한' 감독들이 선정되었고, 이들은 지금도 영화 교육 현장에서 활용되고 있다.

16. 윗글에 대한 설명으로 가장 적절한 것은?

    ① 작가주의에서 쟁점이 되는 부분을 시간의 흐름에 따라 설명하고 있다.

    ② 작가주의의 문제점을 제시한 뒤 그것이 해결되는 과정을 설명하고 있다.

    ③ 작가주의와 그에 대립하는 비평 이론을 구체적인 예를 통해 서로 비교하고 있다.

    ④ 작가주의의 개념을 설명한 뒤 구체적으

    ⑤ 작가주의가 영화 비평계에 끼친 영향력

      고 있다.

> 시간의 흐름

> 수능에는 시간의 흐름에 따른 대상의 변화 과정을 나타낸 글에서 자주 언급돼요.

2 이 글의 내용과 일치하지 <u>않는</u> 것은 무엇인가요? (   )

① '이'는 일정한 사건을 지시하는 대명사로 사용되기도 한다.

② '이, 그, 저'가 연결된 표현 중 시간을 나타내는 것도 있다.

③ 강조하는 내용을 주장하려고 할 때 주로 '그것'을 사용한다.

④ 지시 표현은 대개 앞에 나온 내용을 지시하는 것이 일반적이다.

⑤ 모든 사물의 고유한 이름은 하나의 문장 안에서도 이해될 수 있다.

3 보기 의 ㉮~㉺에 대한 반응으로 알맞지 않은 것은 무엇인가요? (   )

> **보기**
>
> 　지원이는 어제 경복궁에 갔다. 그리고 ㉮그곳에서 어머니와 함께 온 주형이를 만났다.
>
> 주형: (어머니와 지원이에게) ㉯저쪽은 내 친구이고, ㉰이쪽은 우리 어머니예요.
>
> 지원: 안녕하세요?
>
> 주형 어머니: (친구를 보며) ㉱접때 나에게 말하던 그 친구구나. ㉲이리로 오렴. 간식을 같이 먹자.

① ㉮: 앞 문장에서 지원이가 어제 갔다고 밝힌 경복궁을 가리키는 말이군.

② ㉯: 지원이는 주형이와 주형이 어머니 모두에게 가까이 있음을 알 수 있군.

③ ㉰: 주형이의 위치를 기준으로 주형이의 어머니는 지원이보다 주형이와 가까이에 있겠군.

④ ㉱: 주형이는 어머니와 지원이에 대한 이야기를 나눈 적이 있군.

⑤ ㉲: 주형이 어머니는 지원이에게 자신과 가까운 거리로 다가오라고 말씀하시는군.

4 '나는 그것을 먹었다.'라는 문장에서 '그것'에 대한 학생의 반응으로 가장 알맞은 것은 무엇인가요? (   )

① '그것' 자리에 '이것'이나 '저것'을 넣을 수 없는 경우이군.

② 이 문장만으로는 '그것'이 지시하는 내용을 파악할 수 없군.

③ '그것'은 사물뿐만 아니라 사람이나 시간을 지칭할 수도 있군.

④ '그것'만으로는 원근을 알 수 없으므로 꾸며 주는 말을 붙여야겠군.

⑤ '그것'은 '나'가 말하는 사람에게서 가까운 곳에 있음을 나타내는군.

5 빈칸에 알맞은 말을 넣어 이 글의 핵심 내용을 한 문장으로 요약하세요.

한줄
요약

　지시 표현 '〔　　〕'은 '그것, 저것'보다 말하는 사람과 가까운 내용을 지시할 수 있고, 〔　　〕하는 내용을 표현하고자 할 때도 사용된다.

지문 속 필수 어휘

낱말의 뜻을 참고하여, 다음 문장의 빈칸에 들어갈 알맞은 낱말을 완성하세요.

❶ 경찰은 그녀에게 그 사실에 대해 좀 더 │ㄱ│ㅊ│적│으로 말해 주기를 요청하였다.

실제적이고 세밀한 부분까지 담고 있는, 또는 그런 것.

❷ 우리가 │일│ㅂ│적│으로 생각하는 영양소 중에는 비타민이 있다.

일부에 한정되지 아니하고 전체에 걸치는. 또는 그런 것.

❸ 그를 만나기 위해 많은 사람이 │원│ㄱ│ 각처에서 달려왔다.

먼 곳과 가까운 곳. 또는 그곳의 사람.

❹ 시간급제는 종업원이 일한 시간을 │ㄱ│준│으로 임금이 지급되는 것이다.

기본이 되는 표준.

다음 문장을 읽고, (　　) 안에 공통으로 들어갈 낱말을 완성하세요.

❺
- 생활한복은 우리 (　　　)의 멋에 실용성을 덧붙여서 만들었다.
- (　　　)한 글을 가진 민족은 세계에서 얼마 안 된다.

│ㄱ│유│

❻
- 백화점에 (　　　)한 상품이 진열되어 있다.
- 가을의 산에 (　　　)한 빛깔의 단풍이 가득하였다.

│다│○│

❼
- 유행성 독감은 (　　　) A형과 B형이다.
- 씨앗은 (　　　) 이른 봄에 뿌린다.

│대│ㄱ│

❽
- 그는 자신의 (　　　)만을 고수하는 외골수이다.
- 여학생들은 그의 (　　　)에 그리 동조하는 기색은 아니었다.

│ㅈ│장│

부채 이야기

⑧ 분 안에 풀어보세요.

부채는 손에 쥐고 흔들어서 바람을 일으키는 데 쓰는 물건이다. 고대로부터 전 세계에 걸쳐 더위를 식히거나 공기를 순환시킬 때, ㉠의식을 거행할 때, 또는 의상의 부속품 등으로 다양하게 쓰였다.

부채의 대표적인 종류로는 둥글부채와 접부채가 있다. 둥글부채는 부챗살에 천이나 종이를 붙여 만든 둥근 모양의 부채이며, 접부채는 ㉡접었다 폈다 할 수 있는 부채이다. 접부채의 부챗살은 손잡이 끝에서 대갈못이나 핀으로 고정하며 부챗살 위에는 천이나 종이를 입히되 부채를 접거나 펼 수 있도록 주름이 잡혀 있다.

중국과 일본에서는 부채가 일상생활에서 중요한 역할을 하였다. 여자만이 아니라 남자들도 부채를 들고 다녔으며, 제각기 특정한 목적에 쓰이는 다양한 종류의 부채가 있었다. 이들 문화권에서는 부채에 많은 의미를 부여했기 때문에 그 장식에도 세심한 주의를 기울였다. 그래서 중국과 일본에서 만든 고급 부채의 장식은 어떤 것도 따라갈 수 없는 세련된 취향을 보여 주었다.

동양 부채를 유럽에 소개한 사람은 15세기에 중국까지 항로를 개척한 포르투갈인이었을 것으로 추정한다. 17세기쯤에는 엄청난 양의 중국 부채와 일본 부채가 유럽에 전해졌다. 이 부채들은 동양의 기준에서는 대부분 품질이 떨어지는 것들이었지만, 복잡하고도 솜씨 좋게 만들어졌기 때문에 유럽인들의 마음을 사로잡았다.

우리나라 부채는 교역 물품으로 일찍이 중국이나 일본 등 여러 나라에 수출되어 그 아름다움과 정교함이 널리 알려져 있다. 우리나라 부채의 특징은 재료가 대와 한지가 주가 되어 만들어지는 것이다. 또 부채에 옻칠을 하거나 들기름을 먹여 오래 사용할 수 있도록 만들기도 하였다.

▲ 옛날에는 단옷날에 선물로 부채를 주고받았어요. 임금도 신하들에게 부채를 선물하였는데, 벼슬 품수에 따라 부챗살의 개수를 맞추어 주었다고 해요. 그러니 들고 다니는 부챗살이 촘촘하고 성긴 정도로 그 사람의 벼슬과 신분을 어림할 수 있었답니다.

● **거행**(擧 들 거, 行 다닐 행)
의식이나 행사 따위를 치름.

● **대갈못**
대가리를 둥글넓적하게 만들어 장식 겸용으로 쓰는 못.

● **교역**(交 사귈 교, 易 바꿀 역)
주로 나라와 나라 사이에서 물건을 사고팔고 하여 서로 바꿈.

● **한지**(韓 나라 한, 紙 종이 지)
우리나라 고유의 제조법으로 만든 종이. 닥나무 껍질 따위의 섬유를 원료로 함.

1 이 글의 내용으로 알맞지 <u>않은</u> 것은 무엇인가요? (   )

① 접부채는 손잡이가 없다.

② 둥글부채는 둥근 모양이다.

③ 접부채는 주름이 잡혀 있다.

④ 접부채는 접었다 폈다 할 수 있다.

⑤ 접부채와 둥글부채 모두 부챗살에 천이나 종이를 붙여 만든다.

2 중국과 일본에서 만든 고급 부채의 장식이 세련된 취향을 보여 주는 까닭은 무엇인가요? (   )

① 여자들만 부채를 사용했기 때문에

② 부채를 접었다 폈다 하지 않았기 때문에

③ 부채를 의상의 부속품으로만 사용했기 때문에

④ 유럽인들의 취향에 맞게 부채를 만들었기 때문에

⑤ 부채에 많은 의미를 부여하는 문화권이었기 때문에

3 다음 사실에서 이끌어 낼 수 있는 내용으로 알맞은 것에 ○표 하세요.

> • 중국과 일본에서는 부채가 일상생활에서 중요한 역할을 하였다.
> • 중국과 일본의 문화권에서는 부채에 많은 의미를 부여하였다.

(1) 중국과 일본에서는 부채를 매우 귀중한 물건으로 여겼다. (   )

(2) 중국과 일본에서는 부채를 사용할 수 있는 신분이 따로 있었다. (   )

4 ㉠과 관계있는 부채의 쓰임을 보기 에서 골라 기호를 쓰세요.

> **보기**
> ㄱ. 여름에 더위를 식히려고 부채질을 하였다.
> ㄴ. 아궁이에 불을 피울 때 부채를 사용하였다.
> ㄷ. 혼례 때 부채로 신랑의 얼굴을 가리고 입장하였다.
> ㄹ. 부채를 장식품으로 여겨 들고 다니는 여자들이 있었다.

(   )

5 ㉡에 나오는 다음 낱말들의 관계로 알맞은 것에 ○표 하세요.

> 접다   펴다

(1) 뜻이 서로 비슷한 낱말이다.   (   )
(2) 뜻이 서로 반대되는 낱말이다.   (   )
(3) 한 낱말의 뜻이 다른 낱말에 포함된다.   (   )

**한줄
요약**

6 빈칸에 알맞은 말을 넣어 이 글의 핵심 내용을 한 문장으로 요약하세요.

부채는 예로부터 전 세계적으로 [   ]에 따라 다양하게 쓰였으며, 특히 동양권

에서는 부채에 많은 의미를 부여했기 때문에 그 [   ]에 공을 들였다.

지문 속 필수 어휘

낱말의 뜻을 참고하여, 다음 문장의 빈칸에 들어갈 알맞은 낱말을 완성하세요.

❶ 어머니는 중국에 가셔서 중국 전통 | 의 | 상 |을 입고 사진을 찍으셨다.

여자들이 입는 겉옷. 저고리와 치마를 이름.

❷ 태풍으로 | 항 | 로 |가 끊겨서 일정에 차질이 생겼다.

선박이 지나다니는 바다 위의 길. '뱃길'.

❸ 인간의 신체는 복잡하고 | 정 | 교 | 한 | 구조로 되어 있다.

솜씨나 기술 따위가 정밀하고 교묘한.

문제 속 개념어

낱말들의 관계 關 관계할 관, 係 맺을 계

두 낱말이 서로 어떤 관계를 맺고 있는지를 '낱말들의 관계'라고 합니다. 낱말의 뜻이 서로 비슷한 관계, 반대되는 관계, 다른 낱말의 뜻에 포함되거나 다른 낱말의 뜻을 포함하는 관계 등이 있습니다.

비슷한 낱말 관계	반대되는 낱말 관계	포함하는 낱말 관계
대답 : 응답	느리다 : 빠르다	꽃 : 진달래
뜻이 서로 비슷함.	뜻이 서로 반대됨.	'진달래'는 꽃에 포함됨.

다음 낱말들의 관계를 살펴보고 '비슷한', '반대되는', '포함하는' 중 알맞은 것을 쓰세요.

❹ 동물 : 개 ⟶ ( ) 낱말 관계

❺ 사람 : 인간 ⟶ ( ) 낱말 관계

❻ 길다 : 짧다 ⟶ ( ) 낱말 관계

발효 식품, 김치

8 분 안에 풀어보세요.

어휘 수준 ★★★★★
글감 수준 ★★★★★
글의 길이 728자

예로부터 김치는 우리 밥상에서 없어서는 안 될 음식이었다. 먹을거리가 부족하던 시절에 온 식구의 입맛을 돋우는 데 이만한 반찬이 없었으며, 신선한 채소가 부족한 겨울에도 김치를 통해 각종 영양분을 보충할 수 있었다.

(가) 식품 영양학적으로 볼 때 김치는 젖산 발효를 통해 맛을 내는 발효 식품인 동시에, 주재료인 배추에 마늘, 생강, 고춧가루 등 다양한 부재료를 섞은 혼합 음식이라는 특징을 지닌다. 그렇기 때문에 김치는 발효 음식 고유의 독특한 맛을 지니면서 식이 섬유, 비타민, 무기질 등을 풍부하게 함유한 우수 식품이 될 수 있었다.

유산균이 풍부한 김치는 장을 깨끗하게 하고 비타민 합성과 단백질의 흡수를 도와준다. 김치의 효과는 면역 체계의 기능을 발휘시켜 각종 질병에 대한 저항성을 증가시키는 데서도 나타난다. 부재료인 마늘, 생강, 고춧가루 등도 대장암, 빈혈, 동맥 경화 등을 예방하는 성분이 있어, 그와 관련한 연구도 활발하게 진행되고 있다.

현재 우리나라는 식생활의 유형이 변하여 가공식품의 수요가 늘고 쌀과 김치 같은 전통적인 음식의 소비는 줄고 있다. 하루에 300그램을 넘던 김치의 섭취량도 점점 줄어들어, 현재는 수십 그램 이하로 뚝 떨어진 상황이다. 김치에 포함된 소금의 양이 많다든지 냄새가 심하다는 단점도 있지만, ㉠단점을 보완하면서 그것의 장점을 살리려는 노력을 계속할 필요가 있다. 그렇게 해야만 세계 시장에서 김치가 일본의 '기무치'에게 ㉡밀려나는 일도 막을 수 있을 것이다.

● **함유**(含 머금을 함, 有 있을 유)
물질이 어떤 성분을 포함하고 있음.

● **발휘**(發 필 발, 揮 휘두를 휘)
재능, 능력 따위를 떨치어 나타냄.

● **보완**(補 도울 보, 完 완전할 완)
모자라거나 부족한 것을 보충하여 완전하게 함.

▲ 일본에서는 김치를 '기무치'라고 부르는데, 김치와 기무치는 조금 달라요. 김치는 고춧가루와 젓갈을 사용해서 색깔이 붉으면서도 매운맛이 있지만, 기무치는 간장과 된장을 주로 사용하기 때문에 색깔이 하얗거나 검으며 약간 짠맛이 난답니다.

1 이 글의 내용과 일치하는 것은 무엇인가요? (   )

① 김치는 젖산 발효를 통해 맛을 낸다.
② 신선한 채소가 부족한 계절은 여름이다.
③ 김치의 소비는 점점 늘어나고 있는 추세이다.
④ 김치가 우리 밥상에 오른 것은 최근의 일이다.
⑤ 김치에 없는 영양소는 식이 섬유, 비타민, 무기질이다.

2 ㈎와 관련된 김치의 특징을 나타낸 말을 모두 골라 ○표 하세요.

① 가공식품	② 발효 식품	③ 혼합 음식	④ 전통 음식
( )	( )	( )	( )

3 다음과 같이 주장할 때 근거로 알맞은 것에 ○표 하세요.

〈주장〉 김치는 건강에 이롭다.

(1) 우리나라 식생활의 유형이 변하여 가공식품의 수요가 늘고 있다.   (   )
(2) 김치는 유산균이 풍부해서 장을 깨끗하게 하고 비타민 합성과 단백질의 흡수를
    도와준다.   (   )
(3) 김치에 포함된 소금의 양이 많아서 김치를 많이 먹으면 소금도 필요량 이상으로
    먹게 된다.   (   )

4 ㉠에 알맞은 제안을 한 사람의 이름을 쓰세요.

> • 다운: 김치뿐 아니라 비빔밥이나 불고기 등 세계 시장에 널리 알려진 우리나라 음식이 많다는 것을 홍보해 보자.
> • 한결: 김치에 들어가는 소금의 양을 줄이고도 발효 음식 고유의 독특한 맛을 살리는 요리 방법을 연구하면 좋겠어.
> • 윤서: 소금이 많이 들어가는 김치의 섭취량을 줄이고 소금이 들어가지 않는 샐러드의 섭취량을 늘려서 건강하게 식사하면 어떨까.

(   )

5 ㉡의 낱말 뜻으로 알맞은 것은 무엇인가요? (   )

① 일을 남에게 넘기는.
② 뒤에서 보살피고 도와주는.
③ 어떤 자리에서 몰리거나 쫓겨나는.
④ 특정한 지위를 차지하도록 내세우거나 지지하는.
⑤ 정한 시간이나 기일을 나중으로 넘기거나 늘이는.

**한줄
요약**

6 빈칸에 알맞은 말을 넣어 이 글의 핵심 내용을 한 문장으로 요약하세요.

몸에 좋은 영양소가 많아 ☐☐ 에 이로운 김치의 ☐☐☐ 이 점점 줄어들고 있어 단점을 줄이고 장점을 살리려는 노력이 필요하다.

지문 속 필수 어휘

다음 문장을 읽고, (   ) 안에 공통으로 들어갈 낱말을 완성하세요.

①

- 올바른 (   )과 규칙적인 운동이 건강 유지의 비결이다.
- 우리나라의 (   ) 문화는 쌀을 주식으로 한다.

식	ㅅ	활

②

- 주위를 청결히 하면 전염병을 (   )할 수 있다.
- 산불이 나지 않도록 철저히 (   )해야 한다.

ㅇ	방

③

- 뉴스에서 올 상반기에 수출이 크게 (   )했다고 하였다.
- 의학이 발달하면서 인간의 평균 수명이 점점 (   )하고 있다.

증	ㄱ

문제 속 개념어

주장과 근거 主 주인 주, 張 베풀 장, 根 뿌리 근, 據 증거 거

주장은 '어떤 문제에 대한 자신의 주된 의견을 내세우는 것'이고, 근거는 '의견을 뒷받침해 주는 까닭'을 말합니다. 글쓴이의 주장이 나타난 글에서는 왜 그런 주장을 하게 되었는지 주 장과 근거를 연결해서 살펴봐야 주장의 타당성을 따져 볼 수 있습니다.

저는 초등학생의 유튜브 사용을 제한해야 한다는 의견에 반대합니다. 유튜브를 이용하
　　　　　　　　　　글쓴이의 주장

면 무료 강의도 들을 수 있어 학습에 도움이 되고, 요즘 유행하는 재미있는 동영상을 보
　　　근거 ①　　　　　　　　　　　　　　근거: 학습에 도움이 되고, 스트레스를 해소할 수 있으므로
　　　　　　　　　　　　　　　　　　　　　　　　↓
면서 스트레스를 해소할 수도 있기 때문입니다.　주장: 초등학생의 유튜브 사용 제한에 반대함.
　　　근거 ②

더위팔기

어휘 수준 ★★★★★
글감 수준 ★★★★★
글의 길이 871자

8분 안에 풀어보세요.

전국적으로 음력 1월 15일인 보름날에는 아침 일찍부터 더위팔기를 한다. 해가 뜨기 전에 더위를 팔아야 효험이 있다고 하여 새벽부터 더위를 팔러 다니는 사람들도 있다. 더위는 '덕', '더우', '독'이라고 하여 지역에 따라 명칭은 조금씩 다르지만 더위를 파는 방법은 동일하다.

예로부터 보름날 더위를 다른 사람에게 팔게 되면 그해 여름에는 자신이 더위 먹는 것을 예방할 수 있다는 세시 풍속이 전해 내려왔다. 또한 누가 더 정신이 맑은지 겨루는 의미에서 더위팔기를 하기도 하는데, 서로 다투어 더위를 팔고 되받지 않기 위해 도망을 간다.

주로 마을 사람들에게 더위를 팔며, ㉠손윗사람들한테는 함부로 더위를 팔지 않는다. 더위를 파는 방법은 매우 간단하다. 상대방이 전혀 생각하지 못한 순간에 "내 더위 사 가라.", 혹은 "내 더위.", "내 덕새."라고 말한다. 더위를 산 사람은 갑자기 당한 것에 당황하여 토라지기도 하지만 대부분 웃어넘긴다. 더위를 판 사람에게 되팔거나 그 사람의 형제나 집안사람들에게 되파는 방법도 있으므로 더위를 산 사람은 억울해하지 않는다.

어쨌든 더위를 사는 것은 좋은 일이 아니므로 아침 일찍부터 누군가 부르면 대답을 하지 않는다. 어른들은 아이들에게 "집 밖에 나가서 아무개가 부르면 대꾸도 하지 마라." 하고 주의를 준다. 심지어 상대방이 더위를 팔 것을 눈치채고 "내 더위 사 가라.", "맞더위.", "먼저 더위.", "내 더위."라고 거꾸로 더위를 팔아 버리는 수도 있다.

상대만 있으면 언제든지 할 수 있기 때문에 요즘도 정월 보름이면 상대방에게 더위를 파는 사람들이 있다. 한 가지 재미있는 현상으로 최근에는 전화 통화 중에 "여보세요. 내 더위, 니 더위."라고 말한 후에 대화를 이어 가는 새로운 방법도 등장하였다.

● **효험**(效 본받을 효, 驗 시험 험) 일의 좋은 보람. 또는 어떤 작용의 결과.

● **풍속**(風 바람 풍, 俗 풍속 속) 옛날부터 그 사회에 전해 오는 생활 전반에 걸친 습관 따위를 이르는 말.

◀ '더위를 먹다.'라는 말은 어떻게 생겨났을까요? 옛날에는 더위를 먹어 죽는 사람도 종종 있었습니다. '더위'에는 '더운 기운'이라는 뜻 말고 '더위 때문에 생기는 병'이라는 뜻도 있어요. 따라서 '더위를 먹다.'라는 말은 '더위 때문에 몸에 이상이 생겼다.'라는 뜻입니다.

1 이 글을 통해 알 수 <u>없는</u> 내용은 무엇인가요? (   )

① 더위를 파는 시기

② '더위팔기'를 하는 지역

③ '더위팔기'를 하는 이유

④ '더위팔기'의 다른 이름

⑤ '더위팔기'와 같은 전통이 있는 다른 나라

2 더위를 파는 방법이 <u>아닌</u> 것은 무엇인가요? (   )

① 더위를 판 사람에게 되팔 수 있다.

② 상대방이 전혀 생각하지 못한 순간에 판다.

③ "내 더위 사 가라.", 혹은 "내 더위.", "내 덕새."라고 말한다.

④ 상대방이 더위를 팔 것을 눈치채고 먼저 더위를 팔아 버리는 수도 있다.

⑤ 더위를 산 사람이 기분 나빠할 수 있으므로 잘 알지 못하는 사람에게 판다.

3 ㉠ 대신 바꾸어 쓸 수 있는 말은 무엇인가요? (   )

① 동기

② 어르신

③ 아랫사람

④ 낯선 사람

⑤ 직계 가족

4 예전과는 다른 오늘날의 더위팔기 방법이 <u>아닌</u> 것은 무엇인가요? (　　)

① 이메일로 더위를 판다.

② 영상 통화로 더위를 판다.

③ 휴대 전화 문자로 더위를 판다.

④ 휴대 전화 대화창에서 더위를 판다.

⑤ 거실에서 만난 동생에게 더위를 판다.

5 이 글에 활용할 수 있는 자료로 알맞은 것을 찾아 ○표 하세요.

(1) 5년 동안 정월 보름의 강수량을 알 수 있는 그래프　　　　　　　(　　)

(2) 정월 보름과 비교할 수 있는 다른 나라의 명절을 정리한 도표　　(　　)

(3) 정월 보름날 사람들이 더위를 파는 상황을 나타낸 그림이나 사진　(　　)

한줄요약

6 빈칸에 알맞은 말을 넣어 이 글의 핵심 내용을 한 문장으로 요약하세요.

더위팔기는 여름에 자신이 [　　] 먹는 것을 예방하려고 다른 사람에게 더위를

파는 행동으로, 상대방이 전혀 [　　] 하지 못한 순간에 더위를 판다.

→ 지문 속 필수 어휘

다음 문장을 읽고, (　) 안에 공통으로 들어갈 낱말을 완성하세요.

❶
- 내 생일은 (　　)으로 9월 19일이다.
- (　　)으로 칠월 칠석날이 되면 견우와 직녀가 오작교에서 일
  년에 한 번 만난다고 한다.

음	ㄹ

❷
- 학교에서 새로 지은 체육관의 (　　)을 공모하였다.
- 금강산은 겨울에 개골산이라는 (　　)으로 불린다.

ㅁ	칭

❸
- 동생이 왜 화가 났는지 전혀 (　　)를 채지 못하였다.
- 반려견 똘이가 산책을 가고 싶은 (　　)이다.

눈	ㅊ

다음 문장을 읽고, 두 낱말 중 알맞은 것을 찾아 ○표 하세요.

❹ 소풍을 가는 날이라 아침 〔 일직이 / 일찍이 〕 일어났다.

❺ 이 문제는 〔 어쨌든 / 어쩻든 〕 선생님께 여쭤보아야 한다.

낱말의 뜻을 참고하여, 다음 문장의 빈칸에 들어갈 알맞은 낱말을 완성하세요.

❻ 약을 먹은 ㅎ 혐 이 서서히 생기기 시작하였다.

　　일의 좋은 보람. 또는 어떤 작용의 결과.

❼ 어머니의 말씀이 틀린 데가 없어서 더 이상 대 ㄲ 를 하지 못하였다.

　　남의 말을 듣고 그대로 받아들이지 아니하고 그 자리에서 제 의사를 나타냄. 또는 그 말.

자연을 닮은 집, 초가집

어휘 수준 ★★☆☆☆
글감 수준 ★★☆☆☆
글의 길이 689자

가 서민들에게 가장 사랑을 받았던 ㉠집이라고 하면 먼저 초가집을 떠올릴 것입니다. 초가집은 우리나라의 자연 조건을 가장 잘 이용한 집입니다. 농촌 어디에서나 볼 수 있는 재료인 ㉡짚, 소나무, 흙을 이용하여 만든 집이 바로 초가집입니다.

나 초가집 지붕의 재료인 짚은 가벼워서 지붕이 무너질 염려가 거의 없습니다. 그리고 비나 눈이 와도 짚의 결을 따라 물이 잘 흘러내리기 때문에 지붕에서 물이 새지 않습니다. 짚은 단열성이 뛰어나기 때문에 초가집은 겨울에도 따뜻하고 여름에는 시원하답니다. 기둥으로 사용되는 소나무 속에는 나무를 잘 썩지 않게 하는 송진이 들어 있는데, 이 때문에 몇 백 년이 지나도 기둥이 무너지지 않고 지붕을 받치고 있는 것입니다.

다 초가집은 마을 사람들이 함께 모여 만들었습니다. 추수가 끝난 농촌에서 마을 사람들이 모여 짚으로 이엉을 엮어 지붕에 얹고 새끼줄로 묶으면 초가집의 지붕이 완성되었답니다.

라 방 안은 구들이라는 장치를 이용하여 따뜻하게 하였습니다. 구들이란 부엌에서 음식을 만들 때 생기는 열을 이용하여 난방까지 할 수 있도록 만든 우리나라만의 독특한 장치입니다. 이렇게 난방을 하도록 만들어진 방을 온돌방이라고 합니다.

마 마루는 방문 앞에 나무판을 깔아 이어서 만들어 놓은 것입니다. 온돌방이 따뜻한 공간인 반면, 마루는 시원한 공간입니다. 그리고 집안의 모든 가족이 모일 수 있는 공간이기도 합니다.

● **단열성(斷** 끊을 단, **熱** 더울 열, **性** 성질 성)
물체와 물체 사이에 열이 서로 통하지 않도록 막는 성질.

● **송진(松** 소나무 송, **津** 나루 진)
소나무나 잣나무에서 분비되는 끈적끈적한 액체. 독특한 향기가 있으며 굳으면 황갈색의 무른 유리와 같은 상태가 됨.

● **이엉**
초가집의 지붕이나 담을 이기 위하여 짚이나 새 따위로 엮은 물건.

▲ 흙도 초가집의 주요 재료예요. 흙을 갤 때 짚 등을 넣어 단단하게 만드는데, 이렇게 두꺼운 벽은 낮에 태양열을 흡수했다가 저녁에 실내로 내보내는 역할을 한다고 해요. 또 흙이 저절로 습도를 조절해 준답니다.

정답과 해설 **32쪽**

1   **가** ~ **마**의 중심 내용으로 알맞지 <u>않은</u> 것은 무엇인가요? (   )

① **가** : 초가집의 특징과 재료
② **나** : 짚과 소나무의 재료적 특성
③ **다** : 초가집 지붕의 발달 과정
④ **라** : 구들의 개념과 온돌방의 특징
⑤ **마** : 마루의 특징 및 온돌방과의 차이점

2   이 글의 내용과 일치하는 것은 무엇인가요? (   )

① 초가집은 기둥이 없다.
② 초가집 지붕은 물이 잘 샌다.
③ 초가집의 온돌방은 나무판으로 만든다.
④ 모내기가 끝나면 초가집 지붕을 이었다.
⑤ 초가집은 단열성이 뛰어나 겨울에도 따뜻하다.

3   이 글에 사용된 설명 방법으로 알맞은 것은 무엇인가요? (   )

① 한옥의 종류를 분류하여 설명하고 있다.
② 초가집의 구조를 분석하여 설명하고 있다.
③ 초가집의 개념을 정의하여 설명하고 있다.
④ 온돌방과 마루의 공통점을 비교하여 설명하고 있다.
⑤ 초가집과 기와집의 차이점을 대조하여 설명하고 있다.

4 이 글을 통해 보기 를 바르게 이해한 것을 찾아 ○표 하세요.

> **보기**
>
> 한옥은 지방마다 구조가 조금씩 달랐습니다. 따뜻한 남부 지방에서는 바람이 잘 통하도록 넓은 마루를 두고 방을 한 줄로 배열하였습니다. 마루는 방들을 연결하는 통로로 사용되었고 무더운 여름날에는 시원한 마루에서 주로 생활하였습니다. 추운 북부 지방에서는 집을 낮게 지으면서 방을 두 줄이나 사각형으로 배열하여 집 안의 열기가 밖으로 빠져나가지 않도록 하였습니다.

(1) 우리나라의 전통 가옥은 기후를 고려하여 지어졌군.　　　　　　(　　)

(2) 우리나라의 전통 가옥은 신분에 따라 짓는 방법이 달랐군.　　　　(　　)

(3) 우리나라의 북부 지방과 남부 지방은 집을 짓는 재료가 달랐군.　(　　)

5 ㉠과 ㉡에 대한 설명으로 알맞은 것은 무엇인가요? (　　)

① 뜻 사이에 서로 관련이 있다.

② 둘 다 모양이 바뀌는 낱말이다.

③ 뜻은 같지만 서로 모양이 다르다.

④ 모양은 같지만 서로 뜻이 다르다.

⑤ 소리는 같지만 서로 모양이 다르다.

한줄 요약

6 빈칸에 알맞은 말을 넣어 이 글의 핵심 내용을 한 문장으로 요약하세요.

　　초가집은 짚과 소나무, □을 이용하여 만들며, 구들이라는 장치를 이용하여 만드는 온돌방, 방문 앞에 나무판을 깔아 이어서 만드는 □□ 등으로 이루어져 있다.

지문 속 필수 어휘

낱말의 뜻을 참고하여, 다음 문장의 빈칸에 들어갈 알맞은 낱말을 완성하세요.

❶ 과일은 기후 | 조 | ㄱ | 에 따라 생산량이 큰 영향을 받는다.

어떤 일을 이루게 하거나 이루지 못하게 하기 위하여 갖추어야 할 상태나 요소.

❷ 점심때 내가 한 말 때문에 친구의 기분이 상했을까 | ㅇ | 려 | 된다.

앞일에 대하여 여러 가지로 마음을 써서 걱정함. 또는 그런 걱정.

❸ 피카소의 | ㄷ | ㅌ | 한 | 미술 세계는 많은 사랑을 받고 있다.

다른 것과 견줄 수 없을 정도로 뛰어난.

❹ | ㅊ | 수 | 를 끝낸 훤한 논밭으로 바람은 막힐 것 없이 시원스레 불고 있다.

가을에 익은 곡식을 거두어들임.

❺ 찌그러진 초가집은 | ㅇ | 엉 | 을 갈지 않아서인지 비만 오면 지붕이 샜다.

초가집의 지붕이나 담을 이기 위하여 짚이나 새 따위로 엮은 물건.

다음 문장을 읽고, ( ) 안에 공통으로 들어갈 낱말을 완성하세요.

❻
- 소나무 숲에서 진한 (   ) 냄새가 풍겨 왔다.
- 그는 활줄에 (   )을 먹이더니 바이올린을 턱 밑으로 가져갔다.

| 송 | ㅈ |

❼
- 신발을 벗고 (   )로 올라서다.
- 잠이 오지 않는 밤이면 (   )에 나와 앉아 밤하늘을 올려다보
곤 한다.

| 마 | ㄹ |

영화 속 소리 ―――――――

⏱ **8** 분 안에 풀어보세요.

영화의 옛 이름이 '활동사진'이었던 것에서 알 수 있듯이 영화는 움직이는 사진, 즉 시각 매체로 출발하였고, 소리는 영화의 주요 요소가 되지 못하였다. 그래서 영화 속 소리는 영화의 예술적 효과와 상상력을 빼앗는 것으로 비판받기도 하였다.

하지만 영화를 볼 때 소리를 없앤다면 어떻게 될까? 아마 내용이나 분위기, 인물의 심리 등을 파악하기 힘들 것이다. 영화 속 소리는 영상과 떼서 생각할 수 없는 필수 요소이기 때문이다.

영화의 소리에는 배우가 하는 말인 대사, 빗소리나 자동차 소리 같은 음향 효과, 영화 장면의 배경으로 깔리는 음악 등이 있다. 영화에서는 이러한 소리들이 어울려 다양한 기능을 수행하고 있다. 먼저, 영화 속 소리는 내용을 전달하는 데 도움을 줄 수 있다. 줄거리 전개에 도움을 주기도 하고 작품의 의미를 전달하거나 주제를 강조하는 역할을 하기도 한다. 또한 영상에 현실감을 주고, 영상의 시·공간적 배경을 확인해 주는 역할도 한다. 예를 들어 전쟁 상황을 표현하기 위해 영화 속 소리로 총소리나 대포 소리를 사용한다면 ㉠영상의 사실성을 높일 수 있다.

또한 영화 속 소리는 영화의 분위기를 조성하고 인물의 심리도 표현할 수 있다. 예를 들어 높은 소리를 사용하면 불안감이나 긴박감을 자아낼 수 있고, 낮은 소리를 사용하면 두려움이나 장엄함 등을 표현할 수 있다. 그리고 점차 빨라지는 소리를 통해서는 긴장감이 고조되는 상황을, 반대로 점차 느려지는 소리를 통해서는 여유롭고 부드러운 분위기를 연출할 수 있다.

마지막으로, 영화 속 소리는 다른 시간과 장소에서 찍은 장면들을 연결하여 하나의 이야기를 만든다. 예를 들어 다큐멘터리의 내레이션은 각기 다른 시간과 장소에서 찍은 장면들을 자연스럽게 이어 붙여서 한 편의 작품으로 완성해 주는 역할을 한다.

● **긴박감**(緊 긴할 긴, 迫 핍박할 박, 感 느낄 감)
매우 다급하고 절박한 느낌.

● **장엄**(莊 씩씩할 장, 嚴 엄할 엄)
씩씩하고 웅장하며 위엄 있고 엄숙함.

● **내레이션**(narration)
장면에 나타나지 않으면서 장면의 진행에 따라 그 내용이나 줄거리를 해설하는 일. 또는 그런 해설.

1 이 글의 제목으로 알맞은 것은 무엇인가요? (   )

① 영화 속 소리의 탄생
② 영화 속 소리의 종류
③ 영화 속 소리의 개념
④ 영화 속 소리의 역할
⑤ 영화 속 소리의 조건

2 이 글에 사용된 내용 전개 방식을 모두 찾아 ○표 하세요.

(1) 예를 제시하여 독자의 이해를 돕고 있다.   (   )

(2) 대등한 자격을 지닌 내용을 나열하고 있다.   (   )

(3) 두 대상의 공통점을 중심으로 설명하고 있다.   (   )

(4) 문제의 원인과 그 해결 방안을 제시하고 있다.   (   )

3 이 글을 읽은 독자의 반응으로 알맞지 <u>않은</u> 것은 무엇인가요? (   )

① 아름: 영화의 분위기를 제대로 조성하려면 소리 선택에 신중해야겠군.
② 유진: 영화 속 소리는 작품의 의미를 전달하는 수단이 될 수도 있겠군.
③ 소희: 현대 영화에서는 소리 없이 작품을 완성한다는 것을 생각하기 어렵겠군.
④ 채민: 영화 속 소리는 영화의 예술적 효과와 상상력을 빼앗는 단점을 극복해야겠군.
⑤ 수찬: 다른 시간과 장소에서 찍은 장면들이 하나의 이야기처럼 느껴졌다면 소리 덕분일 수도 있겠군.

4 다음 중 영화 속 소리가 ㉠을 높이는 방향으로 사용되지 **않은** 것은 무엇인가요?

( )

① 수업 장면에 선생님의 강의 소리를 넣는다.
② 교통사고 장면에 자동차 충돌 소리를 넣는다.
③ 전학 가는 친구를 배웅하는 장면에 슬픈 음악을 넣는다.
④ 지하철을 타고 가는 장면에 지하철 안내 방송을 넣는다.
⑤ 목장의 풍경을 보여 주는 장면에 소 울음소리를 넣는다.

5 이 글을 바탕으로 다음 영화에 대해 바르게 이해한 것은 무엇인가요? ( )

> 남자와 여자가 사랑의 말을 속삭이는 장면에서는 밝고 경쾌한 음악이 사용되지만, 둘의 사이가 벌어지면서부터는 대화도 짧아지고 음악 소리만 커진다. 그리고 갈등이 최고조일 때는 아예 대화가 없어지고 음악은 무겁게 가라앉는다.

① 소리를 통해 영상의 공간적 배경을 제시하고 있다.
② 소리의 빠르기를 통해 영상에 현실감을 부여하고 있다.
③ 인물의 심리 변화를 드러내는 데 소리를 활용하고 있다.
④ 소리가 영화의 주요 요소가 되지 못함을 보여 주고 있다.
⑤ 영상의 시각적 이미지가 주는 예술적 효과를 강조하고 있다.

한줄
요약

6 빈칸에 알맞은 말을 넣어 이 글의 핵심 내용을 한 문장으로 요약하세요.

영화 속 소리는 작품의 내용 전달, 영상의 시·공간적 배경의 확인, 현실감 부여, 분위기 조성, 인물의 심리 표현, 다른 시간과 공간에서 찍힌 장면의 연결 등 다양한 □□을 수행하는 것으로, 영상과 뗄 수 없는 □□ 요소이다.

지문 속 필수 어휘

다음 문장을 읽고, (　) 안에 공통으로 들어갈 낱말을 완성하세요.

❶

- 그는 맡은 바 임무를 성실히 (　　)하였다.
- 우리 군은 효과적인 작전을 (　　)하여 대승리를 거두었다.

수	ㅎ

❷

- 그들은 자신들의 입장에 유리하게 여론을 (　　)하였다.
- 학교에서는 책 읽는 분위기를 (　　)하기 위해 힘을 쏟고 있다.

ㅈ	성

❸

- 역전의 기미가 보이자 관중석의 열기가 점차 (　　)되었다.
- 양국 간에 무역 마찰로 인한 갈등이 점차 (　　)되고 있다.

ㄱ	조

낱말의 뜻을 참고하여, 다음 문장의 빈칸에 들어갈 알맞은 낱말을 완성하세요.

❹ 같은 약이라도 환자의 상태에 따라 치료 　효　ㄱ　가 다를 수 있다.

　　　　어떤 목적을 지닌 행위에 의하여 드러나는 보람이나 좋은 결과.

❺ 배우는 강렬한 눈빛 연기를 통해 주인공의 　심　ㄹ　를 표현하기 위해 노력한다.

　　　　마음의 작용과 의식의 상태.

❻ 금방이라도 전쟁이 터질 듯한 　긴　ㅂ　ㄱ　이 흘렀다.

　　　　매우 다급하고 절박한 느낌.

❼ 태양이 산 너머 광활한 벌판에 불이라도 지른 것처럼 서쪽 하늘이 온통 화려하고

　　　장　ㅇ　하게 타올랐다.

씩씩하고 웅장하며 위엄 있고 엄숙함.

백남준의 비디오 아트

어휘 수준 ★★★★★
글감 수준 ★★★★★
글의 길이 957자

20세기 후반부터 영상 매체의 발달로 인해 많은 예술가가 사진과 비디오, 컴퓨터로 ⓐ만든 다양한 이미지를 사용하고 있다. 백남준은 이 분야에서 세계적으로 인정받는 대표적인 작가이다. 백남준은 텔레비전과 컴퓨터를 통해 영상, 과학 기술, 인터넷이 현대 미술과 현대인의 삶에 많은 영향을 미칠 것이라고 예측하고, 1960년쯤부터 비디오 아트를 실험하였다. 기존에 없던 새로운 시도를 거듭한 백남준의 작품들은 미술계에 적지 않은 충격을 주었다.

백남준은 1963년 독일에서 첫 개인전을 ⓑ연 뒤 '비디오 아트의 창시자'로 서양 미술계의 주목을 받게 된다. 1988년 새로운 과학 기술로 지구가 하나 된다는 점을 예측한 위성 텔레비전 쇼 '굿모닝 미스터 오웰'을 발표하면서 더욱 주목받았으며, 88 서울 올림픽 기념작 '손에 손 잡고'를 통해 또 한 번 전 세계에 백남준이라는 이름을 각인시켰다. '손에 손 잡고'는 동서의 만남이라는 특정 주제를 소통 문제로 부각하여 표현한 공연이었다. 백남준은 동양인과 서양인의 지역적·이념적 차이를 예술과 스포츠, 즉 비정치적 교류를 통해 해소할 수 있다고 믿었다. 그리고 이를 자신의 작품으로 ⓒ보여 주었다.

백남준은 "비디오 아트는 단지 ⓓ보는 것만으로는 시시해질 것이다. 쌍방향 소통을 통해 재미있는 작품이 나올 것이며, 또 가상 현실도 바로 그런 것이 될 것이다."라고 말하였다. 기계와 대화하는 쌍방향 시스템의 등장이나 실제와 다른 가상 현실의 공간이 이제까지의 인간상을 서서히 바꾸어 가리라는 점에서, ㉠포스트 휴먼 현상이 미술에도 찾아올 것이라 예언한 것이다. 포스트 휴먼이란 정보 기술의 발달로 기술이 인간의 몸속에 삽입되거나 생활에 밀착됨으로써 인간과 기계의 경계가 해체되는 것을 ⓔ뜻한다. ㉡인간과 대화하는 인공 지능 비서 아이폰 '시리'와 증강 현실을 구현한 게임 '포켓몬 GO' 등을 보며 백남준이 얼마나 앞서서 미래를 바라보고 있었는지 다시금 감탄하게 된다.

- **각인**(刻 새길 각, 印 도장 인)
머릿속에 새겨 넣듯 깊이 기억됨. 또는 그 기억.

- **쌍방향**(雙 두 쌍, 方 모 방, 向 향할 향)
한쪽으로만 향하는 것이 아니라 양쪽을 서로 향하는 것.

- **해체**(解 풀 해, 體 몸 체)
체제나 조직 따위가 붕괴함. 또는 그것을 붕괴하게 함.

1 이 글의 내용과 일치하지 <u>않는</u> 것은 무엇인가요? (   )

① '시리'와 '포켓몬 GO'는 포스트 휴먼 현상과 관련이 있다.

② 백남준은 세계적으로 인정받는 비디오 아트 작가 중 한 명이다.

③ 백남준은 비디오 아트에서의 일방향 소통이 한계를 가지고 있다고 보았다.

④ '굿모닝 미스터 오웰'은 동서의 만남을 소통 문제로 부각하여 표현한 공연이다.

⑤ 백남준은 텔레비전과 컴퓨터가 현대인의 삶에 많은 영향을 미칠 것으로 예측하였다.

2 이 글을 바탕으로 추론한 내용으로 알맞지 <u>않은</u> 것은 무엇인가요? (   )

① 백남준은 인간과 기계의 경계가 해체되는 것을 경계하였다.

② 1960년대 이전에는 텔레비전과 컴퓨터를 이용한 예술 작품이 많지 않았다.

③ 현대 미술은 아날로그 이미지뿐만 아니라 디지털 이미지도 적극적으로 활용한다.

④ 백남준은 기술의 발전이 가져올 변화가 비디오 아트에 영향을 미칠 것이라고 생각하였다.

⑤ '굿모닝 미스터 오웰'과 '손에 손 잡고'에는 지역적 차이를 해소하고자 하는 백남준의 가치관이 담겨 있다.

3 ㉠에 대한 설명으로 알맞지 <u>않은</u> 것은 무엇인가요? (   )

① 정보 기술의 발달로 인해 일어났다.

② 백남준이 가장 먼저 사용한 용어이다.

③ 인간뿐만 아니라 미술에도 영향을 미친다.

④ 인간과 기계의 경계가 해체되는 것을 뜻한다.

⑤ 기계와 일방향이 아닌 쌍방향 소통이 되는 환경에서 일어난다.

4 백남준이 ⓒ을 보고 할 수 있는 말로 알맞지 <u>않은</u> 것은 무엇인가요? (   )

① 가상 현실로 인해 혼란에 빠질 사회가 걱정되는군.

② 기계와 인간이 쌍방향으로 소통할 수 있게 되었군.

③ 내가 상상한 기술들이 실생활에서도 구현되는 시대가 왔군.

④ '시리'와 '포켓몬 GO'를 통해 사람들의 생활이 많이 바뀌었겠군.

⑤ '시리'와 '포켓몬 GO'를 반영한 재미있는 예술 작품들이 많이 나오겠군.

5 ⓐ~ⓔ를 바꾸어 쓴 말로 알맞지 <u>않은</u> 것은 무엇인가요? (   )

① ⓐ: 제작한

② ⓑ: 개최한

③ ⓒ: 위증하였다

④ ⓓ: 관람하는

⑤ ⓔ: 의미한다

한줄
요약

6 빈칸에 알맞은 말을 넣어 이 글의 핵심 내용을 한 문장으로 요약하세요.

백남준은 영상, 과학 기술, 인터넷 등이 현대인에게 많은 ☐☐을 미칠 것이라

고 보고 비디오 아트를 시작하였고, 이후 비디오 아트가 ☐☐ 소통과 가상

현실을 활용하는 방향으로 나아갈 것이라고 예측하였다.

지문 속 필수 어휘

다음 문장을 읽고, (   ) 안에 공통으로 들어갈 낱말을 완성하세요.

❶
- 신약의 효능을 확인하기 위한 (   )이 진행 중이다.
- 이 작품은 작가의 파격적인 (   ) 정신이 돋보인다.

실 ㅎ

❷
- 졸업 후에도 교실의 풍경은 가슴속에 (   )되어 있다.
- 뛰어난 노래 실력으로 인해 그는 같은 반 친구들에게 확실히 (   )되었다.

각 ㅇ

❸
- (   ) 간의 대립으로 인해 전쟁이 발생하였다.
- 우리나라의 건국 (   )은 홍익인간이다.

ㅇ 념

❹
- 스포츠 중계 시 화면에 가상 광고가 등장하는 것은 (   )을 활용한 예에 해당된다.
- (   ) 기술이 실현되기 위해서는 휴대 가능한 컴퓨터나 스마트폰 등이 필요하다.

ㅈ ㄱ 현 실

다음 문장을 읽고, 두 낱말 중 알맞은 것을 찾아 ○표 하세요.

❺ 월드컵은 [전 세계 / 전세계] 사람들이 주목하는 엄청난 행사이다.

❻ 바깥이 [서서히 / 서서이] 어두워지기 시작하였다.

❼ 유명 아이돌 그룹의 [헤체 / 해체] 소식에 많은 팬이 눈물을 흘렸다.

❽ 이번 연구를 통해 새로운 알고리즘 프로그램이 [구현 / 구연]되었다.

서민의 그림, 민화

⏱️ **8**분 안에 풀어보세요.

하 중 상
어휘 수준 ★ ★ ★ ★ ★
글감 수준 ★ ★ ★ ★ ★
글의 길이 709자

민화는 서민들 사이에서 유행한 그림이다. 민화는 전문 화가가 아니어도 누구나 그릴 수 있었고, 특정한 형식에 얽매이지 않았다. ㉠민화에는 다양한 동식물이 소재로 사용되었는데, 서민들은 이러한 동식물을 청색, 백색, 적색, 흑색, 황색의 화려한 색으로 표현하였다.

민화에는 서민들의 소망이 담겨 있다. 서민들은 ⓐ민화를 통해 ⓑ부귀, 화목, 장수를 빌었다. 예를 들어 ㉡부귀를 바랄 때에는 활짝 핀 맨드라미나 잉어를 그렸다. 화목을 바랄 때에는 어미 새와 여러 마리의 새끼 새가 함께 있는 모습을 그렸다. 또 장수를 바랄 때에는 바위나 거북 등을 그렸다.

민화에는 나쁜 기운을 물리치고자 하는 서민들의 바람도 담겨 있다. 서민들은 ㉢나쁜 귀신을 쫓아내고 사악한 것을 물리치기 위해 해태, 닭, 개 등을 그렸다. 불이 나지 않기를 바라는 마음을 담아 전설의 동물 해태를 그려 부엌에 걸었다. 또 ㉣어둠을 밝히고 잡귀를 쫓아내기 위해 닭을 그려 문에 걸었다. 도둑이 집에 들지 않기를 바라는 마음에서 개를 그려 곳간에 걸기도 하였다.

㉤우리는 민화를 통해 서민들의 소망과 멋을 엿볼 수 있다. 민화에는 현실에서 이루고 싶은 서민들의 소망이 솔직하고 소박하게 표현되어 있다. 또 신비스러운 용을 할아버지처럼 그리거나 호랑이를 바보스럽게 표현하여 재미와 웃음을 찾고자 했던 서민들의 멋스러움도 잘 드러난다. ㉥그림에 담겨 있는 서민들의 소망과 멋을 찾아 가며 민화를 감상해 보자.

● **서민**(庶 여러 서, 民 백성 민)
경제적으로 중류 이하의 넉넉지 못한 생활을 하는 사람.

● **화목**(和 화할 화, 睦 화목할 목)
서로 뜻이 맞고 정다움.

● **장수**(長 길 장, 壽 목숨 수)
오래도록 삶.

● **사악**(邪 간사할 사, 惡 악할 악)
간사하고 악함.

▲ 민화 〈호작도〉
민화 〈호작도〉는 호랑이와 까치를 함께 그린 그림으로, 호랑이를 익살스럽게 표현한 것이 특징이다. 소나무 아래에 우스꽝스러운 호랑이가 앉아 있고, 나뭇가지에는 까치 한 마리가 앉아 있는 것이 일반적인 구도이다. 호랑이는 높은 관리에 비유되는 동물로, 이를 그린 그림은 출세나 승진을 기원하는 마음에서 새해 초 덕담을 주고받을 때 주로 활용되었다.

정답과 해설 35쪽

1 이 글을 읽는 태도로 가장 알맞은 것은 무엇인가요? (   )

① 제시된 어휘의 함축적 의미를 파악하며 읽는다.

② 제시된 정보의 내용을 정리하고 요약하며 읽는다.

③ 제시된 주장의 타당성을 검토하며 비판적으로 읽는다.

④ 제시된 내용의 신뢰성을 검토하며 반박하는 태도로 읽는다.

⑤ 제시된 내용에서 강조하는 글쓴이의 교훈을 염두에 두고 읽는다.

2 이 글의 내용과 일치하지 <u>않는</u> 것은 무엇인가요? (   )

① 민화는 주로 서민들에 의해 그려진 그림이다.

② 민화는 엄격한 규칙과 기법을 바탕으로 그려졌다.

③ 민화에는 현실에서 이루고자 하는 소망이 담겨 있다.

④ 민화에는 나쁜 기운을 물리치고자 하는 바람도 담겨 있다.

⑤ 민화는 동물을 익살스럽게 표현하여 재미를 주기도 하였다.

3 보기 를 참고할 때, ㉠~㉤ 중 그 성격이 <u>다른</u> 하나는 무엇인가요? (   )

> **보기**
>
> 　글을 읽을 때는 '사실'과 '의견'을 구분해서 읽는 태도가 필요하다. '사실'은 객관적인 현상이나 일을 소개하는 데 중점을 둔 부분인 반면, '의견'은 어떤 사건이나 현상에 대한 글쓴이의 주관적인 생각을 나타낸 부분이라 할 수 있다.

① ㉠   ② ㉡   ③ ㉢   ④ ㉣   ⑤ ㉤

4 ㉂과 관련된 민화의 감상 방법으로 가장 알맞은 것은 무엇인가요? (　　　)

① 민화에 사용된 소재가 외국과 어떻게 다른지에 초점을 둔다.

② 민화를 그린 사람의 의도가 무엇인지를 살피는 데 초점을 둔다.

③ 민화가 시작된 역사적 배경을 살펴보고 앞으로의 발전 방향에 초점을 둔다.

④ 민화가 어떤 과정을 통해 회화의 한 양식으로 자리 잡았는지에 초점을 둔다.

⑤ 민화의 다양한 종류와 그 각각의 민화가 가진 특색을 이해하는 데 초점을 둔다.

5 ⓐ와 ⓑ의 관계와 가장 유사한 것에 ○표 하세요

(1) 매일 꾸준히 운동을 하면 당연히 건강이 좋아진다.　　　　　　(　　　)

(2) 학교는 보통 초등학교, 중학교, 고등학교, 대학교를 가리킨다.　(　　　)

(3) 어머니께서는 어떤 때는 계란을, 어떤 때는 달걀을 사 오라고 하신다. (　　　)

(4) 호수의 어떤 곳은 얼음이 두껍게 얼어 있지만, 어떤 곳은 얇게 얼어 있다.

(　　　)

6 빈칸에 알맞은 말을 넣어 이 글의 핵심 내용을 한 문장으로 요약하세요.

민화는 서민들이 다양한 [　　][　　]을 화려한 색감으로 그려 낸 그림으로, 서민

들의 소망과 멋, [　　][　　] 기운을 물리치고자 하는 바람이 솔직하고 소박하며 멋스럽

게 표현되어 있다.

지문 속 필수 어휘

다음 문장을 읽고, (   ) 안에 공통으로 들어갈 낱말을 완성하세요.

❶
- 할머니는 학생들 사이에서 (   )하는 춤에 흥미를 느끼셨다.
- 어머니는 백화점에서 요즘 (   )하는 신발을 사셨다.

유 | ㅎ

❷
- 갖은 노력 끝에 그녀를 만나고자 하는 (   )을 이루었다.
- 아버지는 요즘 건강한 삶이 큰 (   )이다.

소 | ㅁ

❸
- 그녀는 평소와 다름없이 (   )한 차림으로 출근하였다.
- 조선 백자에는 서민들의 (   )한 멋이 담겨 있다.

ㅅ | 박

낱말의 뜻을 참고하여, 다음 문장의 빈칸에 들어갈 알맞은 낱말을 완성하세요.

❹ 그 사람은 권세와 [부|ㄱ]를 얻고 친구들에게 보란 듯이 뽐내기 시작하였다.
재산이 많고 지위가 높음.

❺ 아버지는 가정이 [화|ㅁ]해야 모든 일이 잘되는 법이라고 말씀하셨다.
서로 뜻이 맞고 정다움.

❻ 노인은 [장|ㅅ]의 비결을 충분한 수면을 취하는 것이라고 말하였다.
오래도록 삶.

❼ 소녀는 [사|ㅇ]하다거나 난폭한 구석을 찾아볼 수 없는 눈을 지니고 있었다.
간사하고 악함.

영화의 러닝 타임

어휘 수준 ★★★★★
글감 수준 ★★★★★
글의 길이 1,174자

10분 안에 풀어보세요.

영화와 TV의 대결은 오랜 시간 지속되어 왔다. TV의 등장과 함께 몰락하리라 생각했던 영화는 여전히 막강하게 본인의 자리를 지키고 있다. 하지만 ㉠러닝 타임의 한계로 인해 영화는 다시 한 번 TV 드라마에 위협받고 있다. TV 드라마는 영화에 비해 상당히 긴 방영 시간을 가지고 있다. 이로 인해 TV 드라마에 등장하는 ㉡캐릭터의 수는 영화가 도저히 따라갈 수 없다. 예를 들어 TV 드라마 〈왕좌의 게임〉에는 다양하게 얽힌 수많은 캐릭터가 등장한다. 2시간 ⓐ안팎의 러닝 타임이라는 제약을 가진 영화에서, 이는 쉽지 않은 일이다.

지금의 영화는 러닝 타임이라는 근본적인 한계와 싸우고 있는 것처럼 보인다. 이제 2시간을 넘기는 것은 예사이다. 〈캐리비안의 해적 3: 세상의 끝에서〉(2007)는 무려 168분이었고, 이어 〈캐리비안의 해적 4: 낯선 조류〉(2011)도 137분이었다. 또한 〈오션스 일레븐〉(2001)은 이후 〈오션스 트웰브〉(2004)를 거치며 등장인물들이 하나씩 더 추가되어 〈오션스 13〉(2007)에까지 이르렀다. 이처럼 보통 90분이라 말하는 암묵적인 상업 영화의 러닝 타임 규칙이 깨진 것은 무척 오래된 일이다. 영화도 이제 TV 드라마처럼 갈수록 할 말이 많아지는 것이다.

영화의 러닝 타임 규칙을 무너뜨린 첫 번째 사례로 기록될 만한 영화는 제임스 카메론의 ㉢〈타이타닉〉(1997)이다. 〈타이타닉〉의 러닝 타임은 194분으로, 당시로서는 실로 경이적인 일이었다. 극장 측에서는 동일한 관람료에 하루 4회 상영밖에 할 수 없었으므로, 할리우드 상업 영화가 3시간의 러닝 타임을 훌쩍 넘어선다는 것은 모험에 가까웠다. 하지만 〈타이타닉〉은 전 세계적으로 흥행에 성공하였고, 이러한 성공은 이후 많은 영화가 2시간 이상의 러닝 타임을 시도하는 초석이 되었다. 또한 그것은 현대 상업 영화가 직면한 러닝 타임의 위기를 돌파하는 순간이기도 하였다.

새로워야 한다는 강박은 현대 영화로 갈수록 긴 러닝 타임을 요구하고 있다. 이전보다 더 스펙터클하게 보여 주어야 하는 것과 동시에, 더 많은 것을 보여 주어야 살아남을 수 있는 현대 영화에 있어 '2시간 안팎'이라는 분명하지 않은 장편 개념은 갈수록 위협받고 있는 것이다. 최근 많은 블록버스터가 시리즈를 거듭하며 상영 시간과 캐릭터의 수를 늘리는 것은, 영화 간의 경쟁이라기보다 TV 드라마와의 경쟁은 아닐까 하는 생각이 든다.

● **러닝 타임**(running time)
방송 프로그램이나 영화의 상영 길이. 대개 분 단위로 측정됨.

● **암묵적**(暗 어두울 암, 黙 잠잠할 묵, 的 과녁 적)
자기의 의사를 밖으로 나타내지 아니한. 또는 그런 것.

● **초석**(礎 주춧돌 초, 石 돌 석)
어떤 사물의 기초를 비유적으로 이르는 말.

1 이 글의 내용과 일치하지 <u>않는</u> 것은 무엇인가요? (   )

① 러닝 타임의 제약은 등장인물의 숫자에 영향을 미친다.

② 영화의 러닝 타임이 길어질수록 작품의 예술성이 높아진다.

③ TV의 등장 이후, 영화와 TV 드라마는 경쟁 관계에 있어 왔다.

④ 앞으로도 많은 영화가 2시간 이상의 러닝 타임을 시도할 것이다.

⑤ 〈타이타닉〉 이후 영화의 러닝 타임 규칙을 깨는 영화들이 많아졌다.

2 ㉠과 ㉡을 이해한 내용으로 가장 알맞은 것은 무엇인가요? (   )

① ㉠은 TV 드라마에 비해 영화가 더 스펙터클하게 보일 수 있도록 돕는다.

② ㉡이 많아질수록 TV 드라마와 영화의 내용은 단순해진다.

③ ㉡은 영화와 TV 드라마를 구분하는 큰 요소 중 하나이다.

④ ㉠의 제약이 사라질수록 ㉡의 제약도 사라진다.

⑤ ㉡이 적으면 ㉠의 길이는 짧아져야 한다.

3 ㉢에 대한 설명으로 알맞지 <u>않은</u> 것은 무엇인가요? (   )

① 극장에서 하루에 5회 이상 상영할 수 없었다.

② 많은 영화가 러닝 타임의 제약을 깨는 데 큰 도움이 되었다.

③ 당시 할리우드 상업 영화들과 비교했을 때 모험적인 시도였다.

④ 러닝 타임과 관계없이 다른 영화들과 동일한 관람료를 받았다.

⑤ 194분의 러닝 타임 덕분에 TV 드라마보다 더 많은 캐릭터가 등장할 수 있었다.

4 이 글을 바탕으로 보기 를 이해한 내용으로 알맞지 <u>않은</u> 것은 무엇인가요? (   )

> 보기
>
> 1933년에 만들어진 오리지널 〈킹콩〉의 러닝 타임이 100분, 그 리메이크작인 존 길러민 감독판 〈킹콩〉(1976)의 러닝 타임은 134분이었다. 이후 2005년에 새롭게 리메이크된 피터 잭슨 감독판 〈킹콩〉의 러닝 타임은 186분을 기록하였다.

① 시간이 흐를수록 영화의 러닝 타임은 길어지는 추세에 있어.

② 〈타이타닉〉의 등장 이후 상업 영화의 러닝 타임 규칙이 깨어졌음을 확인할 수 있어.

③ 1933년에 만들어진 〈킹콩〉은 리메이크작에 비해 상업 영화의 러닝 타임 규칙을 지킨 편이야.

④ 2005년에 만들어진 〈킹콩〉은 이전에 만들어진 〈킹콩〉에 비해 캐릭터의 수가 더 많을 가능성이 높아.

⑤ 2005년에 만들어진 〈킹콩〉에는 영화가 가진 러닝 타임의 한계를 극복하기 위한 노력이 담겨 있다고 할 수 있어.

5 ⓐ와 유사한 의미 관계로 구성된 단어는 무엇인가요? (   )

① 어머니는 내게 <u>비옷</u>을 챙겨 주셨다.

② 감기에 걸려 <u>목소리</u>가 나오지 않았다.

③ 아버지께 생신 선물로 <u>손수건</u>을 드렸다.

④ 동생은 자꾸 <u>앞뒤</u>가 안 맞는 말을 하였다.

⑤ 내가 제일 좋아하는 음식은 <u>소고기</u> 덮밥이다.

6 빈칸에 알맞은 말을 넣어 이 글의 핵심 내용을 한 문장으로 요약하세요.

한줄
요약

영화는 TV 드라마와의 [ ][ ]에서 살아남기 위해, [ ][ ][ ]을 더 늘리는 추세에 있다.

지문 속 필수 어휘

다음 문장을 읽고, (　　) 안에 공통으로 들어갈 낱말을 완성하세요.

❶
- (　　)된 회의로 인해 피곤해질 수밖에 없었다.
- 이러한 상황이 (　　)된다면 우리가 승리할 것이다.

지	ㅅ

❷
- (　　)를 살피며 노를 저어야 한다.
- 뒤처지지 않기 위해 새로운 (　　)를 꾸준히 습득해야 한다.

ㅈ	류

❸
- 어려운 상황에 (　　)하고 말았다.
- 우리 사회가 (　　)한 문제를 외면하지 말아야 한다.

ㅈ	면

❹
- 성적에 대한 (　　)은 오히려 집중력을 떨어뜨렸다.
- 누군가 지켜보고 있는 것만 같은 (　　)이 나를 불안하게 하였다.

강	ㅂ

다음 문장을 읽고, 두 낱말 중 알맞은 것을 찾아 ○표 하세요.

❺ [오랜 시간 / 오랫 시간] 함께했던 친구들과 헤어질 생각을 하니 마음이 아프다.

❻ 나는 너를 [도저이 / 도저히] 용서할 수 없다.

❼ 구체적인 [사레 / 사례]를 들어 설명해 주니 이해가 되었다.

인류가 생태계에 미친 영향

⏱ **8** 분 안에 풀어보세요.

어휘 수준 ★★★★★ (하 중 상)
글감 수준 ★★★★★
글의 길이 **950자**

아득히 먼 옛날, 인류가 막 땅에서 걷기 시작했을 때만 해도 지구의 생태계는 건강했어. 식물은 광합성을 하고, 초식 동물은 식물을 먹고, 육식 동물은 초식 동물을 잡아먹고, 죽은 동물과 식물은 미생물이 분해하여 흙으로 되돌리는 과정이 물 흐르듯이 자연스럽게 이루어졌지.

그런데 사람들이 불을 피우고, 돌을 쪼개서 도구를 만들면서부터 생태계의 질서가 흐트러지기 시작했어. 사람들은 자연을 정복해야 할 대상으로 보고 끊임없이 파괴했지.

특히 18세기에 산업 혁명이 일어난 뒤부터 사람들은 자연으로부터 한 가지라도 더 빼앗기 위해 안간힘을 썼단다. 석탄과 석유 같은 지하자원을 마구 캐내 썼고, 맑은 공기와 물도 아끼지 않았어. 그러면서 세계 인구는 계속 늘어났고, 전보다 몇 백 배, 몇 천 배 많아진 사람들이 '정복'이라는 이름으로 자연을 파괴했어.

그뿐만 아니라 사람들은 생활에 필요한 물건들을 만들고 난 뒤에 생기는 해로운 화학 물질을 바다나 강이나 흙 속에 마구 버렸어. 그래서 돌고래의 몸에 화학 물질인 염소가 쌓이고, 흰머리독수리는 깨어나지도 못하는 알을 낳거나 하늘을 날다가 갑자기 떨어져 죽기도 했지. 이렇게 생태계는 조금씩 균형을 잃어 가고 있어.

생태계가 균형을 잃으면 어떤 일이 생길까? 동남아시아에 있는 보르네오섬의 한 마을에서 벌어졌던 일을 통해 짐작해 볼 수 있을 거야.

이 마을에 무서운 전염병인 ⓐ말라리아가 퍼졌어. 마을 사람들은 말라리아를 전염시키는 모기를 없애기 위해 ⓑ디디티(DDT)를 마구 뿌려 댔어. 그 결과 모기가 많이 줄어들었고, 말라리아도 수그러들었지. 그런데 그 뒤로 이상한 일이 일어나기 시작한 거야. 멀쩡하던 도마뱀과 고양이가 갑자기 죽기 시작했어. 원인을 알아보니, 디디티를 맞은 바퀴벌레를 도마뱀이 잡아먹었고, 그 도마뱀을 또 고양이가 잡아먹은 거야. 그렇게 해서 살충제가 도마뱀과 고양이의 몸속에 차례로 쌓인 것이지.

이렇듯 생태계는 (㉠   )

● **광합성**(光 빛 광, 合 합할 합, 成 이룰 성)
녹색식물이 빛을 받아 이산화탄소와 물로 전분이나 당과 같은 화합물을 만드는 작용.

● **산업 혁명**(産 낳을 산, 業 업 업, 革 가죽 혁, 命 목숨 명)
과학 기술의 발전으로 새로운 기계가 만들어지고 상품이 대량 생산되는 등 변화가 일어나는 과정으로, 18세기 영국에서 시작됨.

● **말라리아**(malaria)
말라리아 병원충을 가진 학질모기에게 물려서 감염되는 법정 전염병. 갑자기 고열이 나며 설사와 구토·발작을 일으키고 비장이 부으면서 빈혈 증상을 보임.

● **디디티**(DDT)
유기 염소 화합물의 무색 결정성의 방역용·농업용 살충제.

1 이 글의 글쓰기 방법으로 알맞은 것을 보기 에서 골라 바르게 묶은 것은 무엇인가요?

(   )

보기

ㄱ. 말을 건네는 어투를 활용하여 친근감을 자아내고 있다.

ㄴ. 통계 자료를 제시하여 글쓴이의 주장을 강화하고 있다.

ㄷ. 구체적인 사례를 열거하여 글쓴이의 생각을 뒷받침하고 있다.

ㄹ. 전문가의 의견을 인용하여 글 내용의 신뢰성을 높이고 있다.

① ㄱ, ㄴ   ② ㄱ, ㄷ   ③ ㄴ, ㄷ

④ ㄴ, ㄹ   ⑤ ㄷ, ㄹ

2 이 글의 내용과 일치하지 <u>않는</u> 것은 무엇인가요? (   )

① 인류가 시작되었을 때 지구의 생태계는 원활한 흐름을 보여 주었다.

② 생태계에 문제가 생긴 것은 자연에 대한 사람들의 인식이 바뀌었기 때문이다.

③ 산업 혁명이 일어난 이후부터 사람들의 자연 파괴가 더욱 거세게 진행되었다.

④ 사람들이 마구 버린 물건이나 물질들로 인해 많은 동물이 피해를 입게 되었다.

⑤ 전염병을 고칠 수 있는 약제 덕분에 병에 대한 동물들의 면역력이 강화되었다.

3 이 글에 보기 의 자료를 추가한다고 할 때, 이끌어 낼 수 있는 내용으로 가장 알맞은 것은 무엇인가요? (   )

보기

생태계 파괴로 인해 식물이 살아갈 수 없는 환경이 된다면 그 결과는 어떻게 될까? 산소를 내뿜는 식물이 사라지면 인간은 숨을 쉬기가 어려워질 것이며, 많은 동물이 병들거나 사라지면 인간은 식량, 생활용품, 의약품 등에 필요한 생물 자원의 부족을 겪게 될 것이다. 인류의 생활에서 생물 자원 확보는 생존과 직접 연결되는 문제이다.

① 생태계의 보존은 인간의 삶을 유지하는 데 중요한 역할을 한다.

② 생태계 보존을 위해서는 인간의 기술적 노력이 선행되어야 한다.

③ 생태계를 복원하려는 노력이 다양한 분야에서 점차 확산되고 있다.

④ 생태계의 파괴가 식물뿐만 아니라 동물의 영역에까지 전개되고 있다.

⑤ 인간은 문제의 심각성을 느끼지 못한 채 생태계 파괴를 내버려 두고 있다.

4 ㉠에 들어갈 내용으로 가장 알맞은 것은 무엇인가요? (   )

① 인간이 동식물에 무관심해지면서 점차 자생 능력을 회복하고 있다.

② 인간을 해치는 질병이 확산됨에 따라 파괴될 가능성이 높아지고 있다.

③ 인간이 생태계를 위해 개발해 온 여러 기술로 인해 발전을 거듭하고 있다.

④ 인간을 위한 문명 이기의 무분별한 사용으로 인해 점차 파괴되어 가고 있다.

⑤ 인간이 생태계의 균형을 위해 노력해 온 만큼 앞으로 점차 개선될 전망이다.

+수능연결

'~에 들어갈 내용'이란 말은 대개 글에서 생략되거나 숨겨진 정보를 묻는 문제에서 나오는 말이에요. 이렇게 숨겨진 정보를 추리하는 문제에서는 반드시 그 문장이 아니라 글 전체의 흐름, 그리고 앞뒤 문맥을 통해 들어갈 내용을 추리해야 합니다.

이상의 내용을 통해 우리는 (㉠   ) 더불어 지배층의 모범을 강조하면서 현실적인 법을 통해 궁━━━선의 왕과 관리들의 노력 또한 확인할

~에 들어갈 내용

17. ㉠에 들어갈 내용으로 가장 적절한 것은?

① 조선이 근대성을 지닌 법으로 운영된 사회라는 것을 알 수 있다.

② 조선이 서양보다 체계적인 법이 존재

③ 조선이 근대적인 서양의 법을 받아들

④ 조선이 유교 사회의 특징이 반영된 법

⑤ 조선이 법을 통해 신분제 사회의 한계

수능에는 글의 처음보다는 마지막에 들어갈 내용이 무엇인지를 추리해야 하는 문제가 자주 출제돼요.

5 ⓐ와 ⓑ의 관계를 설명한 내용으로 알맞은 것에 ○표 하세요.

(1) ⓐ와 ⓑ는 서로 비슷한 기능을 한다.   (   )

(2) ⓐ를 없애기 위해서는 ⓑ가 필요하다.   (   )

(3) ⓐ가 없어지면 ⓑ가 더 늘어날 수 있다.   (   )

6 빈칸에 알맞은 말을 넣어 이 글의 핵심 내용을 한 문장으로 요약하세요.

한줄요약

인류가 시작되었을 때에는 생태계가 [   ]했으나, 인류가 자연을 [   ] 대상으로 보고 자연으로부터 자원을 빼앗고 해로운 화학 물질 등을 마구 버리면서, 생태계가 점차 [   ]을 잃고 파괴되고 있다.

지문 속 필수 어휘

다음 문장을 읽고, (   ) 안에 공통으로 들어갈 낱말을 완성하세요.

❶
- 고장 난 자동차가 정비사에 의해 (   )되었다.
- 미생물에 의해 빠른 속도로 (   )되는 물질의 개발이 시급하다.

분	ㅎ

❷
- 원작을 번역하는 (   )이 끝나면 곧 연습을 시작한다.
- 환자를 옮기는 (   )에서 병세가 악화되는 경우가 있다.

ㄱ	정

❸
- 그는 벌써 출발했으리라 (   )되었다.
- 형은 (   )대로 이미 도서관에서 공부하고 있었다.

짐	ㅈ

❹
- 전염병의 (   )을 알기 위해 노력하였다.
- 경기에서 패배한 (   )을 알아야 다음에 승리할 수 있다.

ㅇ	인

다음 문장을 읽고, 두 낱말 중 알맞은 것을 찾아 ○표 하세요.

❺ 찐빵을 [쪼개서 / 쪼게서] 친구와 나누어 먹었다.

❻ 며칠 계속 일했더니 피로가 [쌓여 / 싸여] 좀 쉬어야 한다.

❼ 인터넷 산업이 황금알을 [낫는 / 낳는] 사업으로 주목받고 있다.

❽ 아이들 사이에서 [벌어진 / 버려진] 일이 큰 다툼이 되는 경우가 많다.

쓰레기의 역습

어휘 수준 ★★★★★
글감 수준 ★★★★★
글의 길이 923자

8 분 안에 풀어보세요.

2018년 4월. 서울 곳곳에서 때아닌 쓰레기 대란이 벌어졌다. 재활용 쓰레기 수거 업체가 폐비닐 수거를 거부하면서 쓰레기가 제때 처리되지 못하고 쌓이게 된 것이다. 이런 쓰레기 대란의 원인으로 재활용 산업체의 경영난을 꼽을 수 있다. 분류된 폐비닐 안에 이물질과 오염된 쓰레기가 많이 섞여 있기 때문에 수거 후 분리 선별하는 작업을 거쳐 일부는 폐기해야 하는데, 그 과정에서 드는 비용과 폐기되는 쓰레기 양을 합하면 수지 타산이 맞지 않는다는 것이다.

그런데 쓰레기 대란의 가장 직접적인 원인으로 꼽히는 것은 중국의 재활용 쓰레기 수입 금지 결정이다. 2017년 7월 중국 정부는 쓰레기를 수입 중단한다는 계획을 발표하고 시행에 들어갔다. 이 계획에는 중국 내에서 조달할 수 있는 재활용 쓰레기 자원에 대한 수입을 2019년까지 단계적으로 폐지한다는 계획도 담겨 있다. 그 결과 우리가 만든 쓰레기를 고스란히 우리가 떠안게 되자 큰 혼란이 생긴 것이다.

이에 따른 실제적인 대책은 ㉠플라스틱 사용을 줄이는 것과 재활용을 강화하는 것이다. 폐비닐과 폐스티로폼을 잘 재활용하는 방법, 폐비닐과 폐스티로폼의 오염 물질을 깨끗하게 씻어 내는 방법 등이 논의될 수 있겠지만, 궁극적으로는 사용량을 줄여야 한다.

그러기 위해서 우리는 일상생활 속에서 '쓰레기 줄이기'를 실천해야 한다. 마트에 갈 때 장바구니(쇼핑백)를 챙기고, 음료를 구매할 때 일회용 컵 대신 머그잔이나 텀블러를 사용하며 플라스틱 식기류 사용을 자제하는 것 등을 예로 들 수 있다. 또한 일상에서 발생되는 쓰레기는 분리수거를 제대로 해야 한다. ㉡재활용 쓰레기가 자원으로 순환되지 못하는 가장 큰 이유는 재활용 쓰레기에 이물질이 혼합되어 배출되는 사례가 빈번하기 때문이다.

우리의 작은 실천이 시작된다면 쓰레기 대란이라는 문제 상황을 극복할 수 있는 긍정적인 나비 효과를 일으킬 수 있을 것이다.

● **대란**(大 클 대, 亂 어지러울 란)
크게 어지러움. 큰 난리.

● **수지 타산**(收 거둘 수, 支 지탱할 지, 打 칠 타, 算 셈 산)
수입과 지출을 바탕으로 이익이 되는지를 따져 헤아림.

● **나비 효과**(效 본받을 효, 果 실과 과)
어느 한 곳에서 일어난 작은 나비의 날갯짓이 뉴욕에 태풍을 일으킬 수 있다는 이론. 미국의 기상학자 로렌즈가 사용한 용어로, 초기 조건의 사소한 변화가 전체에 막대한 영향을 미칠 수 있음을 이르는 말임.

1 이 글을 통해 알 수 있는 사실이 <u>아닌</u> 것은 무엇인가요? (   )

① 중국은 재활용 쓰레기 수입 금지 결정을 내렸다.

② 쓰레기 대란을 해결하기 위해 일회용품 사용을 줄여야 한다.

③ 쓰레기 대란의 직접적인 원인은 재활용 산업체의 경영난이다.

④ 재활용 쓰레기가 자원으로 순환되기 위해서 분리수거를 해야 한다.

⑤ 쓰레기 대란의 해결 방안으로 머그잔이나 텀블러를 사용하는 것을 예로 들 수 있다.

2 ㉠의 이유를 보기 와 관련지어 설명한 것으로 알맞은 것은 무엇인가요? (   )

> **보기**
>
> 콧구멍에 플라스틱 빨대를 낀 채 피 흘리는 코스타리카의 바다거북. 태국과 말레이시아 접경 바다에서 구조된 둥근머리돌고래 뱃속의 80여 개 비닐봉지. 그리고 한국을 포함한 21개국 39개 브랜드 천일염 중 36개 제품에서 발견된 미세 플라스틱. 인간이 함부로 버린 쓰레기가 바다를 오염시키고 해양 생물을 해치고, 마침내 식탁에 올라 건강을 위협하고 있음을 보여 주는 장면들이다. '플라스틱의 역습'이 현실화되고 있는 것이다.
>
> • 역습: 상대편의 공격을 받고 있던 쪽에서 거꾸로 기회를 보아 급히 공격함.

① 플라스틱을 식용으로 하는 동물들이 있다.

② 플라스틱 사용은 경제 발전에 악영향을 미친다.

③ 코스타리카와 태국의 생물은 특별히 보호해야 한다.

④ 말레이시아인들은 플라스틱을 무분별하게 사용하고 있다.

⑤ 플라스틱 사용은 환경 오염으로 인한 생태계 파괴를 불러올 수 있다.

3 이 글을 읽고 보인 반응으로 알맞지 <u>않은</u> 것은 무엇인가요? (　　)

① 쓰레기 버리는 양을 줄여야 하지 않을까?

② 쓰레기 처리 방법을 획기적으로 개선해야 하지 않을까?

③ 분리수거를 제대로 하기 위한 캠페인을 강화해야 하지 않을까?

④ 중국의 재활용 쓰레기 수입 금지가 우리나라에 어떤 영향을 미쳤을까?

⑤ 쓰레기를 줄이기 위해 일상생활에서 실천할 수 있는 방법에는 또 어떤 것이 있을까?

4 ㉡에 해당하는 예로 알맞지 <u>않은</u> 것은 무엇인가요? (　　)

① 버려진 일회용 숟가락을 수거하여 식당에 반납한다.

② 폐유리병 잔골재를 아스팔트 도로 포장에 활용한다.

③ 폐스티로폼을 활용해 가정용 족욕기를 만들어 사용한다.

④ 폐현수막으로 공공용 자루를 제작해 큰길가를 청소할 때 활용한다.

⑤ 자동차 폐자원을 활용해 친환경적인 메시지를 전달하는 예술 작품을 만든다.

5 한줄요약 빈칸에 알맞은 말을 넣어 이 글의 핵심 내용을 한 문장으로 요약하세요.

쓰레기 대란을 해결할 실제적인 대책은 ☐☐☐ 사용을 줄이는 것과

☐☐☐을 강화하는 것이다.

지문 속 필수 어휘

다음 문장을 읽고, (　　) 안에 공통으로 들어갈 낱말을 완성하세요.

❶
- 우리 동네는 매주 화요일에 재활용 쓰레기를 (　　　)한다.
- 경찰은 그의 옷을 (　　　)해 정밀 조사를 의뢰하였다.

수 ㄱ

❷
- 다 마신 빈 병에 (　　　)을 넣으면 안 된다.
- 음식에서 (　　　)이 나오자 아버지는 깜짝 놀라셨다.

ㅇ ㅁ 질

❸
- 그들은 명령대로 작전을 (　　　)하였다.
- 정부는 도로 교통법 개정안을 이달부터 (　　　)할 예정이다.

ㅅ 행

❹
- 3·1 운동 이후 일본은 한국에 대한 탄압을 (　　　)하였다.
- 우승을 하려면 팀의 공격력을 (　　　)해야 한다.

강 ㅎ

다음 문장을 읽고, 두 낱말 중 알맞은 것을 찾아 ○표 하세요.

❺ A 회사는 오랫동안 심각한 [경영난 / 경영란]에 시달려 왔다.

❻ 국민 생활을 제약하는 낡은 법률을 [패지 / 폐지]해야 한다.

❼ 우리가 [궁국적 / 궁극적]으로 추구해야 할 가치는 행복이다.

❽ 우리는 즉흥적으로 말하는 것을 [자제 / 자재]해야 한다.

미세 먼지 ──────

어휘 수준 ★★★★★ 하 중 상
글감 수준 ★★★★★
글의 길이 1104자

먼지는 공기 중에 떠다니는 아주 작은 물질로, 그 크기에 따라 $50\mu m$(마이크로미터, 100만 분의 1미터) 이하인 총먼지와 미세 먼지로 구분되는데, 미세 먼지는 다시 $10\mu m$보다 작은 '미세 먼지', $2.5\mu m$ 이하인 '초미세 먼지'로 나뉜다. 이때 '미세 먼지'는 P_{10}이라고 하며, 초미세 먼지는 $P_{2.5}$라고 한다.

미세 먼지는 공기 중에 떠다니다가 사람이 호흡을 할 때 몸 안으로 들어와 이동하며 건강에 나쁜 영향을 미치는데, 미세 먼지(P_{10})보다 초미세 먼지($P_{2.5}$)가 더 유해한 것으로 알려져 있다. 입자가 상대적으로 큰 미세 먼지(P_{10})는 코안, 후두 등 기도의 위쪽에 머물지만 크기가 아주 작은 초미세 먼지($P_{2.5}$)는 기관지를 통해 폐 안의 세포까지 도달한 뒤 혈관을 따라 온몸으로 퍼지면서 호흡기 질환을 일으키거나 인체의 면역 기능을 떨어뜨리기도 한다. 그뿐만 아니라 미세 먼지의 농도와 조기 사망률이 서로 관련이 있는 것으로 조사되어 세계 보건 기구(WHO)에서는 2013년 미세 먼지를 1급 발암 물질로 지정하였다.

[A]
우리나라에서는 일일 평균치를 기준으로 미세 먼지 농도의 범위를 '좋음', '보통', '나쁨', '매우 나쁨'의 4단계로 나누어 하루 4차례(오전 5시, 오전 11시, 오후 5시, 오후 11시) 예보를 하고 있다. 그리고 상황에 따라 미세 먼지 주의보와 경보를 내리기도 하는데, 미세 먼지(P_{10})의 주의보는 시간 평균 농도가 $150\mu g/m^3$ 이상 2시간 지속이 되는 때를, 경보는 시간 평균 농도가 $300\mu g/m^3$ 이상 2시간 지속이 되는 때를 기준으로 한다. 그리고 초미세 먼지($P_{2.5}$)의 주의보는 시간 평균 농도가 $75\mu g/m^3$ 이상 2시간 지속이 되는 때를, 경보는 시간 평균 농도가 $150\mu g/m^3$ 이상 2시간 지속이 되는 때를 기준으로 삼는다.

미세 먼지 주의보나 경보가 내려지면, 오랜 시간 또는 무리한 실외 활동을 줄이거나 하지 ⓐ않는 것이 ⓑ좋다. 외출해야 할 경우에는 반드시 마스크를 착용하는데, 이때 일반 마스크가 아닌 ㉠황사나 미세 먼지용 마스크를 착용해야 한다. 그리고 마스크를 했다 하더라도 가급적 대기 오염이 심한 곳은 피하고 격한 활동은 줄이는 것이 ⓒ좋으며, 외출 후에는 손발을 깨끗이 씻어야 여러 질병을 예방할 수 있다.

● **입자**(粒 낟알 입, 子 아들 자)
물질을 구성하는 미세한 크기의 물체.

● **후두**(喉 목구멍 후, 頭 머리 두)
인두(咽頭)와 기관(氣管) 사이의 부분. 소리를 내고 이물질이 기도로 들어가는 것을 막음.

● **기도**(氣 기운 기, 道 길 도)
호흡할 때 공기가 지나가는 길.

● **조기**(무 이를 조, 期 기약할 기)
이른 시기.

● **발암**(發 필 발, 癌 암 암)
암이 생김. 또는 암이 생기게 함.

● **예보**(豫 미리 예, 報 알릴 보)
앞으로 일어날 일을 미리 알림. 또는 그런 보도.

● **착용**(着 붙을 착, 用 쓸 용)
의복, 모자, 신발, 액세서리 따위를 입거나, 쓰거나, 신거나 차거나 함.

1 이 글에 대한 설명으로 알맞지 <u>않은</u> 것은 무엇인가요? (   )

① 일정한 기준에 따라 미세 먼지의 종류를 나누고 있다.

② 구체적 수치를 통해 미세 먼지 농도의 범위를 제시하고 있다.

③ 전문 기관의 자료를 통해 미세 먼지의 해로움을 강조하고 있다.

④ 다양한 사례를 통해 미세 먼지가 인체에 미치는 영향을 설명하고 있다.

⑤ 나열의 방법을 통해 미세 먼지가 많은 날의 생활 수칙을 전달하고 있다.

2 이 글을 통해 알 수 있는 내용으로 알맞지 <u>않은</u> 것은 무엇인가요? (   )

① $2.5\mu m$보다 크기가 큰 입자는 미세 먼지(P_{10})에 포함된다.

② 공기 중에 떠다니는 물질 중 $50\mu m$보다 작은 것들이 먼지에 해당한다.

③ 미세 먼지(P_{10})보다 초미세 먼지($P_{2.5}$)가 혈관으로 침투되는 양이 더 많다.

④ 호흡기 환자는 미세 먼지의 농도가 짙은 날에는 실외 활동을 하지 않는 것이 좋다.

⑤ 주의보 발령의 기준이 되는 시간 평균 농도의 값은 미세 먼지(P_{10})보다 초미세 먼지($P_{2.5}$)가 크다.

3 [A]와 보기 의 표를 바탕으로 '3월 16일'의 상황에 대해 보인 반응으로 알맞지 <u>않은</u> 것에 ○표 하세요.

> **보기**
>
> 다음은 미세 먼지 예보에 기준이 되는 미세 먼지의 농도 범위 4단계이다.
>
> | | 좋음 | 보통 | 나쁨 | 매우 나쁨 |
> |---|---|---|---|---|
> | P_{10} | $0{\sim}30\mu g/m^3$ | $31{\sim}80\mu g/m^3$ | $81{\sim}150\mu g/m^3$ | $151\mu g/m^3$ 이상 |
> | $P_{2.5}$ | $0{\sim}15\mu g/m^3$ | $16{\sim}35\mu g/m^3$ | $36{\sim}75\mu g/m^3$ | $76\mu g/m^3$ 이상 |
>
> 3월 16일 오전 10시에 측정한 서울의 미세 먼지(P_{10}) 농도는 $25\mu g/m^3$, 초미세 먼지($P_{2.5}$) 농도는 $35\mu g/m^3$이었는데, 오후 5시~8시 사이의 미세 먼지(P_{10}) 농도는 시간 평균 $100\mu g/m^3$으로, 초미세 먼지($P_{2.5}$) 농도는 시간 평균 $120\mu g/m^3$으로 지속되었다.

(1) 오전 11시의 예보에서는 미세 먼지는 '좋음', 초미세 먼지가 '보통'이 되겠군. (   )

(2) 오후 8시에 미세 먼지는 '나쁨', 초미세 먼지는 주의보가 내려져 있겠군. (   )

(3) 오후 11시에 초미세 먼지 농도가 미세 먼지 농도와 같은 시간 평균 $100\mu g/m^3$로 내려가 있다면 초미세 먼지 주의보는 해제되겠군. (   )

4 다음은 ⊙과 관련하여 추가로 찾은 자료입니다. 이에 대한 이해로 알맞은 것에 ○표 하세요.

식품 의약품 안전처에서는 보건용 마스크에 'KF80', 'KF94', 'KF99'와 같이 'KF' 등급을 주는데, 황사나 미세 먼지용 마스크가 이에 해당한다. 이들 인증 표시가 있는 마스크이어야 미세 먼지를 차단할 수 있는데, 'KF80'은 평균 0.6㎛ 크기의 입자를 80% 이상, 'KF94', 'KF99'는 평균 0.4㎛ 크기의 입자를 94%, 99% 이상 각각 걸러 낼 수 있다는 의미이다. 이처럼 'KF' 문자 뒤에 붙은 숫자가 클수록 미세 먼지 차단 효과가 더 크지만 숨 쉬기가 어렵다는 단점이 있어 어린이와 노약자는 주의가 필요하다.

(1) 미세 먼지 농도가 낮은 날에는 일반 마스크로도 미세 먼지를 차단할 수 있다.
(　　)

(2) 'KF80' 마스크는 미세 먼지(P_{10})만 차단하는 반면, 'KF94', 'KF99' 마스크는 초미세 먼지($P_{2.5}$)도 차단한다.
(　　)

(3) 미세 먼지가 심한 날이더라도 어린이는 'KF99'보다 'KF80' 표시가 있는 마스크를 사용하는 것이 더 나을 수 있다.
(　　)

5 빈칸에 알맞은 말을 넣어 이 글의 핵심 내용을 한 문장으로 요약하세요.

한줄
요약

미세 먼지는 크기에 따라 　　　　 먼지와 　　　　　 먼지로 나눌 수 있으며, 우리나라에서는 미세 먼지 농도를 고려하여 4단계 예보를 하고, 상황에 따라 주의보, 　　　를 내린다.

지문 속 필수 어휘

낱말의 뜻을 참고하여, 다음 문장의 빈칸에 들어갈 알맞은 낱말을 완성하세요.

❶ 현미경의 발명으로 눈으로 보기 어려운 [미][ㅅ] 물질도 볼 수 있다.

분간하기 어려울 정도로 아주 작음.

❷ 담배에는 [유][ㅎ] 물질이 들어 있어 건강을 해친다.

해로움이 있음.

❸ 당분간 따뜻한 날씨가 [ㅈ][속]될 것으로 보인다.

어떤 상태가 오래 계속됨. 또는 어떤 상태를 오래 계속함.

다음 문장을 읽고, (   ) 안에 공통으로 들어갈 낱말을 완성하세요.

❹
- 드디어 탐험대가 목표로 하던 북극점에 (   )하였다.
- 나는 신체적으로 더 이상 뛸 수 없는 한계점에 (   )하였다.

[ㄷ][달]

❺
- 정부에서는 추석 전날 공휴일로 (   )하였다.
- 이곳은 문화재로 (   )된 곳이라 공장이 들어설 수 없다.

[지][ㅈ]

❻
- 기상청이 내일 비가 내릴 것으로 (   )하였다.
- (   )되지 않은 폭풍우로 인해 어선들이 큰 피해를 입었다.

[예][ㅂ]

❼
- 어머니는 항상 안전띠 (   )을 강조하신다.
- 전 장병은 훈련에 앞서 전투복을 (   )하시기 바랍니다.

[ㅊ][용]

지구가 점점 뜨거워지고 있다 ———

어휘 수준 ★★★★★
글감 수준 ★★★★★
글의 길이 1,065자

본격 독해 훈련

⏱ **8** 분 안에 풀어보세요.

　인간이 지구의 평균 기온을 과학적으로 관측할 수 있게 된 19세기부터, 지구의 평균 기온은 점점 상승하고 있다. 지구의 평균 기온은 1906년부터 2005년까지 100년간 0.74℃ 상승하였다. 그리고 20세기 후반의 기온 상승 속도는 점점 빨라지고 있다.

　지구 표면의 대기나 해양의 평균 기온이 이렇게 장기적으로 상승하는 현상을 지구 온난화라고 한다. ㉠지구 온난화는 기온과 물의 온도를 변화시켜 해수면의 상승, 강수량의 변화를 일으키고 있다. 홍수와 가뭄, 태풍 등의 심각한 기상 이변이 일어날 수 있고, 생태계의 변화를 가져와 생물종이 대규모 멸종을 일으킬 가능성도 지적되고 있다. 이처럼 지구 온난화는 지구 전체의 기후와 생태계에 큰 영향을 미칠 것으로 예측된다. 지구 온난화에 따른 자연환경의 변화는 인간 사회에도 큰 영향을 미친다. 담수 자원의 고갈, 농업과 어업 등에 대한 영향으로 식량 문제가 심각해지는 등 여러 문제가 생길 수 있기 때문이다.

　이러한 지구 전체의 문제와 밀접한 관련을 가지고 있는 현상 중 하나로 최근 대두되는 문제로 '열섬 현상'이 있다. 도시의 기온이 주변의 교외 지역에 비해 섬처럼 고온을 나타낸다고 하여 ㉡열섬 현상이라 부른다. 열섬 현상으로 형성된 고온은 자연 환경에 영향을 주게 되고, 이는 주민 생활과 건강에도 영향을 미친다. 열섬 현상이 나타나면 우선 도심의 평균 기온이 상승하여 겨울철 갑자기 기온이 내려가는 한파의 위험이 감소하지만, 여름철 기온 상승으로 인한 위험은 증가한다. 그리고 대기 오염은 물론 스모그를 발생시키고, 대기 순환의 변화, 집중 호우 등의 변화를 가져와 기후 변화가 다양해진다. 또한 여름철 고온이 사람과 동물에게 미치는 영향은 열사병의 위험, 열대야로 인한 수면 장애 등이 있다. 이러한 현상은 여러 사회적 문제를 발생시키고 있으며, 건강상의 피해로 인한 경제적 손실은 물론 전력 수요 증가로 인한 에너지 부담 증가 등 사회적 비용이 증가하는 문제도 낳고 있다.

　지구 온난화와 열섬 현상은 한 국가의 문제에 국한되는 것이 아니라 전 지구적 문제이다. 따라서 지구상의 모든 나라가 협력하여 가장 합리적이고 효율적인 대책을 강구해야 한다.

● **담수**(湛 담을 담, 水 물 수)
저수지나 댐 따위에 물을 채움.

● **열사병**(熱 열 열, 射 쏠 사,
病 병 병)
고온 다습한 곳에서 몸의 열을
발산하지 못하여 생기는 병.

● **열대야**(熱 더울 열, 帶 띠 대,
夜 밤 야)
방 밖의 온도가 25℃ 이상인
무더운 밤.

1 이 글을 쓴 사람의 **집필 의도**로 가장 알맞은 것은 무엇인가요? (   )

① 열섬 현상이 발생하는 과정을 소개하기 위해서이다.

② 지구 온난화와 열섬 현상의 차이점을 설명하기 위해서이다.

③ 지구 온난화를 방지할 수 있는 방법을 알려 주기 위해서이다.

④ 지구 온난화와 열섬 현상의 과학적 원리를 설명하기 위함이다.

⑤ 지구 온난화와 열섬 현상의 특징을 설명하고 대책을 촉구하기 위해서이다.

＋수능연결

집필 의도는 글쓴이가 글을 통해 궁극적으로 이루고자 하는 목적을 말해요. 모든 글에는 글쓴이의 집필 의도가 담겨 있습니다. 집필 의도는 글에서 중심 문장이 들어 있는 문단을 찾으면 해결할 수 있습니다.

> 았다. 또한 점, 선, 면, 색과 같은 순수한 조형 요소로만 표현된 추상 회화의 등장은 알레고리
> 적 표현을 위한 ┌─── **집필 의도** ───┐ 게 했기 때문이다.

16. 윗글의 집필 의도로 가장 적절한 것은?

　　① 미술에 사용된 알레고리의 특징을 설명하기 위해서

　　② 미술에 사용된 알레고리의 기원을 알

　　③ 알레고리가 나타난 미술 작품을 설명

　　④ 알레고리의 현대적 적용을 소개하기

　　⑤ 알레고리와 상징을 비교하기 위해서

> 수능에는 글쓴이가 글을 통해 말하고자 하는 목적, 즉 집필 의도를 묻는 문제가 자주 출제돼요.

2 이 글의 내용과 일치하지 <u>않는</u> 것은 무엇인가요? (   )

① 20세기 후반의 기온 상승 속도는 점점 빨라지고 있다.

② 열섬 현상은 지구 전체의 문제와 밀접한 관련을 가지고 있다.

③ 지구 온난화는 생태계에 큰 영향을 미칠 것으로 예측되고 있다.

④ 지구의 평균 기온은 지구 전체의 기후 변화를 나타내는 지표이다.

⑤ 교외 지역보다 도시가 상대적으로 고온인 현상을 지구 온난화라고 한다.

3 이 글의 내용 전개 방식으로 알맞은 것은 무엇인가요? (   )

① 두 대상이 지니고 있는 공통점을 나열하면서 설명하고 있다.

② 유사한 성격의 두 대상이 미치는 영향에 대해 설명하고 있다.

③ 전문가의 말을 인용하여 두 대상이 지닌 단점을 강조하고 있다.

④ 시간의 흐름에 따라 두 대상이 변화되는 모습을 묘사하고 있다.

⑤ 대조되는 두 대상의 차이점을 예시를 들어 구체적으로 설명하고 있다.

4 열섬 현상의 영향으로 알맞지 <u>않은</u> 것은 무엇인가요? (　　　)

① 여름철 온도 상승
② 도심의 평균 기온 상승
③ 열대야로 인한 수면 장애
④ 겨울철 한파의 위험성 증가
⑤ 대기 오염과 스모그의 증가

5 보기 를 활용하여 이 글을 보충할 때, 알맞은 방법을 말한 사람을 쓰세요.

> 보기
>
> 　아스팔트 및 건축물의 콘크리트는 빛의 반사를 줄이고 열을 가두어 태양 에너지의 열 흡수율을 증가시킨다. 이렇게 데워진 구조물은 에어컨 등 냉방 기기 이용을 늘게 하여 도심의 온도를 높인다. 이 외에도 공장의 가동, 가정용 에어컨과 가전 기기 및 자동차 등의 열도 도심의 온도를 높인다. 한편 도심과 하천 주변에 건설된 고층 건물들은 산과 하천의 바람의 흐름을 막아 데워진 공기가 도심에 머물도록 하고, 시원한 바람의 흐름을 막아 도심의 열을 식히지 못하게 한다. 이렇게 되면 외곽에 비해 도심의 기온은 더 높아지게 된다.

> • 나라: 지구 온난화로 인해 에너지가 낭비되는 자료로 활용할 수 있습니다.
> • 윤주: 열섬 현상의 원인을 설명하는 자료로 활용할 수 있습니다.

(　　　　　　　)

6 빈칸에 알맞은 말을 넣어 이 글의 핵심 내용을 한 문장으로 요약하세요.

한줄
요약

　지구 표면의 대기나 해양의 평균 온도가 장기적으로 상승하는 지구 [　][　][　] 와 도시의 기온이 주변의 교외 지역에 비해 높게 나타나는 [　][　] 현상은 전 지구적 차원에서 대책을 마련해야 한다.

지문 속 필수 어휘

다음 문장을 읽고, (　　) 안에 공통으로 들어갈 낱말을 완성하세요.

❶
- 이 종이는 (　　　)이 매우 매끄럽다.
- 그는 항상 (　　　)에 드러나는 일만 한다.

표	ㅁ

❷
- 그들은 공룡 (　　　)의 원인을 운석 충돌 때문이라고 보고 있다.
- 인간은 자신들의 편의를 위해서 알게 모르게 많은 생물을 (　　　)시키고 있다.

ㅁ	종

❸
- 며칠째 (　　　)가 계속되어 잠을 통 이루지 못하였다.
- 밤에도 후텁지근한 (　　　)가 계속되자 우리는 할 수 없이 에어컨을 구입하였다.

열	ㄷ	ㅇ

❹
- 이번 대회에서 뜻밖의 (　　　)이 일어났습니다.
- 특별한 (　　　)이 없는 한 우리 학교가 우수상을 받을 것입니다.

ㅇ	ㅂ

다음 문장을 읽고, 두 낱말 중 알맞은 것을 찾아 ○표 하세요.

❺ 엉뚱한 그의 행동은 [예측 / 예정] 할 수 없다.

❻ 늘어나는 성인병에 대한 대책을 [간구 / 강구] 해야 한다.

❼ 우리는 뜻하지 않은 문제의 [대표 / 대두] 로 난관에 봉착하였다.

❽ 오염 문제는 이제는 도시에만 [제외 / 국한] 된 것이 아니다.

수능까지 연결되는 제대로 된 독해 학습

생각 읽기가 독해다!

디딤돌 독해력 바탕

생각 읽기가 독해다!

생각독해 I

디딤돌

중학 국어 | 시작편(Ⅰ) | 기본편(Ⅱ, Ⅲ) | 심화편(Ⅳ, Ⅴ)

상위권의 기준

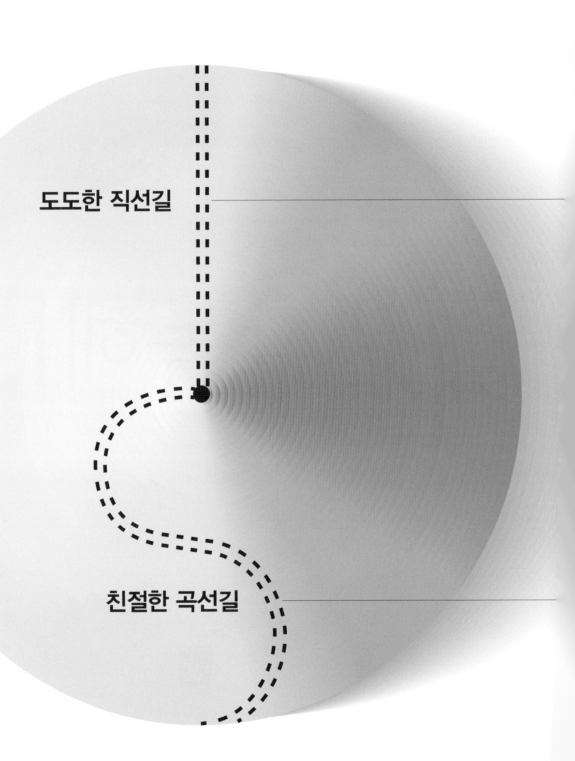

도도한 직선길

친절한 곡선길

수능까지 연결되는
초등

디딤돌
독해력

정답과 해설

사람들은 왜 동조 행동을 할까

| 1 ⑤ | 2 ③ | 3 ③ |
| 4 ④ | 5 ④ | 6 의견, 강요 |

● 독해력을 기르는 어휘
❶ 표현　　　❷ 방향　　　❸ 차이
❹ 욕구　　　❺ 드러내　　❻ 쫓겨나는
❼ 억누르고

동조 행동의 개념을 소개하고 그 이유를 세 가지로 정리하여 설명한 글입니다. 동조 행동은 다른 사람들의 행동이나 의견을 따라 하는 것으로, 다른 사람들이 하는 대로 따라 하면 적어도 손해는 보지 않을 것이라는 생각, 자신이 속한 집단이 같은 행동을 하도록 하는 강요, 다른 사람들의 인정과 사랑을 받으려는 욕구 때문에 발생한다는 점을 설명하고 있습니다.

● 글의 특징
– 화제와 관련된 동화를 제시하여 흥미를 유도하고 있습니다.
– 동조 행동의 개념을 밝히고 그 이유를 세 가지로 나누어 설명하고 있습니다.
– 동조 행동의 문제점과 그 해결 방향을 제시하고 있습니다.

● 글의 구조

1문단	동조 행동이 나타난 〈벌거벗은 임금님〉 이야기를 소개함.	→	동조 행동 소개
2문단	동조 행동은 다른 사람들의 행동이나 의견을 따라 하는 것임.	→	동조 행동의 개념
3문단	다른 사람들을 따라 하면 적어도 손해는 보지 않을 것이라고 여김.	→	동조 행동의 이유 1
4문단	자신이 속한 집단이 같은 행동을 하도록 강요함.	→	동조 행동의 이유 2
5문단	다른 사람들의 인정과 사랑을 받으려는 욕구가 있음.	→	동조 행동의 이유 3
6문단	동조 행동에 대한 거부가 필요함.	→	동조 행동에 대한 대응

주제 동조 행동의 개념과 동조 행동이 일어나는 이유

어휘 수준 ★★★☆☆　　글감 수준 ★★★★☆　　글의 길이 1,020자

1 ㉮는 안데르센이 지은 동화 〈벌거벗은 임금님〉 이야기를 소개하며 '동조 행동'이라는 중심 화제를 제시하고 있습니다. 이는 글을 시작할 때 사람들이 잘 아는 익숙한 이야기를 통해 글을 읽는 사람의 흥미와 관심을 끌어들이는 방법입니다.

2 〈보기〉에서 '나'가 아이들의 행동을 이상하게 생각하는 것은 아이들의 동조 행동에 문제가 있다고 생각하기 때문입니다. 따라서 '나'는 집단에서 다양한 생각을 인정하려는 태도를 가지고 있으므로 ③은 적절한 설명이 아닙니다.
오답 피하기 ④ '나'가 엄석대에게 물을 가져다주라는 요구를 거부한 것은 동조 행동을 거부한 것으로, 똑같은 생각이나 행동을 거부한 것이라 할 수 있습니다.

3 4문단에서 동조 행동이 일어나는 이유는 "자신의 생각과 차이가 있다 하더라도 그 집단에서 쫓겨나지 않으려고 다른 사람들을 따라" 하기 때문이라고 했습니다. 따라서 동조 행동은 확신이 있는 일에 대해서도 다른 사람의 행동을 따라 하는 것을 의미합니다.
오답 피하기 ⑤ 3문단에서 "자신의 생각과 차이가 있다 하더라도 그 집단에서 쫓겨나지 않으려고 다른 사람들을 따라 한다"라고 하였습니다.

4 벌거벗은 임금님에 대해 다른 사람들은 모두 동조 행동을 했지만 아이는 임금님이 벌거벗었다며 자신의 생각을 용기 있게 말했습니다. 이 점은 ④처럼 '벌거벗은 임금님'에 대해 다른 사람들과는 달리 자신만의 솔직한 생각을 표현한 것이라 할 수 있습니다.

5 ⓐ에서 '보다'는 '어떤 일을 당하거나 겪거나 얻어 가지다.'의 의미로 사용되었습니다.

1 ③   **2** ④   **3** 지영

4 성호, 지유   **5** ⑤   **6** 긴장감, 긍정적

● 독해력을 기르는 어휘

❶ 긴장   **❷** 반응   **❸** 집중력

❹ 좌절감   **❺** 효과   **❻** 슬럼프

시험을 앞둔 학생들이 느끼는 긴장감에 대해 쓴 글입니다. 적당한 긴장감은 공부의 효과를 높여 주지만, 긴장감이 지나치면 불안감과 좌절감마저 느낄 수 있다고 설명하면서 과도한 긴장감에서 벗어나 편안하고 긍정적인 마음을 가질 때 시험에서도 좋을 결과를 얻을 수 있다고 말하고 있습니다.

● **글의 특징**

– 적당한 긴장감과 과도한 긴장감을 가졌을 때의 효과를 비교하고 있습니다.

– 불안감이 심해질 경우 발생할 수 있는 여러 가지 상황을 나타내었습니다.

– 편안하고 긍정적인 마음을 가져야 함을 강조하고 있습니다.

● **글의 구조**

1문단	적당한 긴장감은 공부의 효과를 높여 주지만 과도한 긴장감은 오히려 공부에 방해가 됨.

↓

2문단	긴장감이 높아지면 불안감도 심해져 자신의 기대에 못 미칠 경우 좌절감마저 느낄 수 있음.

↓

3문단	슬럼프에 빠진 운동선수가 잘해야 한다는 강박 관념 때문에 오히려 더 심각한 상황에 빠질 수 있음.

↓

4문단	편안하고 긍정적인 마음을 가질 때 시험에서 좋은 결과를 얻을 수 있음.

⬇

 주제 적당한 긴장감을 갖는 것의 중요성

어휘 수준 ★★★★★   글감 수준 ★★★★★   글의 길이 899자

1 2문단에서 시험에 대해 느끼는 불안감이 심해질 때 좌절감마저 느낄 수 있다고 말하고 있습니다. 그리고 이어지는 3문단에서 운동선수들이 슬럼프에 빠지는 경우를 예로 들어 그 내용을 뒷받침하고 있습니다.

2 2문단에서 시험을 앞둔 학생이 긴장감의 정도가 심해지면 불안감도 심해지고 시험 결과가 기대에 미치지 못할 때는 좌절할 수도 있다고 하였습니다.

3 1문단에서 적당한 긴장감은 집중력을 향상시킬 수 있다고 하였으므로, 집중력 있게 시험 공부를 한 지영이가 적당한 긴장감 상태에 있음을 알 수 있습니다.

오답 피하기 유선이가 한 말로 보아 유선이는 긴장감의 정도가 심해져서 불안해 보이는 모습임을 알 수 있습니다.

4 성호와 지유는 이 글을 있는 그대로 받아들이지 않고 이 글에서 잘 이해가 되지 않는 부분을 비판하며 자신의 생각을 말하고 있습니다.

오답 피하기 장호는 글쓴이의 의견을 수용하는 자세로 글을 읽었습니다.

5 이 글의 마지막 문단에서 편안하고 긍정적인 마음을 가질 때 시험에서 좋은 결과를 얻을 수 있다고 하였으므로, 이 글 뒤에 올 수 있는 내용으로는 이러한 마음을 가질 수 있는 구체적인 방법을 예로 드는 것이 가장 적절합니다.

1 ④	2 ④	3 승철
4 (3) ○	5 ⑤	6 달, 음력

● 독해력을 기르는 어휘
❶ 불합리 ❷ 선입견 ❸ 출생
❹ 절기

음력과 양력의 과학적 비교를 통해 음력을 강조하고 음력에 따른 24절기를 활용하자고 주장하는 글입니다. 글쓴이는 음력이 미신적이라는 생각을 근거를 들어 반박하며 음력의 과학적인 측면을 강조하고 있습니다.

● **글의 특징**

– 음력과 양력의 차이점을 대조의 방법으로 설명하고 있습니다.

– 음력의 과학적인 측면과 양력의 비과학적인 측면을 비교하여 음력의 과학성을 강조했습니다.

– 양력의 한 달이 28일에서 31일까지로 들쭉날쭉해진 과정이 드러나 있습니다.

● **글의 구조**

1문단	양력은 과학적이고 음력은 미신적이라고 생각함.	→	문제 상황
2문단	음력은 달과 해의 움직임을 최대한 반영하려고 노력한 과학적 역법임.	→	주장과 근거
3문단	양력은 아무 의미도 없는 1월 1일에 새해가 시작되는 등 비과학적임.	→	근거
4문단	음력을 강조하고 음력에 따른 24절기를 활용할 필요가 있음.	→	요약 및 주장 강조

주제 음력의 과학성과 음력을 강조할 필요성

어휘 수준 ★★☆☆☆   글감 수준 ★★★☆☆   글의 길이 805자

1 글쓴이는 양력은 과학적이고 음력은 비과학적이며 미신적이라고 생각하는 것은 선입견에 불과하다면서 음력이 과학적인 역법이라고 주장하고 있습니다.

오답피하기 ③ 글쓴이는 '과학의 여러 학문적 개념들을 서양에서 들여오는 것'을 문제점으로 본 것이 아니라, 이런 이유로 '서양 사람들이 사용하는 것은 과학적이고 우리가 사용해 온 것은 미신적이라고 생각하는 것'을 문제점으로 보았습니다.

2 글쓴이는 음력이 달의 운동을 기준으로 날짜를 계산하고 계절의 변화를 24절기로 나타내어 달과 해의 움직임을 최대한 반영하려고 노력했다는 점에서 과학적인 역법이라고 주장했습니다.

오답피하기 ① 24절기는 날씨의 변화가 아니라 계절의 변화를 나타낸 것입니다.

3 이 글은 음력에 따른 24절기를 활용하자고 주장하는 글로, '문제 상황 – 주장 – 근거 – 주장(강조)'의 짜임으로 되어 있습니다. 이러한 전개 방식을 가장 잘 설명한 사람은 승철입니다.

4 글쓴이는 서양 사람들이 사용하는 것은 과학적이고 우리가 사용해 온 것은 미신적이거나 불합리하다고 생각하는 것은 잘못되었다고 주장하고 있습니다. 이와 같은 관점에서 〈보기〉에 대해 영어 공용화가 진보하는 길은 아니라고 비판적인 태도를 취하고 있는 것은 (3)입니다.

5 달력을 통해서는 '양력에서 1월 1일이 새해가 시작되는 날인 까닭'과 관련된 정보를 얻을 수 없습니다.

1 ①   **2** ③   **3** ③

4 ⑤   **5** ㄹ   **6** 동물, 예

● 독해력을 기르는 어휘

❶ 발휘   **❷** 파격적   **❸** 반란

❹ 비로소   **❺** 역할   **❻** 수양

❼ 제한

중국의 철학자 순자의 사상에 대하여 쓴 글입니다. 순자는 인간의 본성이 악하다는 성악설을 주장하였는데, 이는 인간이 선해지기 위하여 끊임없이 노력해야 한다는 점을 강조하고 싶었던 것입니다. 그리고 인간은 악하기 때문에 스스로 자신을 닦을 수 없으므로 예에 의한 외적인 통제와 가르침이 필요하고, 이를 통해 악한 본성의 인간도 선한 사람이 될 수 있다고 생각하였습니다.

● **글의 특징**

– 순자와 다른 공자의 사상을 제시함으로써 순자의 사상을 강조하고 있습니다.

– 순자가 주장한 외적인 통제와 가르침의 방법과 그 효과를 밝히고 있습니다.

● **글의 구조**

1문단	공자의 사상과 대조되는 순자의 사상	→ 순자의 성악설
2문단	순자는 선해지기 위한 노력을 강조함.	→ 순자가 강조하는 바
3문단	순자는 안으로 자기 자신을 닦는 것보다 예에 의한 외적인 통제와 가르침이 필요하다고 주장함.	→ 예에 의한 통치를 강조한 순자
4문단	세상이 혼란한 이유와 이를 해결할 방법을 제시함.	→ 사회 혼란의 원인과 그 해결책

⬇

주제 순자의 성악설과 통치 원리

어휘 수준 ★★★★★   글감 수준 ★★★★★   글의 길이 1,113자

1 중국의 철학자인 순자의 사상을 중심으로 그가 주장한 성악설과 통치 원리에 대해 설명하고 있습니다.

오답 피하기 ② 순자보다 앞선 시대에 활동한 공자의 견해가 언급되어 있지만 동시대에 활동한 사상가들의 주장을 나열하고 있는 것은 아닙니다.

2 2문단에서 순자는 "인간은 끊임없는 수양과 노력을 통하여 옛 성현이 만든 예의와 도리에 따라 자신의 본성을 선하게 변화시켜야 한다"라는 생각을 하였음을 알 수 있습니다.

오답 피하기 ① 3문단의 "일차적으로 중요한 것은 자신을 닦는 것보다 다른 사람을 다스리는 것이다."에서 알 수 있습니다.

②, ④ 순자는 인간의 본성은 악하다고 주장하였으므로 적절하지 않습니다.

⑤ 순자가 예에 의한 통치를 강조한 것은 맞지만, 사람들 간의 다툼에서 승자를 가리기 위한 것은 아닙니다.

3 1문단과 4문단을 보면, 순자는 사회가 혼란한 것은 제한된 물자를 두고 자신의 욕망을 채우기 위해 서로 싸우게 되기 때문이라고 보았습니다. 이는 인간의 본성이 동물과 다를 바가 없기 때문입니다.

4 순자는 인간의 본성이 악하기 때문에 안으로 자기 자신을 닦는 것보다는 예를 통해 통제해야 한다고 주장하였습니다. 반면에 맹자는 인간의 본성을 선하다고 보았고, 이 선한 본성이 잘 드러나도록 덕으로 이끌고 가르칠 것을 주장하였습니다.

오답 피하기 ③ 순자는 인간의 본성을 악하게, 맹자는 인간의 본성을 선하게 생각하였다는 점에 주목하면 적절한 진술임을 알 수 있습니다.

5 4문단의 "사회가 혼란에 빠지는 이유는 결국 사람들의 욕망은 무한한 데 비하여 이를 채워 줄 물자는 제한되어 있기 때문이다."에서 알 수 있습니다.

오답 피하기 ㄱ. 다툼은 사람들의 욕망으로 인해 생기는 결과입니다.

ㅁ. 사회가 혼란에서 벗어나는 방법으로 제시한 것이 예에 의한 외적인 통제입니다.

1 ⑤	2 ③	3 ㉠
4 (1) ◯	5 ⑤	6 방향, 대피

● 독해력을 기르는 어휘

❶ 요인 ❷ 밀집 ❸ 비상시

건축에서 문의 방향을 결정짓는 세 가지 요인에 대해 설명한 글입니다. 첫 번째 문단에서 화제를 제시한 후, '공간 활용의 측면', '비상시 대피의 측면', '행동 과학의 측면'으로 나누어 문의 방향이 지닌 특징과 그 방향으로 문을 여는 까닭을 설명하고 있습니다.

● **글의 특징**

– 문의 방향을 결정짓는 요인을 세 가지로 구분하였습니다.

– 주택 현관문, 아파트 현관문, 극장 문 등 구체적인 사례를 들어 문의 방향이 지닌 특징을 설명하고 있습니다.

● **글의 구조**

가	건축에서 문의 방향을 결정짓는 요인은 세 가지 정도로 꼽을 수 있음.	→	문의 방향을 결정짓는 요인
나	공간 활용의 측면에서 공간을 넓게 쓰도록 문의 방향을 정함.	→	공간 활용의 측면
다, 라	비상시 대피의 측면에서 피난 방향으로 문이 열리도록 함.	→	비상시 대피의 측면
마	행동 과학의 측면에서 사람을 배려하여 문의 방향을 정함.	→	행동 과학의 측면

⬇

주제 건축에서 문의 방향을 결정짓는 요인

---

1 **나**에서 "만약 현관문이 안쪽으로 열린다면 문을 열 때마다 현관의 신발들이 이리저리 쓸려 다닐 것이다."라고 한 것으로 보아, 아파트를 제외한 일반 주택에서 현관문은 바깥쪽으로 열리도록 되어 있음을 알 수 있습니다.

오답피하기 ④ **다**에서 아파트는 여러 세대가 밀집해서 사는 공동 주택이기 때문에 "문의 여닫는 방향은 사람들의 대피가 수월하도록 반드시 피난 방향으로 열리게 법으로 규정하고 있다"라고 하였습니다.

2 **다**에서 아파트 현관문의 여닫는 방향을 결정하는 요인은 비상시 대피의 측면이 강하다고 하였고, **라**에서 이와 비슷한 예로 극장이나 공연장같이 사람들이 많이 모이는 장소를 예로 들고 있습니다. 따라서 **다**와 **라**가 내용상 하나로 묶을 수 있는 문단입니다.

3 **나**의 중심 내용은 일반 주택에서 현관문의 여닫는 방향을 결정하는 요인은 공간 활용의 측면이 강하다는 것이므로, 첫 번째 문장이 중심 문장입니다.

오답피하기 ㉡, ㉢, ㉣은 중심 문장의 내용을 자세히 설명해 주는 뒷받침 문장입니다.

4 〈보기〉는 어르신을 배려하여 공공실버주택을 건축한 사례를 보여 주고 있습니다. 이는 방 밖에 있을지도 모르는 사람을 배려하기 위해 방문을 안쪽으로 열리도록 한 것과 비슷하므로 행동 과학의 측면을 고려하여 주택을 건축했음을 알 수 있습니다.

5 '많다'의 반대말은 '적다'입니다. '적다'는 '수효나 분량, 정도가 일정한 기준에 미치지 못하다.'의 뜻입니다. '작다'는 '길이, 넓이, 부피 따위가 비교 대상이나 보통보다 덜하다.'의 뜻으로, '크다'와 반대되는 낱말입니다.

어휘 수준 ★★★★★ 글감 수준 ★★★★★ 글의 길이 817자

1 예슬	2 ⑤	3 ①, ⑤
4 ㄷ	5 ②	6 공해, 시력, 공해

● 독해력을 기르는 어휘

❶ 방해   ❷ 작용   ❸ 잠복기

밤을 밝히는 환한 인공 불빛 때문에 생기는 빛 공해에 대해 설명한 글입니다. 인공 불빛이 반딧불이, 식물, 사람에게 끼치는 피해 사례를 제시하며 빛 공해의 심각성을 드러내고 있습니다.

● **글의 특징**

– '도시의 밤은 너무 눈부시다'라는 글의 제목에서 인공 불빛의 문제점에 대해 쓴 글이라는 것을 짐작할 수 있습니다.

– 묻고 답하거나 구체적인 수치를 제시하거나 조사 결과를 근거로 제시하여 빛 공해의 피해를 효과적으로 설명하였습니다.

● **글의 구조**

가	인공 불빛이 짝짓기를 방해해서 반딧불이를 만나기가 점점 힘들어짐.	→	인공 불빛이 반딧불이에 끼치는 영향
나	식물도 빛 공해의 피해를 입고 있음.	→	빛 공해의 피해를 입는 식물
다	벼, 들깨, 시금치 같은 식물의 생장에는 알맞은 빛과 어둠이 중요함.	→	식물의 생장에 필요한 빛과 어둠
라	사람도 빛 공해의 피해를 입고 있음.	→	빛 공해의 피해를 입는 사람

주제 빛 공해의 심각성

1 '인용'은 남의 글이나 말을 자신의 말이나 글에 끌어 쓰는 것을 말합니다. **가**에는 전문가의 견해를 인용한 부분이 나오지 않으므로 예슬이가 한 말은 알맞지 않은 설명입니다.

2 **라**에서 사람도 빛 공해의 피해를 입고 있다고 말하며, "도시에 사는 아이들은 시골에 사는 아이들보다 안과를 자주 찾는다."라고 하였습니다.

오답 피하기 ① **가**에서 "공기가 탁해지고 물이 오염되어 반딧불이의 서식지가 줄어들고 있는데"라고 하였습니다. 이를 통해 환경오염이 반딧불이의 서식지를 줄어들게 한 것은 맞지만, 환경오염이 빛 공해에 직접적인 원인이 되는지는 알 수 없습니다.

④ 식물이 빛 공해의 피해를 입는 것은 낮이 짧아져서가 아니라 인공 불빛으로 인해 밤이 낮처럼 환해져서 생태계의 질서가 파괴되었기 때문입니다.

3 이 글에서 중요한 낱말은 '인공 불빛', '빛 공해' 등입니다. 그리고 각 문단의 중심 문장을 정리하면 '반딧불이, 식물, 사람이 빛 공해의 피해를 입고 있다.'와 같이 정리할 수 있습니다. 이를 통해 글쓴이가 인공 불빛의 문제점이나 빛 공해의 피해를 알려 주기 위해서 이 글을 썼다는 것을 짐작할 수 있습니다.

4 인공 불빛이 빛 공해의 원인이 되므로, '불필요한 전등 끄기'와 같은 방법으로 인공 불빛을 줄이면 빛 공해의 피해를 줄일 수 있습니다.

5 ㉠은 뒷말의 근거나 원인을 나타내는 말로 쓰였습니다. 즉 '인공 불빛이 짝짓기를 방해하는'과 '반딧불이를 만나기가 점점 힘들어지고 있는 것이다.'를 원인과 결과로 이어 주고 있습니다. 따라서 이와 유사한 의미로 쓰인 것은 ②의 '어제는 눈이 오는(원인) 바람에 길이 미끄러웠다(결과).'로 볼 수 있습니다.

어휘 수준 ★★★☆☆   글감 수준 ★★☆☆☆   글의 길이 816자

1 ②　　　2 ⑤　　　3 ㄷ

4 ①　　　5 피해, 생명 띠

● 독해력을 기르는 어휘

❶ 안전띠　　❷ 생명　　❸ 소홀히

❹ 캠페인　　❺ 충격　　❻ 손상

안전띠를 맬 때 제대로 매자고 주장하며 그 근거를 제시하고 있는 글입니다. 글쓴이는 안전띠를 맬 때 소홀히 하기 쉬운 점을 두 가지로 나누어 설명하며, 안전띠가 완벽한 생명 띠가 되려면 올바른 방법으로 매는 것이 중요함을 강조하고 있습니다.

● **글의 특징**

– '안전띠를 제대로 매야 한다.'라는 글쓴이의 주장이 명확하게 나타나 있습니다.

– 안전띠를 맬 때 소홀히 하기 쉬운 점을 '첫째', '둘째'라는 말로 나열하고 있습니다.

● **글의 구조**

1문단	안전띠를 제대로 매지 않으면 피해가 커질 수 있음.	문제 상황

↓

2문단	안전띠가 꼬이지 않게 매야 함.	해결 방안 1

↓

3문단	안전띠를 최대한 아래쪽으로 매야 함.	해결 방안 2

↓

4문단	안전띠를 올바른 방법으로 매는 것이 중요함.	주장 (결론)

⬇

 주제 안전띠를 올바른 방법으로 매는 것의 중요성

어휘 수준 ★★★★★　글감 수준 ★★★★★　글의 길이 881자

1 3문단에서 "골반 **뼈**는 우리 몸에서 가장 튼튼한 **뼈** 중 하나로 허리 부분의 안전띠는 바로 그 골반뼈를 이용해서 충격을 줄여 준다."라고 하였습니다. 즉 안전띠를 제대로 맸다면 배보다 골반에 가해지는 충격이 크므로 ②는 알맞지 않은 설명입니다.

오답 피하기 ③ 3문단에서 "배가 나온 사람들은 특히 배 위쪽으로 안전띠를 올려 매고는 하는데, 이제부터는 최대한 아래쪽으로 매야 한다는 것을 꼭 기억하자."라고 하였습니다.

2 글쓴이는 안전띠가 생명 띠가 되려면 제대로 매야 한다고 주장하고 있습니다.

오답 피하기 ④ 1문단에서 "안전띠를 했다고 해서 안전이 완벽하게 보장되는 것은 아니다. 안전띠를 제대로 매지 않았을 때는 오히려 피해가 더 커질 수도 있다."라고 하였습니다. 따라서 글쓴이는 안전띠를 매는 것을 의무적으로 해야 한다고 주장하는 것이 아니라 안전띠를 올바른 방법으로 매는 것이 중요함을 말하고 있습니다.

3 4문단에서 "아이들과 함께 탔을 때 안전띠 하나로 두 아이를 매면 외부에서 충격이 전해질 때 아이들끼리 머리를 부딪쳐 크게 다칠 수 있다."라고 하였습니다. 따라서 안전띠를 맬 때 아이들을 각각 따로 매는 것이 올바른 방법입니다.

4 '완벽한'은 결함이 없이 완전하다는 의미이므로, ㉠에는 '잘못된 것이 없이 바르거나 옳다'는 뜻의 '온전한'이 들어가는 것이 알맞습니다.

오답 피하기 ② '매우 조심스러운'의 의미입니다.

③ '편하고 걱정 없이 좋은'의 의미입니다.

④ '이론이나 이치에 합당한'의 의미입니다.

⑤ '일의 형편에 따라 적절하게 처리하는'의 의미입니다.

1 ④	2 ④	3 ㄴ, ㄷ
4 (1) ○ (2) ○	5 유전, 환경, 운동	

● 독해력을 기르는 어휘
❶ 식습관　　❷ 과다　　❸ 활동적
❹ 요인　　❺ 예방　　❻ 마르지
❼ 떨어트렸다

소아 비만의 문제점과 원인, 그리고 예방법을 소개한 글입니다. 소아 비만의 뜻과 문제점을 먼저 밝히고, 소아 비만의 원인 중 비만 발생에 많은 영향을 주는 잘못된 식습관, 유전적 요인, 환경 요인, 심리 요인 등을 문단별로 나열하여 구체적으로 설명한 뒤, 비만을 예방하는 방법을 제시하고 있습니다.

● **글의 특징**
- 소아 비만의 뜻을 설명하여 독자의 이해를 돕고 있습니다.
- 소아 비만의 원인을 문단별로 나누어 자세히 설명하고 있습니다.
- 구체적인 수치와 조사 자료를 통해 내용을 알기 쉽게 설명하고 있습니다.

● **글의 구조**

소아 비만의 문제점	→	소아 비만은 또래보다 평균 몸무게가 20퍼센트 이상 높은 경우로, 성인 비만과 질병의 원인이 됨.
소아 비만의 원인	→	• 병: 특정한 병에 의한 것으로, 1퍼센트 미만임. • 잘못된 식습관: 편식 및 과식, 장기간의 열량 과다 섭취 등 • 유전적 요인: 부모의 비만 여부 • 환경 요인: 부모의 성격, 가족 수, 텔레비전 시청 시간 등 • 심리 요인: 불안, 고민, 슬픔, 스트레스 등
소아 비만의 예방법	→	음식을 조절하고 운동을 꾸준히 해야 함.

주제 소아 비만의 문제점과 원인 그리고 예방법

어휘 수준 ★★★★★	글감 수준 ★★★★★	글의 길이 1,075자

1 이 글에서는 소아 비만의 문제점을 밝히고, 소아 비만의 원인을 몇 가지로 나누어 설명한 후, 소아 비만을 예방하는 방법을 제시하며 글을 마무리하고 있습니다.

2 2문단과 3문단에서 특정한 병에 의한 비만은 1퍼센트 미만이고, 유전적인 요인에 의한 비만은 30퍼센트 정도임을 알 수 있습니다. 이를 통해 병으로 인한 비만보다 유전으로 인한 비만이 더 많다는 것은 알 수 있지만, 어느 것이 건강에 더 해로운지는 알 수 없습니다.

3 ㉮의 '활동적'이라는 것은 몸의 움직임이 많다는 의미이고, ㉯에서 텔레비전 시청 시간이 늘어난다는 것은 몸의 움직임이 적어진다는 것을 의미합니다. 여기서 텔레비전 시청이 활동량에 영향을 줌을 알 수 있습니다(ㄴ). 그리고 몸의 움직임이 적으면 열량 소모도 적어 결국 비만으로 이어지게 되는데, 컴퓨터를 오래 하면 앉아 있는 시간이 늘어나 열량 소모가 적어지게 되므로 텔레비전 시청과 마찬가지로 비만 발생률이 높아질 수 있음을 알 수 있습니다(ㄷ).

오답피하기 ㄱ. 신체 활동 시간이 늘어나면 열량을 소모하는 양도 늘어납니다.

4 (1) 예린이의 몸무게 36kg과 표준 체중 30kg를 넣어 예린이의 비만도를 계산하면 '{(36kg-30kg)÷30kg}×100 = 20퍼센트'입니다. 〈보기〉에서 비만도가 20~29퍼센트이면 경도 비만이라고 하였으므로, 예린이는 경도 비만에 해당합니다.

(2) 세주의 몸무게 40kg과 표준 체중 31kg를 넣어 계산하면 '{(40kg-31kg)÷31kg}×100 = 약 29퍼센트'입니다.

오답피하기 (3) 3문단에서 "자녀의 비만율은 부모 모두 비만인 경우는 80퍼센트, 부모 중에서 한쪽이 비만인 경우는 40퍼센트, 부모 모두 정상인 경우는 7퍼센트 정도가 된다."라고 하였습니다. 이를 통해 부모 모두 비만인 예린이가 아버지만 비만인 세주에 비해 유전적인 요인이 더 크게 작용했을 것임을 알 수 있습니다.

1 ③   2 ③   3 ④
4 ③   5 ②   6 마찰적, 기술적, 순환적

● 독해력을 기르는 어휘
❶ 저하   ❷ 즉각적   ❸ 창출
❹ 공존   ❺ 정신 질환   ❻ 쇠퇴
❼ 곧바로

실업의 종류에 대해 설명한 글입니다. 기업이 사람을 찾고, 노동자가 일자리를 찾는 데 걸리는 시간으로 인해 생기는 마찰적 실업, 필요한 노동자의 종류와 시장에 나와 있는 노동자의 종류가 맞지 않아 발생하는 기술적 실업, 수요의 부족으로 발생하는 순환적 실업 등 다양한 이유로 발생하는 실업에 대해 설명하고 있습니다.

● 글의 특징
– 물음을 통해 전개될 내용을 예측할 수 있게 돕고 있습니다.
– 각 실업의 특징을 상세하게 설명하고 있습니다.

● 글의 구조

1문단	실업이 개인과 사회에 미치는 손해	→	실업의 영향
2문단	기업이 사람을 찾고, 노동자가 일자리를 찾는 데 걸리는 시간으로 인해 생기는 마찰적 실업	→	마찰적 실업
3문단	필요한 노동자의 종류와 시장에 나와 있는 노동자의 종류가 맞지 않아 발생하는 기술적 실업	→	기술적 실업
4문단	수요의 부족으로 발생하는 순환적 실업	→	순환적 실업
5문단	다양한 실업이 존재하며 상황에 따라 특정 종류의 실업이 더 많이 발생하기도 함.	→	상황에 따라 달라지는 실업의 종류

↓

주제 다양한 이유로 발생하는 실업

어휘 수준 ★★★☆☆   글감 수준 ★★★☆☆   글의 길이 936자

1 3문단 다섯 번째 문장에서 "체계적인 정부 보조금과 제도적 지원으로 노동자들의 직업 훈련을 돕는다 해도 기술적 실업을 없애는 것은 쉽지 않다."라고 하였습니다.

2 ㉠은 노동자가 새 일자리를 찾는 것을 서두를 경우 줄어들 수 있고, ㉡은 노동자가 새로운 기술을 열심히 익힐 경우 줄어들 수 있습니다. 따라서 ㉠, ㉡은 개인의 노력으로 일부 해결할 수 있습니다. 하지만 4문단에서 순환적 실업을 해결하기 위해서는 경기가 살아나야 한다고 하였습니다. 따라서 ㉢은 개인의 노력으로 해결하기 어렵습니다.
오답 피하기 ⑤ ㉡은 정부 보조금과 제도적 지원 등 정부 지원을 통해 일부 해결할 수 있습니다. ㉢은 정부의 경제 정책을 통해 경기를 살려 해결할 수 있습니다. 하지만 ㉠을 해결하기 위해 정부의 지원이 필수적인지는 알 수 없습니다.

3 기술적 실업은 필요한 노동자의 종류와 시장에 나와 있는 노동자의 종류가 맞지 않아서 발생하는 실업입니다. 노동자는 주판을 잘 다루지만, 시장은 주판이 아닌 컴퓨터를 잘 다루는 노동자를 원할 때 기술적 실업이 발생할 수 있습니다.
오답 피하기 ①, ② 순환적 실업의 사례로 볼 수 있습니다.
⑤ 마찰적 실업의 사례로 볼 수 있습니다.

4 노동자들의 이직과 기업의 해고가 더 쉬운 자유로운 노동 환경을 만들면, 마찰적 실업이 더 많이 발생할 수 있으므로 알맞지 않은 설명입니다.
오답 피하기 ② 기술적 실업을 해결하는 데 도움이 됩니다.
④ 순환적 실업을 해결하는 데 도움이 됩니다.
⑤ 마찰적 실업을 해결하는 데 도움이 됩니다.

5 '발발하다'는 전쟁이나 큰 사건 따위가 갑자기 일어난다는 뜻입니다. ⓑ는 '발생하지'와 바꾸어 쓸 수 있습니다.

1 ⑤　　　**2** ②, ④　　　**3** ㄱ, ㄷ

4 ②　　　**5** (1) 호경기 (2) 불경기

6 경제, 호황, 불황

● 독해력을 기르는 어휘

❶ 평가　　❷ 변동　　❸ 후퇴

❹ 둔화　　❺ 감소　　❻ 가리켰다

❼ 기간　　❽ 피해

경기 상황 및 경기 변동에 대하여 설명한 글입니다. 경기 호황, 경기 불황, 경기 변동, 경기 순환 등에 대해 차례대로 설명하고, 경기 변동에 대비하기 위해서는 경기 주기에 대한 이해가 필요함을 언급하고 있습니다.

● **글의 특징**

– 경기의 개념을 먼저 소개하고, 경기의 호황과 불황을 비교하고 있습니다.

– 경기 변동을 '호황 – 후퇴 – 불황 – 회복'의 네 가지로 구분하고 있습니다.

– 경기 주기를 이해하면 경기 변동의 타이밍을 예측하여 미리 대비할 수 있음을 설명하고 있습니다.

● **글의 구조**

1문단	경기는 국민 경제의 총체적인 상태를 의미하며, 좋아졌다가 나빠지기를 되풀이함.	경기의 개념과 순환성
2문단	경기 침체 상태에서는 경제 활동이 위축되고, 다시 활발해지면 경기가 회복됨.	경기 불황과 경기 회복
3문단	경기 변동은 '호황 – 후퇴 – 불황 – 회복'의 네 가지로 구분함.	경기 변동의 과정
4문단	경기 주기를 알면 경기 변동의 예측이 가능함.	경기 주기의 의의

주제 **경기 변동의 과정과 의미**

어휘 수준 ★★★☆☆　　글감 수준 ★★★☆☆　　글의 길이 1,117자

1 2문단 첫 번째 문장에서 "호황 상태에서 경제 활동이 점차로 위축되어 나갈 때를 가리켜 경기가 후퇴한다고 한다."라고 하였습니다. 따라서 경제 활동이 위축되어 나갈 때는 '경기 회복'이 아니라 '경기 후퇴'라고 보는 것이 알맞습니다.

2 3문단의 첫 번째 문장에서 "경제 상황이 변동 순환하는 현상을 가리켜 경기 변동 또는 경기 순환이라고 한다."라고 하였으므로 ②는 적절합니다. 그리고 2문단 마지막 문장에서 "경제 활동이 다시 활발해지기 시작하는 국면이 오게 되는데, 이를 경기 회복이라고 부른다."라고 하였으므로 ④도 적절합니다.

오답 피하기 ① 경기 변동은 '호황–후퇴–불황–회복'의 네 가지로 구분합니다.

③ 경기의 정점에서 다음 정점까지의 기간을 순환 주기라고 합니다.

⑤ 경기의 순환 과정에서 하강 국면은 후퇴기와 수축기로 나눕니다.

3 ㉠에 이어지는 내용을 보면, "불황일 때에는 기업의 이윤은 줄어들고 그에 따라 기업의 투자도 감소하게 된다."라고 하였습니다. 또 "소비자들의 소비 활동이 둔화됨에 따라 영업점들의 매출도 줄어들고 전체적으로 국민 소득이 감소하게 된다."라고 하였습니다. 따라서 ㉠과 관계있는 것은 ㄱ과 ㄷ입니다.

오답 피하기 ㄴ. 불황일 때에는 영업점들의 매출도 줄어든다고 하였으므로 패밀리 레스토랑의 매상은 줄어들게 됩니다.

ㄹ. 불황일 때에는 전체적으로 국민 소득이 감소하게 된다고 하였습니다.

4 1문단의 두 번째 문장에서 "경기는 국민 경제의 총체적인 상태를 의미한다."라고 하였습니다.

5 3문단에서 "장기 추세를 기준으로 하여 윗부분, 즉 경기 정점을 전후한 기간을 호경기로, 아랫부분 즉 경기 저점을 전후한 기간을 불경기로 부른다."라고 하였으므로 ⓐ는 호경기, ⓑ는 불경기입니다.

1 ④	2 ④	3 ③
4 ④	5 ②	6 자연, 자연

● 독해력을 기르는 어휘

❶ 영향　　　❷ 선양　　　❸ 유산

❹ 훼손　　　❺ 파괴　　　❻ 개발

❼ 특성　　　❽ 발달

관광 산업이 어떻게 변화하고 있는지를 설명한 글입니다. 기존의 관광 산업은 많은 부분에서 긍정적인 영향을 주었지만, 환경오염과 같은 부작용도 있음을 언급하며, 최근에는 자연환경을 생각하는 입장에서 생태 관광 산업이 주목받고 있음을 제시하고 있습니다.

● **글의 특징**

－ 관광 산업이 어떻게 변화해 왔는지를 설명하고 있습니다.

－ 기존 관광 산업의 좋은 영향과 나쁜 영향을 함께 제시하고 있습니다.

－ 생태 관광 산업이 등장하게 된 배경을 제시하고 있습니다.

● **글의 구조**

1문단	관광에 필요한 서비스를 제공하는 관광 산업을 소개함.	→	관광 산업의 개념
2문단	기존의 관광 산업은 많은 부분에서 긍정적인 영향을 줌.	→	기존 관광 산업의 긍정적 효과
3문단	기존의 관광 산업은 자연환경을 파괴하는 등 부작용을 일으킴.	→	기존 관광 산업의 부작용
4문단	자연환경을 생각하는 지속 가능한 관광 산업의 필요성이 제기됨.	→	최근 관광 산업의 특성
5문단	생태 관광 산업이 새로운 관광 산업으로 주목받음.	→	생태 관광 산업의 필요성

⬇

주제 관광 산업의 변화 과정과 생태 관광 산업의 필요성

어휘 수준 ★★☆☆☆　　　글감 수준 ★★☆☆☆　　　글의 길이 966자

1 이 글은 기존의 관광 산업이 많은 부분에서 긍정적 영향을 주었지만, 부작용도 있었다고 설명하면서 자연환경을 생각하는 입장에서 생태 관광 산업이라는 방향성을 제시하고 있습니다. 따라서 이 글의 내용 전개 방식을 잘 설명한 것은 ④입니다.

오답 피하기 ③ '절충'이란 양쪽 견해 어디에도 치우치지 않게 조절하는 것을 말합니다. 이 글에서는 과거의 인식에서 벗어나 자연을 대하는 새로운 입장을 더 중시하고 있으므로 절충하고 있다고 볼 수 없습니다.

2 5문단에서 생태 관광 산업은 '자연 훼손을 최소화'한다고 하였으므로, '자연을 파괴하지 않으므로 친환경적이다.'라고 보는 것은 이 글의 내용과 일치하지 않습니다.

3 4문단에서 환경 문제에 대한 우려가 커지면서 자연환경에 대한 새로운 인식이 확대되었다고 하였습니다. 그리고 그 결과 새로운 관광 산업을 개발하게 되었다고 하였습니다. 따라서 환경 문제에 대한 공감대가 커진 결과 생태 관광 산업이라는 새로운 방법을 모색한 것이라고 할 수 있습니다.

4 〈보기〉의 두 번째 문장에서 "기존의 산업 구조를 친환경적으로 바꾸어 나가는 것을 녹색 산업이라고 한다."라고 하였습니다. 따라서 ⓒ이 기존의 산업 구조를 유지한다는 것은 적절하지 않습니다.

오답 피하기 ② ㉠이 관광 산업에 한정되어 있다면, ㉡은 경제·금융·건설 등 산업 분야 전반에 해당되는 것입니다.

5 ⓑ '변화'는 '사물의 성질, 모양, 상태 따위가 바뀌어 달라짐.'을 의미합니다. ②는 '변천'이라는 단어의 의미입니다.

1 ②   2 ②   3 ③

4 ⑤   5 기펜, 역설, 소득

● 독해력을 기르는 어휘

❶ 구매   ❷ 수요량   ❸ 성립

❹ 주목   ❺ 지출   ❻ 드러났다

❼ 으로   ❽ 위배되는

기펜이 연구한 '기펜의 역설'이라는 현상을 소개하고 이러한 현상이 일어난 원인을 설명한 글입니다. 수요 법칙에 대해 예를 들어 설명한 후, 기펜이 발견한 아일랜드에서의 이상한 현상에 대해 구체적으로 서술하고 있습니다. 더불어 아일랜드의 사례와 같이 수요의 법칙에 위배되는 현상(=기펜의 역설)이 일어나는 이유를 분석하고 있습니다.

● **글의 특징**

– 수요의 법칙을 정의하며 글을 시작하고 있습니다.

– 전문가의 관찰 결과를 바탕으로 글을 전개하고 있습니다.

– '기펜의 역설' 현상이 나타나는 이유를 분석하고 있습니다.

● **글의 구조**

1문단	상품의 가격과 수요량 사이에는 반비례 관계가 성립함.	→	수요의 법칙 정의
2문단	기펜은 아일랜드 사람들에게서 수요의 법칙이 성립하지 않는 이상한 현상을 발견함.	→	수요의 법칙이 성립하지 않는 현상의 발견
3문단	아일랜드 사람들은 경제적으로 여유가 없어 감자를 주식으로 삼음.	→	아일랜드 사람들에게 감자가 지닌 의미
4문단	소득 효과로 인해 감자 대신 빵을 사 먹으면서 '기펜의 역설' 현상이 일어남.	→	'기펜의 역설' 현상이 일어난 이유

주제 '기펜의 역설' 현상이 일어나는 이유

어휘 수준 ★★★★★   글감 수준 ★★★★★   글의 길이 1,052자

1 '기펜의 역설'에 대한 당시 다른 경제학자들의 반응은 알 수 없습니다.

오답 피하기 ① 4문단에서 '기펜의 역설'은 소득 효과가 아주 클 때에만 관찰되는 현상임을 알 수 있습니다.

④ 4문단에서 감자 가격의 하락이 아일랜드 사람들에게 소득 효과를 가져왔다고 하였습니다.

2 4문단 네 번째 문장을 보면, 감자 가격이 내려감에 따라 그 수요량이 줄어들었다고 하였습니다. 따라서 X축에서 왼쪽으로 갈수록 Y축에서 아래로 향하는 모양이 나타나는 그래프를 골라야 합니다.

오답 피하기 ① 감자 가격이 내려감에 따라 수요량이 늘어나는 그래프로, 수요의 법칙이 성립할 때 나타날 수 있는 그래프입니다.

3 '기펜의 역설'이라는 현상이 사회에 어떤 영향을 끼쳤는가에 대한 설명은 나타나지 않습니다.

오답 피하기 ① '통념'은 일반 사회에 널리 통하는 개념을 말합니다. 이 글에서는 상품의 가격과 수요량이 반비례한다는 수요의 법칙이 바로 통념입니다. '기펜의 역설'은 이 통념과 일치하지 않는 현상이라고 할 수 있습니다.

4 〈보기〉에서 아일랜드의 감자와 예전 우리나라의 보리가 비슷한 성격을 가졌을 것이라고 하였습니다. 그러므로 감자에 대한 수요가 수요 법칙과 일치하지 않았던 것처럼, 예전의 보리에 대한 수요 역시 수요 법칙과 일치하지 않았을 것임을 짐작할 수 있습니다.

오답 피하기 ① 감자의 소득 효과가 컸던 것과 마찬가지로 예전의 보리도 소득 효과가 컸으리라고 짐작할 수 있습니다.

| 1 ⑤ | 2 (1) ○ | 3 ㄴ, ㄹ |
| 4 ① | 5 ④ | 6 공익, 설득, 비판적 |

● 독해력을 기르는 어휘
❶ 설득 ❷ 비판 ❸ 정의
❹ 분류 ❺ 비교

광고의 종류와 설득 방법, 그리고 광고를 바라보는 자세에 대해 설명한 글입니다. 먼저 광고를 상업 광고, 공익 광고, 이미지 광고로 나누어 각각의 특징을 소개하고, 매체별로 광고의 설득 방법을 설명하였습니다. 그리고 마지막 부분에서 비판적인 자세로 광고를 보아야 한다는 점을 강조하고 있습니다.

● **글의 특징**
– 광고를 종류별로 나누어 설명하고 있습니다.
– 매체에 따라 특징적인 광고의 설득 방법을 제시하고 있습니다.

● **글의 구조**

1문단	설득을 목적으로 만들어진 광고	→	광고의 개념, 목적
2문단	• 상업적 이익을 위한 상업 광고 • 공공의 이익을 위한 공익 광고 • 기업의 긍정적 인상을 심어 주기 위한 이미지 광고	→	광고의 종류
3문단	• 영상 매체: 이야기 활용, 평범한 사람, 유명인, 전문가 등 다양한 사람 등장, 과학적 통계, 인상적인 음악 이용 등 • 음성 매체: 반복 강조나 운율적 요소 이용, 음악과 목소리의 이용 • 인쇄 매체: 시각적으로 강한 인상을 주는 방법 활용, 문자와 그림의 동시 배치 • 인터넷 매체: 문자, 그림, 소리, 동영상 등의 복합적 활용	→	광고의 설득 방법
4문단	광고를 듣고 볼 때 비판적인 자세가 필요함.	→	비판적 자세의 필요성

⬇

주제 광고의 종류에 따른 설득 방법 및 광고를 대하는 자세

어휘 수준 ★★☆☆☆　　글감 수준 ★★☆☆☆　　글의 길이 1,169자

1 이 글에서는 광고의 설득 방법을 종류별로 설명하고는 있으나, 광고를 구성하는 요소들에 대해서는 다루지 않았습니다.

2 〈보기〉에서 매체 언어는 "소리, 음성, 문자, 그림, 동영상 등이 두 가지 이상 합쳐져 의미를 만들어 내는 복합 양식의 특징이 있다."라고 하였습니다. 3문단의 마지막 문장에서 '인터넷 매체에서는 문자, 그림, 소리, 동영상 등을 복합적으로 활용'한다고 한 내용에서 매체 언어의 특징을 가지고 있음을 확인할 수 있습니다.

오답피하기 (2) 인쇄 광고에는 문자 이외 그림이나 사진 등도 제시됩니다. 따라서 인쇄 광고도 문자와 그림 등이 복합적으로 사용되는 매체 언어의 특징이 나타난다고 볼 수 있습니다.

3 ㄴ. 2문단의 두 번째 문장에서 '상업 광고는 상품을 판매함으로써 이익을 얻기 위해' 만든다고 하였고, 다섯 번째 문장에서 '기업이 소비자들에게 자신에 대한 긍정적인 인상을 심어 주기 위해' 이미지 광고를 만든다고 하였습니다. 이를 통해 상업 광고와 이미지 광고는 모두 기업에 의해 만들어짐을 알 수 있습니다.

ㄹ. 1문단에서 "광고는 단순히 무엇을 알리는 데 그치지 않고, 듣거나 보는 사람들을 설득하여 의도한 대로 행동하게 하려는 목적을 지닌다."라고 하였습니다. ㉠, ㉡, ㉢은 모두 광고이므로 설득을 주된 목적으로 함을 알 수 있습니다.

오답피하기 ㄱ. ㉠은 기업의 이익을 높이기 위해 만드는 광고로, 사회 전체의 이익을 위한 광고는 아닙니다.

ㄷ. ㉢은 기업의 이미지를 좋게 만들기 위한 것으로 소비자에게 올바른 가치관을 심어 주기 위해 만드는 광고는 아닙니다.

4 지민이는 보일러 온도를 1도씩 올리는 장면과 북극의 얼음이 녹아 무너져 내리는 장면을 대비하는 방법을 통해 문제의 심각성을 드러내는 방법을 제안하고 있습니다. 이러한 방법이 광고에 사용되기도 하지만, 이 글에서는 언급되지 않았습니다.

5 ⓐ는 '남의 관심 따위를 쏠리게 하다.'라는 의미로 사용되었습니다. ④에서도 같은 의미로 사용되었습니다.

1 ④   2 ②   3 ①

4 ㉮, ㉱   5 (1) ○   6 인권, 자유

● 독해력을 기르는 어휘

❶ 유통   ❷ 대립   ❸ 인권

❹ 제한   ❺ ②   ❻ ①

❼ 신상   ❽ 당사자

인터넷상에서 개인 정보를 삭제할 권리인 잊힐 권리의 뜻을 설명하고, 이를 법으로 정해야 한다는 것에 대한 찬성과 반대 의견을 소개한 글입니다. 이에 찬성하는 사람들은 개인의 인권 보호를 근거로 하고 있고, 반대하는 사람들은 표현의 자유와 알 권리를 보장받을 것을 근거로 하고 있습니다.

● 글의 특징

– 잊힐 권리의 뜻을 정의하며 글을 시작하고 있습니다.

– 하나의 주제에 대한 찬성과 반대 의견을 제시하고 있습니다.

– 각각의 주장에 대한 근거를 제시하고 있습니다.

● 글의 구조

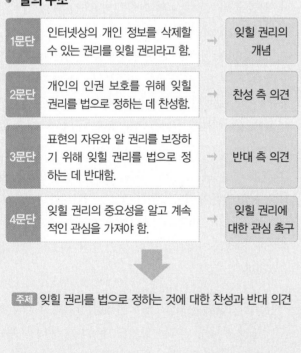

1문단	인터넷상의 개인 정보를 삭제할 수 있는 권리를 잊힐 권리라고 함.	→	잊힐 권리의 개념
2문단	개인의 인권 보호를 위해 잊힐 권리를 법으로 정하는 데 찬성함.	→	찬성 측 의견
3문단	표현의 자유와 알 권리를 보장하기 위해 잊힐 권리를 법으로 정하는 데 반대함.	→	반대 측 의견
4문단	잊힐 권리의 중요성을 알고 계속적인 관심을 가져야 함.	→	잊힐 권리에 대한 관심 촉구

주제 잊힐 권리를 법으로 정하는 것에 대한 찬성과 반대 의견

어휘 수준 ★★★★★   글감 수준 ★★★★★   글의 길이 1,089자

1 3문단의 마지막 문장에서 "인터넷에 넓게 퍼져 있는 개인 정보를 찾아 지우는 것은 기술적으로 대단히 어렵고 비용이 많이 들기 때문에"라고 하였습니다.

오답 피하기 ⑤ 3문단에서 "잊힐 권리가 법으로 정해지면 언론사는 표현의 자유가 제한될 수 있다는 것이다."라고 하였으므로 알맞지 않습니다.

2 2문단과 3문단에서 잊힐 권리를 법으로 정하는 것에 대한 찬성과 반대 의견을 각각 보여 주고 있습니다.

3 2문단은 잊힐 권리를 법으로 정하는 데에 대한 찬성 측의 의견이고 3문단은 반대측의 의견입니다. 각 문단별로 주장과 근거가 제시되어 있는데 ㉠은 인터넷으로 정보를 접하는 오늘날과는 다른, 인쇄 매체 시대의 특징을 비교하여 보여 주기 위한 것입니다. 따라서 주장에 대한 근거로 볼 수 없습니다.

4 잊힐 권리를 법으로 정하는 데에 찬성하는 사람들은 개인의 인권이 침해되는 것을 막고 자신들을 보호하기 위해서 잊힐 권리를 법으로 정해야 한다고 말합니다. 따라서 취업을 위해 자신의 잘못했던 점을 삭제하거나, 자신의 사진이 함부로 유포되는 것을 막는 것은 찬성의 주장과 관련이 있습니다.

오답 피하기 ㉱ 국회 의원과 관련된 정보를 검색하는 것은 국민의 알 권리에 해당합니다. 따라서 잊힐 권리를 법으로 정하는 것에 대한 반대의 주장과 관련이 있습니다.

5 인터넷에 정보의 객관성이 떨어지는 기사가 늘어나면 이에 대해 불만을 갖거나 피해를 입는 사람들이 늘어날 것입니다. 그런데 인터넷상의 개인 정보를 수정하거나 삭제하는 것이 어려우므로 이런 정보를 직접 삭제하지 못하는 사람들이 잊힐 권리를 더 많이 주장하게 될 것입니다.

오답 피하기 (2) 잊힐 권리에 대한 입장이 대립되는 상황에서 개인 정보를 수정하고 삭제하는 것을 개인의 자유에 맡기는 것은 한쪽의 입장만을 반영한 것이므로 알맞지 않습니다.

1 ③　　　　2 ③　　　　3 은정

4 ④　　　　5 의무, 권리

● 독해력을 기르는 어휘

❶ 취향　　　❷ 유출　　　❸ 주체

❹ 절차　　　❺ 논란　　　❻ 규제

❼ 제정　　　❽ 주의

개인 정보의 개념과 범위에 대해 설명한 글입니다. 개인 정보를 수집·활용하는 '개인 정보 처리자'와 개인 정보를 제공하는 '정보 주체'가 모두 개인 정보를 보호하기 위해 노력해야 함을 강조하며 '개인 정보 보호법'의 취지를 설명하고 있습니다.

● **글의 특징**

– 첫 문단에서 질문의 형식으로 중심 화제를 제시하여 독자들의 관심을 유도하고 있습니다.

– '개인 정보' 보호의 필요성을 강조하며 글을 마무리하고 있습니다.

● **글의 구조**

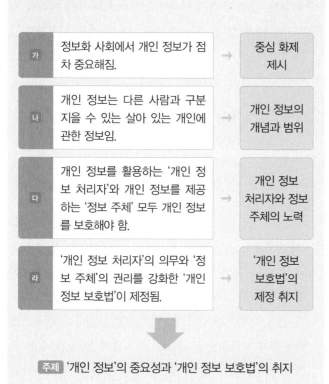

가	정보화 사회에서 개인 정보가 점차 중요해짐.	→	중심 화제 제시
나	개인 정보는 다른 사람과 구분 지을 수 있는 살아 있는 개인에 관한 정보임.	→	개인 정보의 개념과 범위
다	개인 정보를 활용하는 '개인 정보 처리자'와 개인 정보를 제공하는 '정보 주체' 모두 개인 정보를 보호해야 함.	→	개인 정보 처리자와 정보 주체의 노력
라	'개인 정보 처리자'의 의무와 '정보 주체'의 권리를 강화한 '개인 정보 보호법'이 제정됨.	→	'개인 정보 보호법'의 제정 취지

⬇

주제 '개인 정보'의 중요성과 '개인 정보 보호법'의 취지

어휘 수준 ★★★☆☆　　글감 수준 ★★★☆☆　　글의 길이 1,040자

1 나 문단에서는 '개인 정보'에 대해, 다 문단에서는 '개인 정보 처리자'와 '정보 주체'에 대해 개념을 설명하고 있으며, 다 문단과 라 문단의 마지막 문장에서는 개인 정보 보호의 필요성을 강조하고 있습니다.

오답 피하기 ① '사각지대'는 '관심이나 영향이 미치지 못하는 구역을 비유적으로 이르는 말'이기는 하지만, '개인 정보'를 비유한 표현은 아닙니다.

② '개인 정보'에 대한 사람들의 일반적인 생각이 제시된 부분은 없습니다.

④ 가 문단에서 기업들이 개인 정보를 얻으려 한다고는 했지만, 구체적으로 어떤 노력을 기울이는지는 설명하지 않았습니다.

⑤ 가 문단에서 질문을 하고 있는 것은 맞지만, 개인 정보를 보호하지 않는 현실을 비판하는 내용은 없습니다.

2 나 문단에서 '개인 정보'가 살아 있는 사람과 관련된 정보이며, 사망한 사람에게는 해당하지 않는다고 했으므로, 나 문단 뒤에 〈보기〉의 내용이 이어지면 '개인 정보의 범위'에 대해 구체적으로 설명할 수 있습니다.

3 라 문단에서 2011년에 '개인 정보 보호법'이 제정되었다고는 했지만, 그 이전에도 개인 정보와 관련된 법규가 공공 부문과 민간 부문에 각각 존재했었다고 했습니다. 따라서 문제점은 있었지만 개인 정보를 도용한 회사나 단체를 처벌할 법이 없었던 것은 아닙니다.

4 라 문단에서는 '개인 정보 보호법'을 제정하여 '개인 정보 처리자'의 의무와 '정보 주체'의 권리를 강화하였다고 하였습니다. 이를 통해 볼 때, ④처럼 개인 정보의 보유 및 이용 기간을 회원 탈퇴 시까지라고 한정한 것은 '정보 주체'(개인)의 권리를 강화하기 위한 것이지 '개인 정보 처리자'의 권리를 강화하기 위한 것은 아닙니다.

| 1 ④ | 2 ② | 3 ⑤ |
| 4 ① | 5 ④ | 6 디지털, 위험성 |

● 독해력을 기르는 어휘

❶ 중독　　❷ 탐닉　　❸ 간과

❹ 투여　　❺ 휩싸였다　❻ 말로써

❼ 쾌감　　❽ 통제

디지털 기기를 과도하게 사용하는 디지털 중독에 대해 설명한 글입니다. 디지털 중독은 우리 사회에서 약물 중독이나 도박 중독처럼 심각하게 다루어지지 않지만 뇌에 영향을 미치는 과정은 이들과 유사하기 때문에 위험합니다. 더욱이 어린이나 청소년의 경우 뇌의 전두엽이 덜 발달되어 있어 디지털 중독에 취약합니다. 이에 글쓴이는 디지털 중독 예방을 위한 교육과 홍보의 필요성을 강조하고 있습니다.

● **글의 특징**

– 디지털 중독이 무엇인지 개념을 정의하고 있습니다.

– 중독이 일어나는 과정을 이해하기 쉽게 설명하며 디지털 중독의 위험성을 알리고 있습니다.

– 어린이나 청소년에게 디지털 중독이 더 위험한 이유를 과학적으로 설명하고 있습니다.

● **글의 구조**

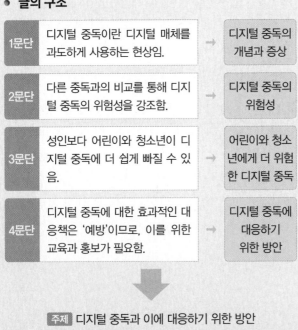

1문단	디지털 중독이란 디지털 매체를 과도하게 사용하는 현상임.	→	디지털 중독의 개념과 증상
2문단	다른 중독과의 비교를 통해 디지털 중독의 위험성을 강조함.	→	디지털 중독의 위험성
3문단	성인보다 어린이와 청소년이 디지털 중독에 더 쉽게 빠질 수 있음.	→	어린이와 청소년에게 더 위험한 디지털 중독
4문단	디지털 중독에 대한 효과적인 대응책은 '예방'이므로, 이를 위한 교육과 홍보가 필요함.	→	디지털 중독에 대응하기 위한 방안

주제 디지털 중독과 이에 대응하기 위한 방안

어휘 수준 ★★★★★　　글감 수준 ★★★★★　　글의 길이 1,098자

16 디딤돌 독해력

1 2문단에서 글쓴이는 디지털 중독이 뇌에 영향을 미치는 과정이 약물 중독의 과정과 유사하다고 말하면서 디지털 중독의 위험성을 강조하고 있습니다. 이는 디지털 중독과 다른 중독 사이의 공통점에 주목한 것이므로 비교를 통해 설명하고 있다고 할 수 있습니다.

오답 피하기 ① 디지털 중독을 심각한 문제로 여기지 않는 사회 통념을 소개하고 있기는 하지만 인용의 방법을 사용하고 있지는 않습니다.

2 2문단에서는 약물 중독의 과정을 밝히면서 디지털 중독이 뇌에 영향을 미치는 과정이 약물 중독의 과정과 유사하다고 설명하고 있습니다.

오답 피하기 ④ 디지털 중독은 스마트폰과 같은 디지털 기기를 사용하지 못하게 될 때 불안감과 초조함을 느끼는 현상입니다.

3 2문단에서 "약물 투여에 의한 자극이 지속적으로 이루어지면 도파민이 전달되는 뇌 회로가 발달하게 되고, 그렇게 되면 같은 수준의 자극으로는 이전과 같은 쾌락을 느끼지 못하게 된다."라고 하였습니다. 그러므로 이전과 같은 쾌락을 얻기 위해서는 기존보다 더 많은 약물을 주입해야 함을 알 수 있습니다.

4 디지털 중독의 위험성에 가장 많이 노출된 집단이 어린이와 청소년인 이유는 성인에 비해 고차원적 사고나 판단을 담당하는 뇌의 전두엽이 덜 발달되어 있어 자극에 민감하고 디지털 기기를 통해 얻게 되는 즐거움이나 쾌감을 스스로 통제하기가 어렵기 때문입니다.

5 1문단에서 디지털 중독 증상으로 '스마트폰을 집에 두고 왔거나 배터리가 별로 남지 않았을 때 불안감이나 초조함에 휩싸인다거나 몇 분마다 문자 메시지를 확인하지 않으면 신경이 쓰이는 것' 등을 예로 들고 있습니다. 블로그를 활용하여 계획표를 작성하는 것은 단지 인터넷이라는 매체를 활용한 것일 뿐 디지털 중독 증상이라고 말할 수 없습니다.

1 ⑤	2 ③	3 ④
4 ①	5 ②	6 위약, 사랑

● 독해력을 기르는 어휘

❶ 손길　　❷ 온기　　❸ 안정

❹ (1) ○

'엄마 손은 약손'이라는 말과 관련지어 엄마 손의 치료 효과가 얼토당토않은 것이 아니라 과학적으로 근거가 있음을 주장하는 글입니다. 엄마 손의 치료 효과를 위약 효과, 배를 따뜻하게 해 주는 효과, 장운동이 활동해지는 효과, 몸의 기를 주고받는 효과, 사랑 확인 이론 등으로 나누어 밝히고 있습니다.

● **글의 특징**

– 엄마 손의 치료 효과가 과학적으로 근거가 있음을 주장하고 있습니다.

– 주장을 뒷받침하는 여러 사실을 근거로 제시하여 읽는 이를 설득하고 있습니다.

● **글의 구조**

가	엄마 손의 치료 효과에는 과학적인 근거가 있는데, 먼저 위약 효과가 있음.	→	주장과 근거 1
나	손의 온기가 배를 안정시켜 배앓이가 치료됨.	→	근거 2
다	장운동이 활발해져서 아픔이 사라지기도 함.	→	근거 3
라	몸의 기를 주고받아 막혀 있던 기운이 풀리면서 아픔이 사라짐.	→	근거 4
마	사랑을 확인하여 심리적인 안정을 얻게 되어 병이 치료됨.	→	근거 5

⬇

[주제] 엄마 손의 과학적 치료 효과

1 이 글의 주제는 '엄마 손의 치료 효과는 과학적으로 여러 가지 근거가 있다'는 것이므로 알맞은 설명입니다.

[오답피하기] ① 이 글의 목적은 엄마 손의 치료 효과를 보여 주는 정보를 제공하고 이러한 주장이 과학적으로 근거가 있다는 것을 주장하기 위해서입니다.

2 엄마 손은 실제로 환자에게 약물을 주사하거나 먹게 하는 것이 아니므로 '실제로 약물이 효과가 있다'는 것은 알맞지 않은 설명입니다.

3 '위약 효과'에 대해 설명한 가 의 마지막 문장에서 "약이 실제로 효과가 없어도 그 약을 먹으면 나을 것이라는 믿음 때문에 환자의 고통이 사라진다고 한다."라고 하였습니다. 따라서 위약 때문에 고통이 사라지기도 한다는 사실을 알 수 있습니다.

[오답피하기] ⑤ '위약 효과'는 실제로는 치료 효과가 없는 가짜 약을 효과가 있다고 믿기 때문에 나타나는 현상입니다.

4 〈보기〉는 '위약 효과'에 대해 예를 들어 자세히 설명하고 있으므로, '위약 효과'에 대해 설명하고 있는 가 의 뒤에 들어가야 알맞습니다.

5 마 에서 '사랑 확인 이론'으로 엄마 손의 치료 효과를 설명한 것처럼, 아픈 사람에게 주위 사람들의 동정심과 보살핌이 전해져서 아픈 사람이 심리적인 안정을 얻게 되어 병이 치료된 상황은 ②입니다.

어휘 수준 ★★☆☆☆　　글감 수준 ★☆☆☆☆　　글의 길이 866자

1 ①   **2** ②   **3** (1) ○, (2) ○

4 ⑤   **5** ①   **6** 방선균, 의약품

● 독해력을 기르는 어휘

❶ 성분   ❷ 악취   ❸ 의약품

❹ 정화   ❺ 널리   ❻ 활용

❼ 기여

흙 속의 미생물인 방선균의 쓰임에 대해 자세히 설명한 글입니다. 방선균의 특징과 쓰임을 이해하고 방선균 연구의 미래를 살펴보면서 방선균의 활용 가치에 대한 기대감을 갖게 하고 있습니다.

● **글의 특징**

– '처음 – 가운데 – 끝'의 짜임으로 방선균의 쓰임을 이해하기 쉽게 설명하였습니다.

– 방선균이 만들어 내는 항생 물질의 쓰임을 예를 들어 효과적으로 설명하였습니다.

● **글의 구조**

1문단	방선균은 실처럼 생긴 가지가 서로 연결된 형태를 띤 세균의 한 종류임.	→	방선균의 특징
2, 3 문단	• 방선균은 우리 생활에 많은 도움을 줌. • 방선균이 만들어 내는 항생 물질은 의약품을 만드는 데 널리 이용됨.	→	방선균의 쓰임
4문단	계속된 방선균 연구가 그 활용 가치를 높이는 데 기여할 것임.	→	방선균 연구의 미래

주제 방선균의 특징과 쓰임

어휘 수준 ★★☆☆☆   글감 수준 ★★★☆☆   글의 길이 670자

1 1문단의 "그중에서도 흙 속에 가장 많이 산다."로 보아, 방선균이 물속에서 가장 많이 발견된다는 것은 알맞지 않은 설명입니다.

2 ㈎에서 "감기약이나 안약, 피부 질환에 바르는 연고에서부터 암이나 결핵을 치료하는 약에 이르기까지 방선균의 쓰임은 다양하다."라고 한 부분을 통해 방선균이 만들어 내는 항생 물질의 쓰임을 예를 들어 설명하고 있음을 알 수 있습니다.

3 ㉠을 통해 식물이 방선균을 통해 질소를 얻을 수 있다는 사실, 질소가 식물이 사는 데 꼭 필요하다는 사실 등을 이끌어 낼 수 있습니다.

오답 피하기 (3) 방선균이 항생 물질을 만들어 내는 과정은 이 글을 통해서는 짐작할 수 없습니다.

4 4문단의 마지막 문장에서 "새로운 방선균의 발견과 그것의 활용 방안에 대한 연구는 방선균의 활용 가치를 높이는 데 기여할 것이다."라고 하였습니다. 〈보기〉는 새로운 방선균의 발견과 그 활용 방안에 대한 내용이므로, 이를 통해 방선균의 활용 가치에 대해 기대감을 드러낸 ⑤는 적절한 탐구 활동입니다.

오답 피하기 ② 〈보기〉는 울릉도 흙 속에 있는 방선균에 대한 연구이므로, 바다에 있는 방선균의 연구가 아닙니다.

5 ㉡에서 '힘쓰다'는 '힘을 들여 일을 하다.'의 뜻으로 쓰였습니다.

오답 피하기 ③ '힘쓰다'에는 '남을 도와주다.'의 뜻도 있는데, 예를 들어 '선생님께서 나를 위해 힘써 주셨다.'와 같이 쓰입니다.

감기와 증세는 비슷하나 치료법이 다른 사이비 감기인 독감의 증세와 유행 시기, 발병 원인과 그 치료법을 소개한 글입니다. 독감은 감기와 다르게 기관지염이나 폐렴으로 발전하고, 오한, 고열, 근육통이 먼저 나타납니다. 또한 유행성 감기 바이러스에 의해서만 발병되므로 백신을 만들어 예방할 수 있다는 점을 설명하고 있습니다.

● **글의 특징**

– 콧물, 기침, 재채기가 나고 목이 아프면 무조건 감기라고 생각하는 것에 문제를 제기하고 있습니다.

– 감기의 개념을 먼저 밝히며 글을 시작하고 있습니다.

– 감기와 독감을 대비해서 독감만이 가진 특성을 설명하고 있습니다.

● **글의 구조**

1문단	감기는 호흡기 염증성 질환을 통칭하는 질병으로 독감 바이러스 외의 다양한 바이러스에 의해 발병함.	→	감기의 개념과 발병 원인
2문단	증상은 비슷해도 치료법이 다른 사이비 감기가 있음.	→	사이비 감기 소개
3문단	사이비 감기 중 하나인 독감은 감기와 증세나 유행 시기가 다름.	→	독감의 증세와 유행 시기
4문단	독감을 일으키는 바이러스는 한 종류이기 때문에 백신을 만들어 예방할 수 있음.	→	독감의 발병 원인과 예방법

⬇

주제 감기와는 다른 독감의 증세와 유행 시기, 발병 원인과 예방법

| 어휘 수준 ★★★★★ | 글감 수준 ★★★★★ | 글의 길이 780자 |

1 이 글은 감기의 개념을 소개하고 감기와 독감의 차이점을 그 증세와 유행 시기, 원인 등을 기준으로 설명하고 있습니다. 따라서 어휘의 객관적 의미를 중심으로 정보를 이해하며 읽는 것이 중요합니다.

2 1문단 첫 문장에서 "감기란 독감 바이러스 외의 다른 바이러스로 생기는 호흡기 염증성 질환을 통칭하는 질병"이라고 하였습니다.

3 〈보기〉에서는 ③에서 언급한 '독감이 오한, 고열, 근육통을 일으키게 되는 이유'에 대해 알기 어렵습니다.

오답 피하기 ④, ⑤ 〈보기〉에서는 "면역력이 없는 바이러스가 사람들 사이에 급속하게 퍼져 나가면서 독감이 대유행을 일으키게 된다"라고 하였습니다. 이를 통해 면역력이 없는 바이러스가 독감 대유행을 일으키고, 독감을 예방하기 위해서는 면역력을 생기게 하기 위한 백신을 맞아야 한다는 것을 알 수 있습니다.

4 ㉠은 '사이비'라는 말에 주목해야 하는데, 이는 '겉으로는 비슷하나 속은 완전히 다름'을 뜻하는 말입니다. 이를 감기와 독감에 적용해 보면 ㉠은 독감이 감기와 증상은 비슷하나 원칙적으로 감기와 다른 질병이라는 의미로 글쓴이가 쓴 것임을 알 수 있습니다.

5 ㉡은 계절이나 기후의 영향을 쉽게 받는다는 의미로 사용된 말입니다. ②는 추위라는 기후의 영향을 쉽게 받는다는 의미로 사용되었으므로 ㉡과 가장 가까운 의미를 나타냅니다.

오답 피하기 ① '부끄럼이나 노여움 따위의 감정을 쉽게 느끼다.'의 의미입니다.

③ '먼지나 때 따위가 쉽게 달라붙는 성질을 가지다.'의 의미입니다.

④ '어떤 조건이나 시간, 기회 등을 이용하다.'의 의미입니다.

⑤ '사람이나 물건이 많은 사람의 손길이 미쳐 약하여지거나 나빠지다.'의 의미입니다.

1 ③	2 ①	3 ⑤
4 ①	5 ②	6 가시광선, 자외선

● 독해력을 기르는 어휘

❶ 생물체	❷ 영양분	❸ 효과
❹ 순환	❺ 리모컨	❻ 사례
❼ 차단제	❽ 노출	

태양으로부터 나오는 전자기파인 태양 광선을 소개한 글입니다. 이 글에서는 태양 광선인 가시광선, 적외선, 자외선의 개념을 정의하고 그 특징을 설명하고 있습니다. 특히 적외선과 자외선의 성질을 이용한 사례를 구체적으로 제시하여 설명 대상에 대한 독자의 이해를 돕고 있습니다.

● **글의 특징**

– 태양 광선을 가시광선, 적외선, 자외선 등으로 분류하여 각 개념을 정의하고 있습니다.

– 구체적인 예를 제시하여 설명 대상에 대한 이해의 폭을 넓히고 있습니다.

● **글의 구조**

1문단	태양 광선은 태양으로부터 나오는 전자기파로 가시광선, 적외선, 자외선 등으로 이루어져 있음.	→	태양 광선의 뜻과 분류
2문단	가시광선은 사람이 눈으로 볼 수 있는 빛으로, 사물의 색을 구별하게 하고 식물의 광합성 작용을 도움.	→	가시광선의 뜻과 특징
3문단	적외선은 가시광선의 빨간빛 바깥쪽에 있는 빛으로, 열작용을 하고 혈액 순환을 도우며 통증을 감소시키는 효과가 있음.	→	적외선의 뜻과 특징
4문단	자외선은 가시광선의 보랏빛 바깥쪽에 있는 빛으로, 화학 작용이나 생리적 작용을 하고 살균 효과가 있음.	→	자외선의 뜻과 특징

⬇

주제 태양 광선의 분류 및 가시광선, 적외선, 자외선의 개념과 특징

어휘 수준 ★★★★★   글감 수준 ★★★★★   글의 길이 681자

1 이 글은 태양 광선, 가시광선, 적외선, 자외선의 개념을 정의하고 있으며, 적외선과 자외선의 성질을 이용한 사례를 구체적으로 제시하여 독자의 이해를 돕고 있습니다.

2 1문단에서 태양 광선은 가시광선, 적외선, 자외선 등으로 이루어져 있다고 하였습니다. 따라서 '태양 광선은 무엇으로 이루어져 있나요?'라는 질문에 대한 답은 찾을 수 있지만 자외선이 무엇으로 이루어져 있는지는 알 수 없습니다.
오답 피하기 ② 2문단에서 가시광선이 식물의 광합성 작용을 돕는다고 하였습니다.
③ 3문단에서 병원의 치료 기기, 야간 투시 촬영, 텔레비전 리모컨, 자동 경보기 등에 적외선이 사용된다고 하였습니다.
④ 4문단에서 자외선의 성질을 이용하여 살균 소독기를 만든다고 하였습니다.
⑤ 4문단에서 자외선에 지나치게 노출되면 화상을 입거나 피부염이 생긴다고 하였습니다.

3 3문단에서 적외선은 "눈으로는 볼 수 없다."라고 하였으므로 텔레비전 리모컨의 적외선은 우리 눈으로 직접 확인할 수는 없습니다.
오답 피하기 ① 2문단을 통해 우리 눈으로 볼 수 있는 무지개의 일곱 가지 색이 가시광선임을 알 수 있습니다.
② 1문단에서 태양 광선(가시광선, 적외선, 자외선)은 태양으로부터 나오는 전자기파라고 하였으므로 자외선도 태양으로부터 나오는 빛임을 알 수 있습니다.
④ 3문단에서 적외선은 강한 열작용을 가지고 있다고 하였으므로 현관의 센서 등은 적외선을 이용한 것으로 볼 수 있습니다.

4 ㉠은 가시광선의 빨간빛 바깥쪽에 있는 빛인 적외선이므로 사람의 눈으로는 볼 수 없습니다.
오답 피하기 ㉡은 빨강, 주황, 노랑, 초록, 파랑, 남색, 보라 등 사람이 눈으로 볼 수 있는 가시광선이고, ㉢은 가시광선의 보랏빛 바깥쪽에 있는 빛인 자외선입니다.

5 4문단에서 "자외선의 이러한 성질을 이용하여" 자외선 살균 소독기를 만든다고 하였으므로 자외선에는 살균 효과가 있음을 알 수 있습니다.

1 ③	2 ①	3 ②
4 ④	5 ①	6 판단, 뇌파

● 독해력을 기르는 어휘

❶ 합리적　　　❷ 뇌파　　　❸ 반응

인간 운전자의 뇌파를 읽고 이를 해석해 움직이는 자율 주행차를 다룬 글입니다. 이 글에서는 정보가 불확실할 경우 기존 자율 주행차는 인공 지능이 잘못된 판단을 내릴 가능성이 있다고 지적하면서 인간의 뇌파를 읽는 자율 주행차가 인공 지능의 오판이 가져오는 위험을 줄일 수 있다고 설명하고 있습니다.

● **글의 특징**

－ 기존 자율 주행차의 한계를 언급한 후, 이 한계를 극복할 수 있는 신기술에 대해 설명하고 있습니다.

－ 낯선 용어의 뜻을 먼저 정의한 후 글을 전개하고 있습니다.

－ 구체적인 예를 들어 인간의 뇌파를 읽는 자율 주행차에 대한 이해를 돕고 있습니다.

● **글의 구조**

1문단	자율 주행차는 정보가 불확실할 경우 오판의 가능성이 있음.	→	자율 주행차의 한계
2문단	인간 운전자의 뇌파를 읽고 이를 해석해 움직이는 자율 주행차가 개발됨.	→	신기술을 가진 자율 주행차의 개발
3문단	새로 개발된 기술은 기존 자율 주행차의 한계를 극복할 수 있음.	→	신기술의 효용성

↓

주제 인간의 뇌파를 읽는 자율 주행차의 개발과 효용성

어휘 수준 ★★★☆☆　　　글감 수준 ★★☆☆☆　　　글의 길이 981자

---

1 2문단의 세 번째 문장(예컨대~)과 3문단의 두 번째 문장(예를 들어~)에서 구체적인 예시를 들어 독자의 이해를 돕고 있습니다.

2 1문단 네 번째 문장에서 "판단 속도는 하드웨어의 발전으로 얼마든지 단축할 수 있다."라고 하였습니다.

오답 피하기 ② 1문단에서 "인공 지능과 연결된 정보가 확실하지 않으면 오판의 가능성이 커지기 때문이다."라고 하였습니다.

③ 2문단에서 "인간 운전자의 뇌파를 읽고 자동차가 스스로 한발 먼저 움직이는 기능을 구현한 프로젝트가 진행되어 업계의 많은 주목을 받았다."라고 하였습니다.

④ 2문단에서 "인간 운전자가 운전대를 오른쪽으로 돌리겠다고 생각하면 뇌파가 자동차로 전달되어 0.2~0.5초 정도 만에 운전대를 오른쪽으로 회전하게 된다."라고 하였습니다.

3 인간 운전자의 뇌파를 읽고 움직이는 자율 주행차는 인공 지능뿐만 아니라 인간에 의해서도 움직일 수 있습니다. 따라서 자율 주행의 통제권은 전적으로 인공 지능에게 있는 것이 아니라 인간과 인공 지능 모두에게 있습니다.

4 2문단에서 'B2V'가 작동하는 과정을 설명하고 있습니다. 이를 참고하면 우선 인간 운전자는 위험을 인식한 후(ⓒ) 해야 할 행동을 생각합니다(ⓐ). 이때 발생한 인간 운전자의 뇌파가 자동차로 전달되고(ⓑ) 최종적으로 자동차는 뇌파를 읽어 그에 맞게 작동시킵니다(ⓓ). 따라서 이를 순서대로 나열하면 ⓒ → ⓐ → ⓑ → ⓓ로 볼 수 있습니다.

5 ⓐ는 '판단, 결정을 하거나 결말을 짓는다'는 뜻입니다. 하지만 ①은 '값이나 수치, 온도, 성적 따위가 이전보다 떨어지거나 낮아진다'는 뜻입니다.

오답 피하기 ② '어떤 결과나 상태를 생기게 하다.'의 의미입니다.

③ '멈추어 있던 자세나 자리를 바꾸다.'의 의미입니다.

④ '보이지 않던 어떤 대상의 모습이 드러나다.'의 의미입니다.

⑤ '사물의 움직임이나 동작이 그치다 또는 움직임이나 동작을 그치게 하다.'의 의미입니다.

1 ⑤　　　**2** ⑤　　　**3** ①

4 ⑤　　　**5** (1) ○　　　**6** 물질, 의학

● 독해력을 기르는 어휘

❶ 실현　　　❷ 규명　　　❸ 배열

❹ 개발　　　❺ 계발

나노 기술의 종류와 현황, 전망을 소개한 글입니다. 나노 기술에는 큰 것을 작게 만드는 기술과 물질의 알갱이를 새롭게 배열하여 새로운 물질을 만드는 기술이 있습니다. 이러한 나노 기술은 현재 정보 통신, 의학, 산업 등 다양한 분야에서 개발 중이어서 앞으로 미래 산업 전반과 과학 기술 발전에도 크게 기여할 것이라고 전망하고 있습니다.

● **글의 특징**

– 나노와 나노 기술의 개념을 먼저 밝히고 있습니다.

– 나노 기술의 종류를 두 가지로 나누어 설명하고 있습니다.

– 나노 기술의 현황을 제시하고 미래를 전망하며 글을 마무리하고 있습니다.

● **글의 구조**

1문단	나노 기술은 나노 차원에서 물질의 특성을 규명하고 활용하는 기술임.	→ 나노 기술의 개념
2문단	나노 기술은 큰 것을 작게 만드는 기술과 물질의 알갱이를 새롭게 배열하여 새로운 물질을 만드는 기술로 나뉨.	→ 나노 기술의 종류
3문단	나노 기술은 정보 통신, 의학, 산업 분야에서 다양하게 개발 중임.	→ 나노 기술의 활용 분야
4문단	나노 기술은 우리 생활의 다양한 분야에 이용될 것이며 미래 산업 전반과 과학 기술 발전에 크게 기여할 것임.	→ 나노 기술의 미래

↓

주제 나노 기술의 현황과 미래

어휘 수준 ★★★☆☆　　　글감 수준 ★★★★☆　　　글의 길이 802자

---

1 이 글은 나노 기술의 개념과 그 종류를 소개하고 나노 기술의 현황과 미래 등을 설명하고 있습니다. 이 글에서는 ⑤처럼 유사한 특성을 지닌 다른 화제와의 공통점을 설명하는 부분은 찾을 수 없습니다.

오답 피하기 ② 1문단에서 '나노'와 '나노 기술'의 개념을 먼저 밝히면서 내용을 설명하고 있습니다.

④ 2문단에서 나노 기술을 큰 것을 작게 만드는 기술과 물질의 알갱이를 새롭게 배열하여 새로운 물질을 만드는 기술의 두 종류로 나누어 설명하고 있습니다.

2 3문단의 "산업 분야에서는 멀리서도 리모컨 하나로 색을 바꿀 수 있는 자동차, 빛을 받으면 스스로 표면을 깨끗하게 하는 청소 용품에 대한 연구가 진행되고 있다."로 보아 빛을 받으면 색이 바뀌게 되는 물품은 청소 용품이지 자동차가 아님을 알 수 있습니다.

오답 피하기 ① 1문단 네 번째 문장에서 "나노 물질은 크기가 매우 작아서 인간의 눈으로는 볼 수 없고, 전자 현미경을 이용해야만 관찰이 가능하다."라고 하였습니다.

④ 3문단에서 "의학 분야에서는 공기는 통하고 바이러스는 걸러 주는 투명 마스크, 몸속 구석구석을 관찰, 진단, 수술하는 의료용 로봇 등이 개발되고 있다."라고 하였습니다.

3 ㉠은 아프지 않은 주사기에 관한 물음인데, 이는 〈보기〉의 정보를 나노 기술에 적용하면 현실로 만들 수 있습니다. 즉 큰 것을 작게 만드는 나노 기술을 이용해, 피부의 통점을 건드려 사람을 아프게 하는 기존 주사기와는 달리 주사 바늘을 작게 만들어 통점을 피해 주사를 놓아 아프지 않게 하는 것을 추론해 볼 수 있습니다.

4 ㉔는 나노 기술이 현재 정보 통신 분야, 의학 분야, 산업 분야에서 개발 중인 현황을 소개하고 있습니다. 이를 통해 ㉔는 나노 기술이 다양한 분야에서 개발 중임을 밝히고 응용 가능한 기술임을 제시하기 위한 의도로 쓰였음을 알 수 있습니다.

5 '기여'는 '도움이 되도록 이바지함.'의 뜻이므로 '기여'와 '이바지'는 서로 비슷한 의미를 지닌 낱말로 볼 수 있습니다.

1 ① **2** ③ **3** (1) ○, (2) ○
4 ③ **5** ② **6** 빅 데이터, 침해

● 독해력을 기르는 어휘
❶ 향상 **❷** 제기 **❸** 고려
❹ 침해 **❺** 구축 **❻** 자동화
❼ 신뢰도

빅 데이터 기술이 사회적으로 주목받게 된 배경과 개념을 소개하고 빅 데이터 기술의 장점과 위험성, 활용 방안에 대해 설명한 글입니다. 빅 데이터 기술이 가지는 장점과 위험성을 나란히 배치함으로써 해당 기술이 가지는 양면성을 보여 주고 있습니다. 마지막에는 빅 데이터 기술이 가진 위험성을 줄일 수 있는 방안을 제시하면서 글을 마무리하고 있습니다.

● **글의 특징**
– 빅 데이터 기술이 주목받게 된 사회적 배경을 먼저 제시하고 있습니다.
– 빅 데이터 기술의 장점과 위험성을 나란히 배열하고, 위험성을 줄일 수 있는 방안을 제시하며 글을 마무리하고 있습니다.

● **글의 구조**

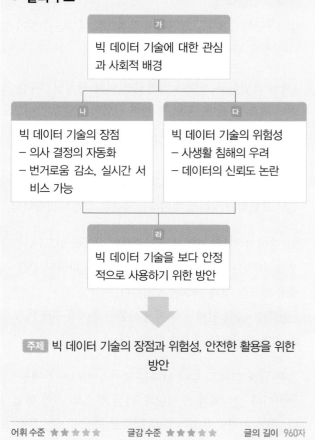

| 가 |
| 빅 데이터 기술에 대한 관심과 사회적 배경 |

| 나 | 다 |
| 빅 데이터 기술의 장점
– 의사 결정의 자동화
– 번거로움 감소, 실시간 서비스 가능 | 빅 데이터 기술의 위험성
– 사생활 침해의 우려
– 데이터의 신뢰도 논란 |

| 라 |
| 빅 데이터 기술을 보다 안정적으로 사용하기 위한 방안 |

주제 빅 데이터 기술의 장점과 위험성, 안전한 활용을 위한 방안

어휘 수준 ★★★★★ 글감 수준 ★★★★★ 글의 길이 960자

1 이 글은 빅 데이터 기술이 의사 결정에 끼칠 수 있는 영향에 대해 다루고 있으나, 빅 데이터를 처리하는 실질적인 방법은 언급하고 있지 않습니다.
오답피하기 ② 빅 데이터 기술의 장점은 주로 **나** 문단에서 다루고 있으며, 위험성에 대해서는 **다** 문단에서 다루고 있습니다.
③ **가** 문단에서 빅 데이터 기술이 주목받게 된 사회적 배경을 다루고 있습니다.
④ 빅 데이터 기술이 의사 결정에 미친 영향에 대해 **나**, **다**, **라** 문단에 걸쳐 언급하고 있습니다.
⑤ **라** 문단의 "새로운 직종이나 일자리를 만들어 낼 수도 있다"고 한 부분에서 빅 데이터 기술로 인해 펼쳐질 미래의 모습을 추측하고 있다고 볼 수 있습니다.

2 이 글은 **가** 문단에서 빅 데이터 기술이 관심을 받게 된 사회적 배경을 제시하고 **나**, **다** 문단에서 빅 데이터 기술의 장점과 위험성을 각각 보여 준 후 **라** 문단에서 빅 데이터 기술의 위험성을 줄이면서 이점을 취할 수 있는 방법에 대해 전달하고 있습니다. 따라서 '빅 데이터 기술'이라는 한 가지 주제가 가지는 긍정적인 면과 부정적인 면을 제시하고, 마지막 문단에서 그 두 가지 측면을 아우르며 글을 마무리하고 있다는 점에서 ③의 구조로 볼 수 있습니다.

3 (1)의 내용은 **가** 문단의 마지막 문장에, (2)의 내용은 **다** 문단의 두 번째 문장에 제시되어 있습니다.
오답피하기 **나** 문단 첫 번째 문장에서 빅 데이터 기술이 의사 결정을 빠르게 내릴 수 있도록 돕는 기술임을 알 수 있습니다. 따라서 (3)의 내용은 이 글의 내용과 일치하지 않습니다.

4 ⓐ, ⓑ, ⓓ는 빅 데이터 기술의 위험성에 해당하고, ⓒ, ⓔ, ⓕ는 위험성에 해당합니다. 이 중 ⓐ와 ⓓ는 **다** 문단에, ⓑ는 **라** 문단에 드러나 있습니다. 또한 ⓒ, ⓕ는 **나** 문단에서 ⓔ는 **라** 문단에서 확인할 수 있습니다.

5 ⓛ은 '지극히 바라다'라는 의미가 아닌, '지지하여 돕다'라는 의미로 사용되고 있습니다.

| 1 ④ | 2 ⑤ | 3 (2) ○ |
| 4 (나), (다) | 5 (2) ○, (3) ○ | 6 입체, 기술 |

● 독해력을 기르는 어휘

❶ 인공 ❷ 입체적 ❸ 도면
❹ 활용 ❺ 층층이 ❻ 깎아서
❼ 제품

3차원 프린터에 대해 설명한 글입니다. 일반 프린터와 3차원 프린터의 작동 방법을 비교하고 3차원 프린터의 장점과 사용 분야 등을 소개하며 앞으로의 전망을 제시하고 있습니다.

● 글의 특징

– 일반 프린터와 3차원 프린터의 작동 방법의 차이점을 제시하고 있습니다.
– 3차원 프린터의 장점을 바탕으로 그 특징을 설명하고 있습니다.
– 3차원 프린터의 활용 분야를 구체적인 예를 들어 알기 쉽게 설명하고 있습니다.

● 글의 구조

1문단	3차원 프린터의 가격이 낮아지고 생산량이 늘어남.	→	3차원 프린터 사용의 확대
2문단	3차원 프린터는 일반 프린터와 작동 방법이 다름.	→	3차원 프린터의 작동 방법
3문단	3차원 프린터는 제품을 수정하기 쉽고 제작 비용과 시간이 절약됨.	→	3차원 프린터의 장점
4문단	3차원 프린터는 산업, 의료 분야 등 다양한 분야에서 사용 가능함.	→	3차원 프린터 활용의 다양한 예
5문단	3차원 프린터의 사용 분야는 더욱 넓어질 것임.	→	앞으로의 전망

주제 3차원 프린터의 특징과 전망

어휘 수준 ★★☆☆☆ 글감 수준 ★★★☆☆ 글의 길이 961자

1 2문단에서 "3차원 프린터는 일반 프린터와 작동 방법이 다르다."라고 하였습니다. 이를 통해 두 대상의 차이점을 들어 설명하고 있음을 알 수 있습니다.

오답 피하기 ② 2문단에서 3차원 프린터를 통해 제품을 출력하는 과정을 보여 주고 있지만, 3차원 프린터를 만드는 과정을 소개한 것은 아닙니다.

⑤ 4문단에서 일반 프린터가 아니라 3차원 프린터를 활용할 수 있는 분야를 예로 들어 설명하였습니다.

2 4문단에서 3차원 프린터는 산업 분야뿐만 아니라 의료 분야, 우주 항공 분야 등 다양한 분야에서 활용될 수 있다고 하였습니다. 따라서 산업용으로만 사용될 것이라는 생각은 알맞지 않습니다.

오답 피하기 ① 3문단에서 시험 삼아 제품의 모형을 만들어 보는 경우에 3차원 프린터가 빛을 발한다고 설명하고 있습니다.

② 4문단에서 3차원 프린터가 정교한 제품을 만드는 데 적합하다고 설명하고 있습니다.

③ 1문단에서 3차원 프린터의 사용이 많아지고 있음을 설명하고 있습니다.

④ 3문단에서 3차원 프린터의 장점으로 디자인 수정이 쉽다는 점을 제시하고 있습니다.

3 3차원 프린터 사용량이 많아지면 이와 관련된 3차원 프린터 제작 및 판매, 홍보 등 관련 산업이 발달할 것이므로 (2)와 같이 추론할 수 있습니다.

오답 피하기 3차원 프린터의 사용 분야와 일반 프린터의 사용 분야가 다르므로 3차원 프린터 사용이 늘어난다고 해서 일반 프린터가 사라질 것이라는 추론은 알맞지 않습니다.

4 2문단에서 3차원 프린터는 입체적인 실물을 만드는 데 활용할 수 있다고 하였습니다. 이는 반지나 다리와 같은 제품을 만드는 것과 관련된 것입니다.

오답 피하기 (가)의 편지나 (라)의 인쇄물은 종이에 출력한 것으로 일반 프린터와 관계가 있습니다.

5 ㉠은 글자 그대로 빛이 난다는 의미가 아니라 문맥상 '제 능력이나 값어치를 드러낸다.'라는 뜻으로 쓰인 말입니다. 이는 원래의 뜻과는 다른 뜻으로 굳어져 쓰는 관용 표현입니다.

1 ③   **2** ③   **3** ②

4 (2) ○   **5** ⑤   **6** 글쓴이, 경험

● 독해력을 기르는 어휘 ─────
❶ 의도   ❷ 추리   ❸ 일상
❹ 제대로   ❺ 세부   ❻ 언급
❼ 대안

읽기란 무엇인지에 대해 설명한 글입니다. 글을 잘 읽기 위해서는 글쓴이의 생각을 파악하고 읽는 이의 생각과 느낌을 적극적으로 활용해야 한다는 것을 설명하고 있습니다.

● **글의 특징**
– 읽기 전략을 글쓴이와 읽는 이의 측면으로 나누어 설명하였습니다.
– 글쓴이의 의도나 목적에 따른 읽기 방법을 예를 들어 효과적으로 설명하였습니다.

● **글의 구조**

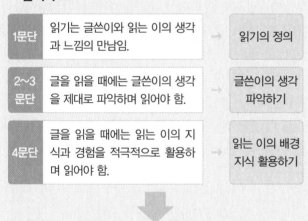

1문단	읽기는 글쓴이와 읽는 이의 생각과 느낌의 만남임.	→	읽기의 정의
2~3문단	글을 읽을 때에는 글쓴이의 생각을 제대로 파악하며 읽어야 함.	→	글쓴이의 생각 파악하기
4문단	글을 읽을 때에는 읽는 이의 지식과 경험을 적극적으로 활용하며 읽어야 함.	→	읽는 이의 배경 지식 활용하기

⬇

주제 글을 잘 읽기 위한 방법

1 4문단에서 "글을 잘 읽기 위해서는 읽는 이 스스로 자기의 지식과 경험을 되돌아보고, 이를 능동적이고 적극적으로 활용해야 한다."라고 하였습니다. ③의 '글의 내용을 있는 그대로 받아들이며 읽는다.'는 능동적이고 적극적인 읽기의 방법으로는 알맞지 않습니다.
오답 피하기 ② (가)에서 글의 종류에 따라 글을 읽는 방법이 달라져야 한다고 설명하고 있습니다.

2 2문단에서 글쓴이의 생각을 제대로 파악하기 위해서는 "글쓴이의 글쓰기 의도나 목적을 파악해야 한다."라고 하였습니다. 그리고 이에 대한 몇 가지 예를 (가)에서 들고 있습니다.
오답 피하기 ② 2문단에서 글의 종류에 따른 읽기 전략을 제시하였지만 공통점을 찾아 설명하지는 않았습니다.

3 청소기의 사용 설명서와 옷을 산 경험은 직접적인 관련이 없습니다. 청소기의 사용 설명서는 청소기를 사용했던 경험을 떠올리며 읽으면 글을 더 잘 이해할 수 있습니다.
오답 피하기 ④ 우리말 사용 사례집은 우리말 사용 사례를 모아 엮은 것으로, 우리말을 올바르게 사용했던 경험을 떠올리며 읽으면 글을 더 잘 이해할 수 있습니다.

4 〈보기〉는 쟁기의 역사에 대해 설명한 글로, 정보성이 강한 글입니다. 3문단에서 "정보성이 강한 글은 글 속에 제시된 정보를 정확히 파악하고 해석하면서 읽는 것이 좋다."라고 하였습니다.

5 '대안'은 '어떤 안(案)을 대신하는 안.'을 뜻합니다.

1 ④ **2** ② **3** ②

4 (1) (나) (2) (가), (다), (라) **5** ⑤

6 관용어, 속담, 명언

● 독해력을 기르는 어휘
❶ 바가지 ❷ 예측 ❸ 교훈
❹ 모순 ❺ 반대 ❻ 반대

우리말의 관용어와 관용 표현에 대해 설명한 글입니다. 먼저 관용어의 의미가 지닌 세 가지 특징을 사례와 함께 제시한 뒤, 관용 표현인 속담과 명언을 비교하여 설명하고 있습니다. 그리고 이러한 관용어와 관용 표현을 적절하게 사용하면 언어생활을 풍요롭게 만들 수 있음을 말하고 있습니다.

● **글의 특징**
– 관용 표현의 세 가지 종류와 각각의 특징이 나타나 있습니다.
– 구체적인 예를 들어 관용어의 의미를 설명하고 있습니다.
– 속담과 명언의 공통점과 차이점을 제시하고 있습니다.

● **글의 구조**

관용어	• 습관적으로 굳어져 익숙하게 사용하는 말 • 관용어 의미의 세 가지 특징 – 구성하는 낱말의 뜻과 다른 제3의 의미로 사용됨. – 글자 그대로의 의미와 관용 의미를 모두 지님. – 글자 그대로의 의미에서 관용 의미를 예측하기 어려움.
속담	• 민간에서 전해 내려옴. • 선조들의 삶과 지혜가 담김. • 풍자적이고 교훈적인 내용이 담김.
명언	• 출처가 알려져 있음. • 대부분 교훈적인 내용을 담음. • 속담과 달리 의미를 직접적으로 전달함.

↓

사용 효과	• 듣는 사람의 이해를 도움. • 대화 분위기를 재미있게 이끌고 말하려는 의도를 설득력 있게 전달함. • 언어생활을 풍요롭게 만듦.

주제 관용 표현의 종류별 특징과 사용 효과

어휘 수준 ★★★☆☆ 글감 수준 ★★★☆☆ 글의 길이 1,132자

1 이 글에서 비유적 표현을 사용하여 주제를 강조하는 내용은 나와 있지 않습니다.

오답 피하기 ① 1문단의 "습관적으로 굳어져 우리가 익숙하게 사용하는 말들이 있는데, 이를 관용어라고 한다."에서 관용어의 뜻을 풀이하고 있습니다.
② 3문단에서 속담과 명언의 공통점과 차이점을 밝히고 있습니다.
③, ⑤ 2문단에서 관용어의 의미를 세 가지로 나누어 설명하고, 각각의 특징에 해당하는 사례를 들고 있습니다.

2 (가)의 '시치미를 떼고'는 '모른 척하다.'라는 의미를 지닌 관용어로, 말의 중요성을 드러낸 것은 아닙니다.

3 보고 들은 것과 아는 것도 별로 없으면서 자신이 세상의 모든 것을 알고 있는 것처럼 행동하는 사람을 나타내기에 알맞은 속담은 '우물 안 개구리'입니다. '우물 안 개구리'는 '넓은 세상의 형편을 알지 못하는 사람'이나 '견문과 학식이 좁아 저만 잘난 줄로 아는 사람'을 가리키는 속담입니다.

오답 피하기 ①, ③ '속 빈 강정'과 '빛 좋은 개살구'는 모두 겉만 그럴듯하고 실속이 없음을 나타내는 속담입니다.
④ '아닌 밤중에 홍두깨'는 별안간 엉뚱한 말이나 행동을 함을 이르는 속담입니다.
⑤ '개 발에 주석 편자'는 옷차림이나 지닌 물건 따위가 제격에 맞지 아니하여 어울리지 않음을 이르는 속담입니다.

4 (나)의 '발이 넓어'는 발의 폭이 넓다는 말로, '글자 그대로의 의미'로 사용되었습니다. (가)의 '손에 익어'는 '일이 손에 익숙해지다.'라는 의미로, (다)의 '배가 아팠다'는 '남이 잘되어 심술이 나다.'라는 의미로, (라)의 '목이 빠지게 기다렸다'는 '몹시 애타게 기다리다.'라는 의미로 사용되었습니다. 따라서 (가), (다), (라)는 모두 '관용 의미'로 사용되었습니다.

5 '자주'는 '같은 일을 잇따라 잦게.'를 의미하는 말로, '매번', '빈번히'와 유의 관계입니다. '종종'과 '가끔'은 '시간적 · 공간적 간격이 얼마쯤씩 있게.', '때때로'는 '경우에 따라서 가끔.'이라는 의미로, '자주'와 반의 관계에 있습니다.

| 1 ③ | 2 ① | 3 ③ |
| 4 ③ | 5 ① | 6 사상, 과학 |

● 독해력을 기르는 **어휘**

❶ 핵심 ❷ 기존 ❸ 적용

❹ 독창적 ❺ 기관 ❻ 창제

❼ 자유자재 ❽ 꼽히는

세종 대왕이 만든 한글의 우수성을 설명한 글입니다. 한글은 당시의 사상과 지식이 녹아 있는 고도의 발명품이고, 과학적·독창적인 문자이며, 배우기 쉽고 정보화 시대에 적합한 우수한 문자임을 밝히고 있습니다. 대조의 방법을 사용하여 다른 언어에 비해 배우기 쉽고, 문자 입력 속도가 빠른 한글의 우수성을 효과적으로 전달하고 있습니다.

● **글의 특징**

– 한글 모음과 자음을 만드는 원리를 제시하고 있습니다.

– 한글의 우수성을 문단별로 나누어 설명하고 있습니다.

– 한글의 우수성과 그것을 뒷받침하는 각각의 이유(사례)를 들어 설명하고 있습니다.

● **글의 구조**

1문단	한글은 당시의 사상과 지식이 녹아 있는 고도의 발명품으로, 모음은 천지인(天地人)을, 자음은 발음 기관을 본떠서 만들었음.	→	한글의 우수성 ① – 당시의 사상과 지식이 녹아 있는 우수한 문자
2문단	한글은 발음의 원리를 글자 모양에 반영한 과학적인 문자이고, 독자적인 원리를 적용한 문자임.	→	한글의 우수성 ② – 과학적이고 독창적인 문자
3문단	한글은 세계에서 가장 배우기 쉬운 문자임.	→	한글의 우수성 ③ – 배우기 쉬운 문자
4문단	한글은 정보화 시대에 컴퓨터, 휴대 전화 문자 등에 매우 적합한 문자임.	→	한글의 우수성 ④ – 정보화 시대에 적합한 문자

⬇

주제 한글의 우수성

어휘 수준 ★★★☆☆　　글감 수준 ★★★☆☆　　글의 길이 1,010자

1 1문단의 "세종 대왕은 이런 방법으로 모음 11자와 자음 17자, 모두 28자를 만들었는데, 오늘날에는 이 가운데 모음 10자와 자음 14자만 쓰고 있다."에서 창제된 28자 중 오늘날에는 24자만 쓰고 있다는 것을 알 수 있습니다.

오답 피하기 ① 3문단에서 우리나라는 문맹이 거의 없다고 하였습니다.

② 1문단에서 한글 자음은 발음 기관의 모양을 본떠서 만들었다고 하였습니다.

④ 1문단에서 세종 대왕이 만든 한글은 당시의 사상과 지식이 녹아 있는 고도의 발명품이라고 하였습니다.

⑤ 2문단에서 한글은 기존의 어떤 문자를 모방하거나 변형한 것이 아니고 독자적인 원리를 적용하여 만들었기 때문에 매우 독창적이라고 하였습니다.

2 이 글의 글쓴이는 한글은 당시의 사상과 지식이 녹아 있는 고도의 발명품이고, 과학적·독창적인 문자이면서, 배우기 쉬운 문자이고, 정보화 시대에 컴퓨터, 휴대 전화 문자 등에 매우 적합한 문자라고 하였습니다. 이는 한글의 우수성과 가치를 깨닫게 하기 위해서입니다.

오답 피하기 ②, ③, ④, ⑤는 이 글을 쓴 글쓴이의 궁극적인 의도로는 알맞지 않은 내용입니다.

3 2문단에서 한글은 발음의 원리를 글자 모양에 반영한 과학적인 문자라고 하였으며(ㄴ), 4문단에서 한글은 정보화 시대에 컴퓨터, 휴대 전화 문자 등에 매우 적합한 문자라고 하였습니다(ㄷ).

4 〈보기〉에서 "지혜로운 사람은 아침나절이 되기 전에 깨우치고, 어리석은 이라도 열흘이면 배울 수 있다."라고 한 것으로 보아 한글이 쉽게 습득할 수 있는 문자임을 알 수 있습니다. 이로 보아 한글 창제 이후에는 한글을 통해 백성들과 지배층이 원활하게 의사소통을 했을 것임을 짐작해 볼 수 있습니다.

5 ㉠에서는 로마자를 배우는 법과 한글을 배우는 법의 차이점을 들어 설명하는 '대조'의 방법을 사용하고 있습니다.

오답 피하기 ②는 분석, ③은 분류, ④는 비유, ⑤는 정의에 대한 설명입니다.

1 ①   **2** ③   **3** ②

4 ②   **5** 이것, 강조

● 독해력을 기르는 어휘

❶ 구체적   ❷ 일반적   ❸ 원근

❹ 기준   ❺ 고유   ❻ 다양

❼ 대개   ❽ 주장

우리말의 대표적인 지시 표현 '이, 그, 저'가 가지고 있는 기본적인 의미와 그 쓰임에 대해 설명한 글입니다. '이, 그, 저'는 기본적으로 원근을 나타내는 표현이지만, 현재를 기준으로 시간적 거리를 나타내기도 합니다. 또한 지시 표현은 대개 앞에 나오는 문장을 통해 그 의미를 파악하는 것이 일반적이지만, 때로는 강조를 위해 '이것'이라는 지시 표현을 사용하기도 합니다.

● **글의 특징**

– 지시 표현 '이, 그, 저'의 기본적인 의미를 대조의 방법을 통해 밝히고 있습니다.

– 지시 표현이 거리의 원근뿐만 아니라 현재 시간을 중심으로 시간적 거리도 지시하고 있음을 설명하고 있습니다.

– 지시 표현 '이것'이 강조하는 표현에 사용되기도 한다는 점을 설명하고 있습니다.

● **글의 구조**

1문단	지시 표현은 앞이나 뒤의 장면을 통해서만 구체적인 내용을 확인할 수 있음.	→	지시 표현의 특징
2문단	지시 표현 '이, 그, 저'는 원근을 나타내는 표현임.	→	지시 표현 '이, 그, 저'의 의미
3문단	지시 표현 '이, 그, 저'는 현재를 기준으로 시간적 거리를 나타내기도 함.	→	'이, 그, 저'가 지시하는 시간
4문단	원근 표현 중 앞의 내용을 지시하지 않는 경우	→	강조하는 표현에 사용되기도 하는 '이것'

↓

주제 지시 표현 '이, 그, 저'의 의미와 쓰임

어휘 수준 ★★★★★   글감 수준 ★★★★★   글의 길이 1,066자

1 지시 표현인 '이, 그, 저'의 의미 차이를 중심으로 설명하고 있습니다. 주로 2문단에서는 원근 표현으로서 '이, 그, 저'의 의미 차이를, 3문단에서는 시간 표현으로서 '이, 그, 저'의 의미 차이를 설명하고 있습니다.

오답 피하기 ③ 설명과 관련된 예문들이 제시되어 있지만, 이것은 설명한 내용의 오류를 지적하기 위한 것이 아닙니다.

2 4문단에서 "뭔가 힘주어 강조하는 내용을 말하는 사람이 주장하려고 할 때 '이것'이라는 표현을 사용한다."라고 하였습니다.

오답 피하기 ① 2문단에서 "'이는 우리의 소망이야.'에서처럼 '이'는 일정한 사건을 지시하는 대명사로 사용되기도 한다."라고 하였습니다.

② 3문단을 통해 '이, 그, 저'가 연결된 표현 중 현재를 기준으로 시간적 거리를 나타내는 것도 있음을 알 수 있습니다.

⑤ 1문단에서 "모든 사물에는 고유한 이름이 있다. 이것들은 이름 그대로 문장에서 사용되기 때문에 하나의 문장 안에서도 얼마든지 이해될 수 있다."라고 하였습니다.

3 '저쪽'은 말하는 사람과 듣는 사람으로부터 먼 표현이므로, 지원이는 주형이와 주형이 어머니 모두에게서 멀리 있다는 것을 알 수 있습니다.

오답 피하기 ③ 주형이의 위치를 기준으로 주형이의 어머니는 '이쪽'에 있고 지원이는 '저쪽'에 있으므로, 주형이의 어머니가 지원이보다 주형이와 가까이 있습니다.

④ ㉣의 '접때'는 '오래지 아니한 과거의 어느 때'를 이르는 말입니다. 주형이 어머니의 대사를 통해 주형이는 얼마 전에 어머니와 지원이에 대한 이야기를 나눈 적이 있음을 알 수 있습니다.

⑤ ㉤의 '이리로'는 말하는 사람으로부터 가까운 곳을 가리키므로 알맞은 반응입니다.

4 4문단에서 "원근 표현은 해당 문장만으로 지시하는 내용이 정확히 어떤 것인지 알 수 없는 경우가 대부분이다. 즉 앞에 나오는 문장들을 통해서만 완전히 파악될 수 있는 것이다."라고 설명하고 있습니다.

| 1 ① | 2 ⑤ | 3 (1) ○ |
| 4 ㄷ | 5 (2) ○ | 6 목적, 장식 |

● 독해력을 기르는 어휘

❶ 의상 ❷ 항로 ❸ 정교한

❹ 포함하는 ❺ 비슷한 ❻ 반대되는

부채의 쓰임과 종류 등을 자세히 설명한 글입니다. 부채는 더위를 식히는 것 외에도 다양하게 쓰였고, 특히 동양에서는 부채에 많은 의미를 부여했으며, 세련된 장식으로 유럽에서 큰 인기를 끌었음을 알려 주고 있습니다.

● **글의 특징**

– 부채의 종류를 둥글부채와 접부채로 나누어 각각의 특징을 이해하기 쉽게 설명하고 있습니다.

– 동양 부채가 유럽에 전해지는 과정이 나타나 있습니다.

● **글의 구조**

1문단	부채는 더위를 식히는 것 외에도 다양하게 쓰였음.	→	부채의 쓰임
2문단	대표적으로 둥글부채와 접부채가 있음.	→	부채의 종류
3문단	중국과 일본에서는 부채에 많은 의미를 부여하여 그 장식에 공을 들였음.	→	중국과 일본 부채의 특징
4문단	동양 부채가 유럽에 소개되고 이후 엄청난 양의 부채가 유럽에 전해짐.	→	동양 부채가 유럽에 전해지는 과정
5문단	우리나라 부채의 주재료는 대와 한지로, 옻칠이나 기름칠로 오래 사용하도록 만들었음.	→	우리나라 부채의 특징

↓

주제 부채의 쓰임과 종류, 동양 부채와 우리나라 부채의 특징

어휘 수준 ★★★★★ 글감 수준 ★★★★★ 글의 길이 808자

---

1 2문단의 "접부채의 부챗살은 손잡이 끝에서 대갈못이나 핀으로 고정하며"에서 접부채에 손잡이가 있다는 것을 알 수 있습니다.

오답 피하기 ② 2문단의 "둥글부채는 부챗살에 천이나 종이를 붙여 만든 둥근 모양의 부채이며"에서 알 수 있습니다. ③, ④ 2문단의 "접부채의 부챗살은 손잡이 끝에서 대갈못이나 핀으로 고정하며 부챗살 위에는 천이나 종이를 입히되 부채를 접거나 펼 수 있도록 주름이 잡혀 있다."에서 알 수 있습니다.

2 3문단에서 중국과 일본의 문화권에서는 부채에 많은 의미를 부여했기 때문에 그 장식에도 세심한 주의를 기울였고, 그만큼 고급 부채의 장식이 세련된 취향을 보여 주었다고 하였습니다.

오답 피하기 ① 3문단에서 여자만이 아니라 남자들도 부채를 들고 다녔다고 설명하고 있습니다. ③ 3문단에서 제각기 특정한 목적에 쓰이는 다양한 종류의 부채가 있었다고 설명하고 있습니다. ④ 중국 부채와 일본 부채는 유럽인들의 취향에 맞게 만들어진 것이 아니라 복잡하고도 솜씨 좋게 만들어졌기 때문에 유럽인들의 마음을 사로잡은 것입니다.

3 부채가 일상생활에서 중요한 역할을 하였고, 중국과 일본의 문화권에서 부채에 많은 의미를 부여했다는 사실을 통해 이끌어 낼 수 있는 사실은 그만큼 부채를 매우 귀중한 물건으로 여겼다는 것입니다.

4 ㉠의 '의식을 거행할 때'에서 의식은 행사를 뜻합니다. 〈보기〉의 ㄷ은 혼례 때 부채로 신랑의 얼굴을 가리고 입장했다는 내용이므로, '혼례'라는 행사에서 부채가 쓰인 경우입니다.

오답 피하기 ㄹ. 부채를 장식품으로 여겨 들고 다니는 것은 부채가 의상의 부속품으로 쓰인 경우로, 의식과는 관련이 없습니다.

5 ㉡에서 '접다'는 '폈던 것을 본래의 모양으로 되게 하다.'라는 뜻이고, '펴다'는 '접히거나 개킨 것을 젖히어 벌리다.'라는 뜻입니다. 즉 '접다'와 '펴다'는 뜻이 서로 반대되는 낱말입니다.

1 ①   **2** ② ○, ③ ○   **3** (2) ○

4 한결   **5** ③   **6** 건강, 섭취량

● 독해력을 기르는 어휘

❶ 식생활   ❷ 예방   ❸ 증가

김치의 영양과 유익함에 대해 설명한 글입니다. 김치의 섭취량이 점점 줄어들고 있는 상황에서 김치의 단점을 보완하면서 그 장점을 살리려는 노력이 필요하다는 것을 구체적인 수치를 제시하여 설명하고 있습니다.

● **글의 특징**

– 객관적, 과학적 사실을 바탕으로 김치의 영양과 유익함을 설명하고 있습니다.

– 구체적인 수치를 제시하여 김치의 섭취량이 줄어들고 있다는 것을 효과적으로 설명하고 있습니다.

● **글의 구조**

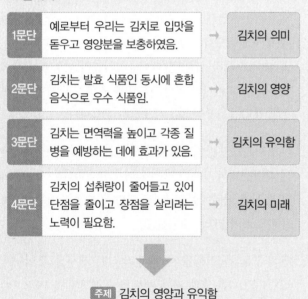

1문단	예로부터 우리는 김치로 입맛을 돋우고 영양분을 보충하였음.	→	김치의 의미
2문단	김치는 발효 식품인 동시에 혼합 음식으로 우수 식품임.	→	김치의 영양
3문단	김치는 면역력을 높이고 각종 질병을 예방하는 데에 효과가 있음.	→	김치의 유익함
4문단	김치의 섭취량이 줄어들고 있어 단점을 줄이고 장점을 살리려는 노력이 필요함.	→	김치의 미래

주제 김치의 영양과 유익함

1 2문단에서 '김치는 젖산 발효를 통해 맛을 내는 발효 식품인 동시에, 주재료인 배추에 마늘, 생강, 고춧가루 등 다양한 부재료를 섞은 혼합 음식'이라고 하였습니다.

오답 피하기 ③ 4문단을 통해 김치의 소비가 점점 줄어들고 있는 추세임을 알 수 있습니다.

2 (가)에서는 발효 식품인 동시에 혼합 음식으로 영양적으로 우수한 김치의 특징을 제시하고 있습니다. 따라서 이러한 특징을 잘 나타낸 말은 '발효 식품'과 '혼합 음식'입니다.

오답 피하기 ④ '전통 음식'은 예로부터 내려오는 우리 고유의 음식이라는 의미로 김치의 특징으로 볼 수 있지만, (가)와 관련된 김치의 특징으로 볼 수는 없습니다.

3 (2)는 김치의 유산균이 장을 깨끗하게 해 주고 비타민 합성과 단백질의 흡수를 도와준다는 내용이므로, 김치가 건강에 이롭다는 주장을 뒷받침하는 근거가 됩니다.

오답 피하기 (3) 김치에 포함된 소금의 양이 많은 것은 김치가 건강에 이롭다는 주장이 아니라 김치가 건강에 해롭다는 주장을 뒷받침하는 근거가 됩니다.

4 이 글에서는 김치에 포함된 소금의 양이 많은 것과 냄새가 심하다는 것을 김치의 단점으로 꼽았습니다. 이러한 단점을 보완하여 소금의 양을 줄이고, 김치의 장점인 발효 식품 고유의 독특한 맛을 살리는 요리 방법을 연구할 것을 제안한 한결이가 ㉠에 알맞은 제안을 하였습니다.

오답 피하기 다운이와 윤서는 각각 김치 대신에 다른 음식을 홍보하고 섭취하자고 제안하였습니다. 이는 김치의 단점을 보완하면서 그것의 장점을 살리자는 취지에 어긋나는 제안입니다.

5 ㉡의 '밀려나는'은 '어떤 자리에서 몰리거나 쫓겨나는.'의 뜻으로 쓰였습니다.

오답 피하기 ①, ⑤ '미루다'의 낱말 뜻입니다.

②, ④ '밀다'의 낱말 뜻입니다.

어휘 수준 ★★★★★   글감 수준 ★★★★★   글의 길이 728자

1 ⑤	**2** ⑤	**3** ②
4 ⑤	**5** (3) ○	**6** 더위, 생각

● 독해력을 기르는 어휘
① 음력   **②** 명칭   **③** 눈치
④ 일찍이   **⑤** 어쨌든   **⑥** 효험
⑦ 대꾸

우리나라 세시 풍속인 더위팔기에 대해 설명한 글입니다. 더위팔기의 시기, 목적, 방법, 이유 등을 제시하여 더위팔기에 대해 구체적으로 설명하고 있습니다.

● **글의 특징**
– 더위팔기의 방법을 예를 들어 설명하고 있습니다.
– 예전과는 다른 오늘날의 더위팔기 방법을 소개하고 있습니다.

● **글의 구조**

1문단	지역에 따라 더위의 명칭은 '덕', '더우', '독'이라고 함.	→	더위의 명칭
2문단	그해 여름에 자신이 더위 먹는 것을 예방하거나 누가 더 정신이 맑은지 시험하는 의미에서 더위 팔기를 함.	→	더위팔기의 목적
3~4 문단	상대방이 전혀 생각하지 못한 순간에 "내 더위 사 가라."와 같이 말하며 더위를 팔고, 다시 되팔 수도 있음.	→	더위팔기의 방법
5문단	최근에는 전화 통화 중에 더위를 파는 새로운 방법이 등장함.	→	오늘날의 더위 팔기 방법

⬇

주제 정월 대보름날에 남에게 더위를 파는 풍속

1 이 글에서 더위를 파는 시기는 정월 열 나흗날과 보름날이며, 상대에게 '내 더위 사 가라.'와 같은 말을 하며 더위를 판다고 하였습니다. 그리고 지역마다 '더위'를 부르는 명칭이 다르다고 하였으므로 이를 통해 '더위팔기'의 명칭이 다르게 불릴 수도 있음을 짐작할 수 있습니다. 또한 이 글에서는 여름에 자신이 더위 먹는 것을 예방하거나 누가 더 정신이 맑은지 시험하는 의미에서 다른 사람에게 더위를 판다고 하였습니다.
오답 피하기 ② 이 글의 앞부분에서 전국적으로 더위를 판다고 하였으므로, '더위팔기'를 하는 지역은 '전국'임을 알 수 있습니다.

2 3문단에서 주로 마을 사람들에게 더위를 팔았다고 하였으므로, ⑤는 더위를 파는 알맞은 방법이 아닙니다.
오답 피하기 ①, ②, ③, ④ 더위를 팔 때에는 상대방이 전혀 생각하지 못한 순간에 "내 더위 사 가라." 혹은 "내 더위.", "내 덕새."라고 말하며 더위를 판 사람에게 되팔 수 있다고 하였습니다. 그리고 상대방이 더위를 팔 것을 눈치채고 먼저 더위를 팔 수도 있다고 하였습니다.

3 '손윗사람'은 '나이나 항렬 따위가 자기보다 위이거나 높은 사람.'을 뜻하므로, '어르신'으로 바꾸어 쓸 수 있습니다.
오답 피하기 ① 형제와 자매, 남매를 통틀어 이르는 말.
⑤ 직계에 속하는 가족. 조부모와 부모, 부모와 자녀, 자녀와 손주 등의 관계를 이루는 가족을 이름.

4 거실에서 만난 동생에게 더위를 파는 것은 예전과 같은 방법으로 더위를 파는 것입니다.
오답 피하기 ①, ②, ③, ④ 5문단에서 최근에는 전화 통화 중에 더위를 판다고 하였으므로 예전과 다른 더위팔기 방법은 휴대 전화나 이메일 등을 사용한 더위팔기임을 짐작할 수 있습니다.

5 이 글은 읽는 이에게 객관적 사실을 전달하는 설명문입니다. 따라서 글의 내용과 연관 지어 정월 보름날에 사람들이 더위를 파는 상황을 나타낸 그림이나 사진을 자료로 활용하는 것이 알맞습니다.

어휘 수준 ★★★★★   글감 수준 ★★★★★   글의 길이 871자

1 ③   **2** ⑤   **3** ②

4 (1) ○   **5** ⑤   **6** 흙, 마루

● 독해력을 기르는 어휘

❶ 조건   ❷ 염려   ❸ 독특한

❹ 추수   ❺ 이엉   ❻ 송진

❼ 마루

초가집의 특징과 구조에 대해 설명한 글입니다. 초가집의 재료인 짚과 소나무의 재료적 특성, 온돌방과 마루의 구조적 특징 등을 통해 초가집의 장점을 알려 주고 있습니다.

● **글의 특징**

– 초가집의 구조를 온돌방과 마루로 나누어 분석의 방법으로 설명하고 있습니다.

– 구들의 개념을 정의의 방법으로 설명하고 있습니다.

– 온돌방과의 차이점을 대조하여 마루의 특징을 드러내고 있습니다.

● **글의 구조**

가	초가집은 자연 조건을 이용한 집으로, 짚, 소나무, 흙으로 만듦.	→	초가집의 특징과 재료
나	초가집 지붕의 재료인 짚은 가볍고, 물이 잘 흘러내리며 단열성이 뛰어나고, 기둥의 재료인 소나무는 송진으로 인해 잘 썩지 않음.	→	짚과 소나무의 재료적 특성
다	추수가 끝난 농촌에서 사람들이 모여 초가집 지붕을 만들어 얹었음.	→	초가집 지붕을 만들어 얹는 시기
라	구들은 부엌에서 생긴 열을 통해 난방하는 장치로, 구들을 통해 난방을 하는 방은 온돌방이라고 함.	→	구들의 개념과 온돌방의 특징
마	마루는 방문 앞에 나무판을 깔아 이어서 만들며 온돌방과 달리 시원한 공간임.	→	마루의 특징 및 온돌방과의 차이점

주제 초가집의 특징과 구조

어휘 수준 ★★★★★   글감 수준 ★★★★★   글의 길이 689자

1 다는 추수가 끝난 농촌에서 사람들이 모여 짚으로 이엉을 엮어 지붕에 얹고 새끼줄을 묶어 초가집의 지붕을 완성하였다는 내용이므로, 중심 내용은 '초가집 지붕을 만들어 얹는 시기'와 같이 정리할 수 있습니다.

2 나의 '짚은 단열성이 뛰어나기 때문에 초가집은 겨울에도 따뜻하고 여름에는 시원하답니다.'를 통해 확인할 수 있습니다.

오답 피하기 ④ 다에서 추수가 끝난 농촌에서 짚으로 이엉을 엮어 지붕에 얹고 새끼줄로 묶으면 초가집의 지붕이 완성되었다고 하였으므로, 초가집 지붕을 일 때는 추수가 끝난 이후입니다.

3 라와 마에서 초가집을 온돌방과 마루로 나누어 자세하게 설명하고 있습니다. 이처럼 전체를 여러 부분으로 나누어 설명하는 방법을 분석이라고 합니다.

오답 피하기 ④ 마에서 온돌방과의 차이점을 대조하여 마루의 특징을 설명하고 있습니다.

4 이 글을 읽고 초가집의 재료와 구조가 더위나 추위를 극복하도록 되어 있음을 알 수 있습니다. 그리고 〈보기〉는 한옥의 구조가 지방마다 다른 것을 기후와 관련지어 설명하고 있습니다. 이를 통해 우리나라의 전통 가옥은 기후를 고려하여 지어졌다는 것을 추론할 수 있습니다.

5 '집'과 '짚'은 모두 [집]으로 소리가 납니다. 즉 두 낱말은 소리는 같지만 서로 모양이 다릅니다.

1 ④　　**2** (1) ○ (2) ○　　**3** ④
4 ③　　**5** ③　　**6** 역할, 필수

● 독해력을 기르는 어휘

❶ 수행　　❷ 조성　　❸ 고조
❹ 효과　　❺ 심리　　❻ 긴박감
❼ 장엄

영화 속 소리가 하는 역할에 대해 설명한 글입니다. 영화 속 소리에 대한 부정적 인식을 먼저 소개한 다음 '하지만 영화를 볼 때 소리를 없앤다면 어떻게 될까?'라고 의문을 제기하면서 독자의 관심을 끌고 있습니다. 이어서 영화 속 소리의 중요성을 주장하면서 그 근거가 될 수 있는 영화 속 소리의 역할을 세 문단에 걸쳐 나열하고 있습니다.

● **글의 특징**

– 서두에서 제시한 내용에 대해 비판하고, 생각을 유도하는 방식으로 독자의 관심을 끌고 있습니다.
– 영화 속에서 소리가 하는 역할을 나열하고 있습니다.
– 영화 속 소리의 역할에 대해 이해하기 쉽도록 구체적인 예를 제시하고 있습니다.

● **글의 구조**

> 영화 속 소리에 대한 부정적 인식

↑ 비판

> 영화 속 소리의 중요성　←근거

> **영화 속 소리의 역할**
> – 작품의 내용 전달, 현실감 부여, 영상의 시·공간적 배경의 확인
> – 분위기 조성, 인물의 심리 표현
> – 다른 시간과 공간에서 찍힌 장면의 연결 → 하나의 이야기로 구성

주제 영화 속 소리의 역할

1 이 글에서는 영화 속에서 소리가 하는 역할을 '먼저, ~, 또한 ~, 마지막으로, ~'와 같이 세 문단으로 나누어 자세히 설명하고 있습니다. 따라서 '영화 속 소리의 역할'이 제목으로 알맞습니다.

오답피하기 ② 영화 속 소리의 종류가 언급되고 있지만, 전체 내용을 아우르는 것은 아니므로 제목으로는 알맞지 않습니다.

2 3, 4, 5문단에서 영화 속 소리의 역할을 나열하고 있고, '예를 들어 ~'라고 하면서 구체적인 예를 제시하여 독자의 이해를 돕고 있습니다.

오답피하기 (3) '두 대상의 공통점'에 대한 설명은 없습니다.
(4) 문제의 원인을 분석한 후 그 해결 방안을 제시하는 글이 아닙니다.

3 이 글은 영화 속 소리가 영상과 분리될 수 없는 필수 요소이고, 영화 속에서 다양한 기능을 수행한다는 내용을 담고 있습니다. 1문단에서 영화 속 소리가 영화의 예술적 효과와 상상력을 빼앗는 것으로 비판을 받기도 한다고 말하고 있지만, 2문단에서 "하지만 영화를 볼 때 소리를 없앤다면 어떻게 될까?"라고 의문을 제기하며 영화 속 소리의 중요성을 강조하고 있습니다.

4 ③은 영화의 분위기를 조성하기 위해 소리를 사용한 것으로, 영상의 사실성을 높이는 것과는 거리가 있습니다.

오답피하기 ①, ②, ④, ⑤는 영상 속 장면이 실제인 것처럼 느끼게 만들므로 영상의 사실성을 높이는 것으로 볼 수 있습니다.

5 사랑할 때와 사이가 벌어졌을 때, 갈등이 최고조일 때 각각 다른 음악이 사용되고 대화의 양도 달라지고 있습니다. 이것은 소리를 활용해 인물의 심리 변화와 분위기를 표현하고 있는 것입니다.

오답피하기 ④ 소리가 영화의 주요 요소가 되고 있습니다.
⑤ 소리의 청각적 이미지가 주는 예술적 효과와 관련됩니다.

어휘 수준 ★★★☆☆　　글감 수준 ★★★☆☆　　글의 길이 877자

1 ④	2 ①	3 ②
4 ①	5 ③	6 영향, 쌍방향

● 독해력을 기르는 어휘

❶ 실험　　　❷ 각인　　　❸ 이념

❹ 증강 현실　❺ 전 세계　❻ 서서히

❼ 해체　　　❽ 구현

비디오 아트의 창시자인 백남준의 작품과 예술관에 대해 설명한 글입니다. 백남준은 영상, 과학 기술, 인터넷이 현대인에게 상당한 영향을 미칠 것을 예측하고 비디오 아트를 실험하였습니다. 이후 '굿모닝 미스터 오웰', '손에 손 잡고' 등 뛰어난 작품을 통해 전 세계에 백남준이라는 이름을 각인시켰음을 밝히고 있습니다.

● **글의 특징**

– 백남준이 비디오 아트를 시작한 때부터 시간 순서대로 백남준의 작품과 예술관을 소개하고 있습니다.

– 백남준의 작품을 소개하고 작품이 담고 있는 의미에 대해 상세하게 설명하고 있습니다.

– 백남준의 발언을 인용함으로써 백남준의 예술관을 더 생생하게 전달하고 있습니다.

● **글의 구조**

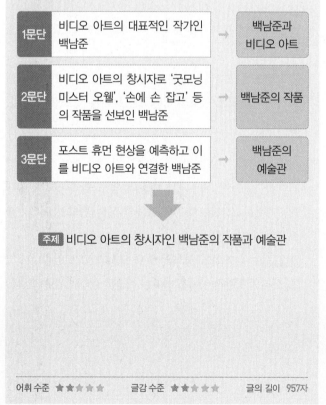

1문단	비디오 아트의 대표적인 작가인 백남준	→	백남준과 비디오 아트
2문단	비디오 아트의 창시자로 '굿모닝 미스터 오웰', '손에 손 잡고' 등의 작품을 선보인 백남준	→	백남준의 작품
3문단	포스트 휴먼 현상을 예측하고 이를 비디오 아트와 연결한 백남준	→	백남준의 예술관

주제 비디오 아트의 창시자인 백남준의 작품과 예술관

1 2문단을 통해 동서의 만남이라는 주제를 소통 문제로 부각하여 표현한 공연은 '굿모닝 미스터 오웰'이 아닌 '손에 손 잡고'임을 알 수 있습니다.

오답 피하기 ③ 3문단에서 백남준은 비디오 아트는 단지 보는 것만으로는 시시해질 것이고 쌍방향 소통을 통해 재미있는 작품이 나올 것이라고 말하였습니다. 이를 통해 백남준이 비디오 아트에서 일방향 소통은 한계가 있다고 생각했음을 알 수 있습니다.

2 백남준이 인간과 기계의 경계가 해체되는 것을 경계했는지는 이 글을 통해 알 수 없습니다. 그러나 3문단에서 백남준은 "쌍방향 소통을 통해 재미있는 작품이 나올 것이며, 또 가상 현실도 바로 그런 것이 될 것이다."라고 포스트 휴먼 현상을 예측한 것으로 볼 때 백남준은 기술의 발전을 부정적으로 받아들이기보다는 긍정적으로 생각하는 편이었음을 알 수 있습니다.

오답 피하기 ⑤ '굿모닝 미스터 오웰'은 새로운 과학 기술로 지구가 하나 된다는 내용을 담고 있고, '손에 손 잡고'는 지역적·이념적 차이를 비정치적 교류를 통해 해소할 수 있다는 내용을 담고 있습니다. 따라서 이 두 작품에는 지역적 차이를 해소하고자 하는 백남준의 가치관이 담겨 있다고 볼 수 있습니다.

3 백남준이 포스트 휴먼 현상을 예측한 것은 맞지만 백남준이 이 용어를 가장 먼저 사용했는지는 이 글을 통해 알 수 없습니다.

4 백남준은 영상, 과학 기술을 적극적으로 활용해 자신의 작품에 녹여 왔습니다. 따라서 백남준은 가상 현실과 같은 새로운 기술에 대해 우려하기보다는 이를 긍정적으로 바라볼 것입니다.

오답 피하기 ③ 3문단에서 백남준은 인간과 기계가 쌍방향으로 소통하는 세상, 실제와 다른 가상 현실이 구현되는 세상을 예측하였습니다. 따라서 백남준이 ㉡을 본다면 자신의 예측이 실제로 구현되었다고 말할 수 있을 것입니다.

5 '위증하다'는 '거짓으로 증명하다.'라는 뜻입니다. ㉢는 '증명하였다'나 '입증하였다'로 바꾸어 쓸 수 있습니다.

1 ②	2 ②	3 ⑤
4 ②	5 (1) ○	6 동식물, 나쁜

● 독해력을 기르는 어휘

❶ 유행 ❷ 소망 ❸ 소박

❹ 부귀 ❺ 화목 ❻ 장수

❼ 사악

과거 서민들이 주로 그리던 민화의 특징을 설명하고, 민화에는 그린 사람의 소망과 멋이 담겨 있다는 점을 소개한 글입니다. 글쓴이는 민화는 서민들이 여러 동식물을 화려한 색으로 표현한 그림으로, 자신들이 바라는 소망을 기원하거나 사악한 것을 물리치기 위한 마음으로 그렸다는 점을 설명하고 있습니다. 또한 민화에는 현실에서 이루고 싶은 서민들의 소망이 솔직하고 소박하게 표현되어 있고, 재미와 웃음을 찾고자 했던 서민들의 멋스러움도 잘 드러나 있다고 설명하고 있습니다.

● **글의 특징**

– 민화의 개념을 밝히고 그 특징을 설명하고 있습니다.

– 민화에 등장하는 동물을 사례로 들어 설명하고 있습니다.

– 민화를 그린 목적을 두 가지로 나누어 설명하고 있습니다.

● **글의 구조**

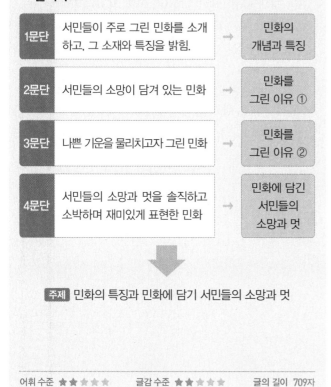

1문단	서민들이 주로 그린 민화를 소개하고, 그 소재와 특징을 밝힘.	→	민화의 개념과 특징
2문단	서민들의 소망이 담겨 있는 민화	→	민화를 그린 이유 ①
3문단	나쁜 기운을 물리치고자 그린 민화	→	민화를 그린 이유 ②
4문단	서민들의 소망과 멋을 솔직하고 소박하며 재미있게 표현한 민화	→	민화에 담긴 서민들의 소망과 멋

⬇

주제 민화의 특징과 민화에 담기 서민들의 소망과 멋

어휘 수준 ★★☆☆☆   글감 수준 ★★☆☆☆   글의 길이 709자

---

1 이 글은 과거 서민들의 소망과 멋이 담긴 민화의 특징을 소개하고 있습니다. 민화를 그리기 위해 활용한 소재나 색, 민화에 담긴 서민들의 소망이나 바람 등을 구체적으로 소개하고 있다는 점에서 이 글은 제시된 정보의 내용을 정리하고 요약하며 읽는 태도가 필요하다고 할 수 있습니다.

2 1문단에서 민화는 전문 화가가 아니어도 누구나 다 그릴 수 있었고, 특정한 형식에 얽매이지 않았다고 하였습니다. 따라서 민화가 엄격한 규칙과 기법을 바탕으로 그려졌다는 ②의 내용은 알맞지 않습니다.

오답 피하기 ① 1문단에서 민화는 주로 서민들 사이에서 유행한 그림이라고 하였습니다.

⑤ 4문단에서 호랑이를 바보스럽게 표현하여 재미와 웃음을 찾고자 했다고 하였습니다.

3 〈보기〉에서는 글은 객관적인 현상이나 일을 기록하는 '사실', 글쓴이의 주관적 생각을 나타내는 '의견'으로 구분할 수 있으며 이를 구분해서 읽는 태도가 필요하다는 점을 제시하고 있습니다. 이로 볼 때, ⑩은 여러 민화를 통해 글쓴이가 판단한 바를 나타낸 내용이라는 점에서 '의견'에 가깝다고 할 수 있습니다.

오답 피하기 ㉠~㉣은 모두 민화에 담긴 실제의 현상을 주로 소개한다는 점에서 '사실'에 해당하는 내용이라 할 수 있습니다.

4 ㉫은 글쓴이가 제시한 내용을 근거로 민화를 어떻게 감상할 것인지와 관련 있습니다. 글쓴이는 민화에는 민화를 그린 사람의 소망과 멋, 나쁜 기운을 물리치고자 하는 바람 등이 담겨 있다고 하였으므로, ②처럼 민화를 그린 사람의 의도가 무엇인지를 파악하며 민화를 감상하는 태도가 알맞다고 할 수 있습니다.

5 글의 흐름을 볼 때, 글쓴이는 ⓐ를 통해 ⓑ를 이루고자 했다는 의견을 제시하고 있습니다. 따라서 ⓐ는 수단, ⓑ는 목적에 해당하는 관계를 보이고 있다고 할 수 있습니다. (1)은 '운동'이 수단이 되어 '건강'이라는 목적을 이루는 것이므로, ⓐ와 ⓑ의 관계와 가장 유사합니다.

오답 피하기 (2) '학교'는 상위 개념, '중학교'는 하위 개념에 해당합니다.

1 ②	2 ④	3 ⑤
4 ②	5 ④	6 경쟁, 러닝 타임

● 독해력을 기르는 어휘

❶ 지속 ❷ 조류 ❸ 직면

❹ 강박 ❺ 오랜 시간 ❻ 도저히

❼ 사례

영화의 러닝 타임이 점차 더 길어지는 이유에 대해 다룬 글입니다. 글쓴이는 TV 드라마에 비해 영화가 러닝 타임의 한계를 가지고 있다고 설명하고 있습니다. 또한 영화가 TV 드라마와의 경쟁에서 살아남기 위해 90분이라는 상업 영화의 러닝 타임 규칙을 깨고 점점 더 길어지고 있음을 설명하고 있습니다.

● **글의 특징**

– 러닝 타임의 한계를 가지고 있는 영화와 러닝 타임의 제약이 덜한 TV 드라마의 차이를 대비하며 설명하고 있습니다.

– 〈캐리비안의 해적〉 시리즈, 〈타이타닉〉 등 구체적인 예를 들어 글의 논리를 뒷받침하고 있습니다.

● **글의 구조**

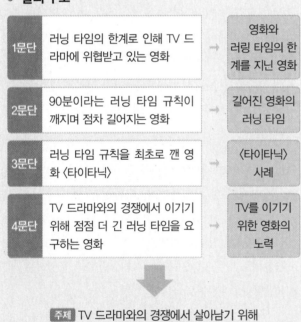

1문단	러닝 타임의 한계로 인해 TV 드라마에 위협받고 있는 영화	→	영화와 러링 타임의 한계를 지닌 영화
2문단	90분이라는 러닝 타임 규칙이 깨지며 점차 길어지는 영화	→	길어진 영화의 러닝 타임
3문단	러닝 타임 규칙을 최초로 깬 영화 〈타이타닉〉	→	〈타이타닉〉 사례
4문단	TV 드라마와의 경쟁에서 이기기 위해 점점 더 긴 러닝 타임을 요구하는 영화	→	TV를 이기기 위한 영화의 노력

주제 TV 드라마와의 경쟁에서 살아남기 위해 러닝 타임을 늘리는 영화

어휘 수준 ★★★☆☆   글감 수준 ★★☆☆☆   글의 길이 1,174자

1 영화의 러닝 타임이 길어질수록 다양한 캐릭터를 담고 새로운 시도를 할 수 있겠지만, 이로 인해 무조건 예술성이 높아진다고 볼 수는 없습니다.

오답 피하기 ① 1문단에서 러닝 타임이 긴 TV 드라마는 영화에 비해 많은 캐릭터가 등장할 수 있다고 하였습니다.

2 1문단에서 TV 드라마는 영화에 비해 러닝 타임의 제약이 적고, 이로 인해 등장하는 캐릭터의 수가 영화에 비해 많아질 수 있다고 하였습니다.

오답 피하기 ③ 영화와 TV 드라마를 구분하는 큰 요소는 캐릭터의 수가 아니라 러닝 타임입니다.

⑤ 캐릭터의 수가 적어진다고 해서 러닝 타임의 길이가 짧아져야 하는 것은 아닙니다.

3 러닝 타임이 길어질수록 캐릭터의 수가 늘어날 수 있는 것은 맞지만, 〈타이타닉〉이 긴 러닝 타임을 활용하여 많은 캐릭터를 등장시켰는지는 이 글을 통해 확인할 수 없습니다.

오답 피하기 ①, ④ 3문단에서 〈타이타닉〉은 극장에서 동일한 관람료에 하루 4회 상영밖에 할 수 없었다고 하였습니다.

4 1976년에 만들어진 〈킹콩〉의 러닝 타임은 134분으로 기존 영화가 가지고 있던 90분이라는 러닝 타임 규칙을 어겼습니다. 이는 〈타이타닉〉(1997)이 제작되기 훨씬 이전의 일입니다.

5 ⓐ의 '안팎'은 반의 관계에 있는 단어인 '안'과 '밖'으로 구성된 단어입니다. '앞뒤' 역시 반의 관계에 있는 '앞'과 '뒤'로 구성되었습니다.

| **1** ② | **2** ⑤ | **3** ① |
| **4** ④ | **5** (2) ○ | **6** 건강, 정복, 균형 |

● 독해력을 기르는 어휘

❶ 분해 ❷ 과정 ❸ 짐작

❹ 원인 ❺ 쪼개서 ❻ 쌓여

❼ 낳는 ❽ 벌어진

인류가 생태계에 미친 영향에 대해 설명한 글입니다. 인류가 나타난 초기에는 생태계가 건강했으나, 인류가 자연으로부터 자원을 빼앗고 해로운 화학 물질 등을 무분별하게 버림으로써 생태계가 파괴되고 있음을 과거와 현재를 대비하여 설명하고 있습니다.

● **글의 특징**

− 과거와 현재를 대비하여 생태계의 변화를 자세히 설명하고 있습니다.

− 생태계가 파괴된 원인과 결과를 중심으로 설명하고 있습니다.

● **글의 구조**

1문단	인류가 나타난 초기에는 생태계가 건강하였음.	→	인류 초기 시대의 생태계의 모습
2문단	불을 피우고 도구를 만들면서부터 인류가 자연을 정복의 대상으로 보기 시작함.	→	정복의 대상으로서의 자연에 대한 인식
3문단	18세기 산업 혁명 이후 정복이라는 이름으로 자연을 파괴함.	→	자연 파괴
4문단	사람들이 해로운 물질을 자연에 버리면서부터 생태계는 균형을 잃기 시작함.	→	심화되는 생태계 파괴
5~7문단	보르네오섬에서 디디티를 무분별하게 사용하여 생태계가 파괴됨.	→	보르네오섬의 사례

주제 정복의 대상으로서의 자연과 생태계 파괴 현상

어휘 수준 ★★★★★ 글감 수준 ★★★★★ 글의 길이 950자

1 ㄱ. 이 글은 전체적으로 '~어.', '~지.' 등의 말하는 투로 문장을 종결해서 친근한 느낌을 주고 있습니다.

ㄷ. 4~6문단에서 무분별하게 디디티를 사용하여 생태계가 파괴된 사례를 제시하고 있습니다.

오답 피하기 ㄴ. 이 글에서는 통계 자료를 제시하고 있지 않습니다.

ㄹ. 이 글에서는 전문가의 의견을 인용하고 있지 않습니다.

2 6문단에서 제시한 사례를 볼 때, 전염병을 고칠 수 있는 디디티가 체내에 쌓여 많은 동물이 죽음을 당했음을 알 수 있습니다. 따라서 전염병을 고칠 수 있는 약제 덕분에 병에 대한 동물들의 면역력이 강화되었다는 내용은 알맞지 않습니다.

오답 피하기 ② 2문단에서 "사람들은 자연을 정복해야 할 대상으로 보고 끊임없이 파괴했지."라고 하였습니다. 즉 사람들이 자연을 정복의 대상으로 보기 시작하면서 생태계의 질서가 무너지고 파괴되는 현상이 심화된 것을 알 수 있습니다.

3 생태계 파괴 현상은 인간들의 생활을 향상하기 위한 것입니다. 그런데 생태계가 파괴되면 인간 생존을 위한 공기, 식량 자원에도 문제가 생깁니다. 따라서 글쓴이는 생태계의 보존이 인간의 삶을 유지하는 데 중요한 역할을 한다는 점을 말하고 싶어 하는 것입니다.

4 ㉠은 이 글의 전체적인 맥락을 고려할 때, 자연을 정복의 대상으로 보고 무분별하게 파괴를 일삼는 인간의 행위를 비판하는 것이므로, ④가 가장 알맞습니다.

5 ⓑ는 ⓐ를 없애기 위해 인간이 개발해 낸 화학 물질이라는 점에서 (2)가 ⓐ와 ⓑ의 관계를 알맞게 설명한 것입니다.

오답 피하기 (3) ⓐ를 없애기 위해 ⓑ가 필요한 것이므로, ⓐ가 없어지면 ⓑ도 줄어든다고 볼 수 있습니다.

1 ③   **2** ⑤   **3** ④

4 ①   **5** 플라스틱, 재활용

● 독해력을 기르는 어휘

❶ 수거   **❷** 이물질   **❸** 시행

❹ 강화   **❺** 경영난   **❻** 폐지

❼ 궁극적   **❽** 자제

재활용 쓰레기로 인한 문제와 그 대안을 제시한 글입니다. 쓰레기 대란을 해결하기 위한 방법으로 플라스틱 사용의 자제를 주장하며 구체적인 실천 방안을 제시하고 있습니다.

● **글의 특징**

– 쓰레기 대란의 이유를 표면적인 이유와 직접적인 이유로 나누어 설명하고 있습니다.

– 쓰레기 대란의 궁극적인 해결 방법으로 플라스틱 사용의 자제를 주장하고 있습니다.

– 실천 방안으로 인한 기대 효과를 언급하고 있습니다.

● **글의 구조**

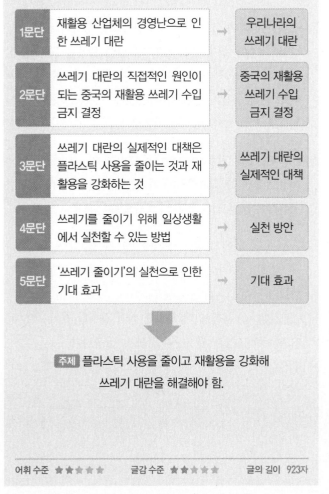

1문단	재활용 산업체의 경영난으로 인한 쓰레기 대란	→	우리나라의 쓰레기 대란
2문단	쓰레기 대란의 직접적인 원인이 되는 중국의 재활용 쓰레기 수입 금지 결정	→	중국의 재활용 쓰레기 수입 금지 결정
3문단	쓰레기 대란의 실제적인 대책은 플라스틱 사용을 줄이는 것과 재활용을 강화하는 것	→	쓰레기 대란의 실제적인 대책
4문단	쓰레기를 줄이기 위해 일상생활에서 실천할 수 있는 방법	→	실천 방안
5문단	'쓰레기 줄이기'의 실천으로 인한 기대 효과	→	기대 효과

주제 플라스틱 사용을 줄이고 재활용을 강화해 쓰레기 대란을 해결해야 함.

어휘 수준 ★★☆☆☆   글감 수준 ★★☆☆☆   글의 길이 923자

1 2문단의 "그런데 가장 직접적인 원인으로 꼽히는 것은 중국의 재활용 쓰레기 수입 금지 결정이다."를 볼 때, 쓰레기 대란의 직접적인 원인을 재활용 산업체의 경영난이 아니라 중국 정부의 재활용 쓰레기 수입 금지 결정임을 알 수 있습니다.

오답 피하기 ②, ⑤ 4문단에서 쓰레기 줄이기를 실천하는 방법으로 마트에 갈 때 장바구니(쇼핑백)를 챙기고, 음료를 구매할 때 일회용 컵 대신 머그잔이나 텀블러를 사용하며 플라스틱 식기류 사용을 자제하는 것 등을 예로 들고 있습니다.

2 〈보기〉에서는 플라스틱이 해양 생물을 해치고, 식탁에 올라 건강을 위협한다는 내용을 설명하고 있습니다. 〈보기〉를 통해 플라스틱이 생물과 인간, 즉 생태계에 영향을 미칠 수 있음을 유추하면 플라스틱 사용이 환경 오염으로 인한 생태계 파괴를 불러올 수 있기 때문에 플라스틱 사용을 줄여야 함을 알 수 있습니다.

3 이 글에서는 쓰레기 대란의 원인을 제시하고, 그 방법으로 플라스틱 사용을 줄이고 재활용을 해야 한다고 언급하고 있습니다. 따라서 해결 방안에 초점을 두어 생각해 보아야 합니다. 또한 2문단에서 '중국의 재활용 쓰레기 수입 금지'가 우리나라의 쓰레기 대란에 영향을 주었다고 말하고 있으므로 ④는 알맞은 반응이라고 할 수 없습니다.

4 ⓒ은 '재활용 쓰레기가 자원으로 순환되는 경우'를 말합니다. 버려진 일회용 숟가락은 재사용할 수 있는 것이 아니므로 알맞지 않습니다.

1 ④　　　　**2** ⑤　　　　**3** (3) ○

4 (3) ○　　　**5** 미세, 초미세, 경보

● 독해력을 기르는 어휘

❶ 미세　　　❷ 유해　　　❸ 지속

❹ 도달　　　❺ 지정　　　❻ 예보

❼ 착용

미세 먼지의 종류와 미세 먼지 농도에 따른 예보에 대해 설명한 글입니다. 먼저 미세 먼지를 크기에 따라 미세 먼지와 초미세 먼지로 나누어 제시하고, 미세 먼지와 초미세 먼지가 인체에 미치는 영향, 우리나라의 미세 먼지에 대한 예보, 미세 먼지가 많은 날 주의해야 할 사항을 전달하며 글을 마무리하고 있습니다.

● **글의 특징**

– 미세 먼지를 크기에 따라 종류를 나누어 제시하고 있습니다.

– 구체적 수치를 통해 미세 먼지 예보 기준을 설명하고 있습니다.

● **글의 구조**

미세 먼지(P₁₀)	초미세 먼지(P₂.₅)
• 10μm보다 작은 먼지 • 대체로 코안, 후두 등 기도의 위쪽에 머묾.	• 2.5μm 이하인 먼지 • 폐 안의 세포, 혈관 등에 침투함.

→ 호흡기 질환을 일으키거나 인체의 면역 기능을 떨어뜨리며, 1급 발암 물질로 건강에 나쁜 영향을 미침.

↓

미세 먼지 예보	• '좋음', '보통', '나쁨', '매우 나쁨'의 4단계로 나누어 하루 4차례 예보함. • 시간 평균 농도가 기준치를 넘어 2시간 이상 지속되면 미세 먼지 주의보나 경보, 또는 초미세 먼지 주의보나 경보를 내림.

↕

미세 먼지가 많은 날 주의 사항	• 오랜 시간 또는 무리한 실외 활동을 줄이거나 하지 않음. • 외출 시 황사나 미세 먼지용 마스크를 착용함. • 외출 후 손발을 깨끗이 씻음.

주제 미세 먼지의 종류 및 영향과 예보 기준, 그리고 주의 사항

어휘 수준 ★★★★★　　글감 수준 ★★★★★　　글의 길이 1,104자

---

1 2문단에서 미세 먼지가 인체에 미치는 영향을 설명하고 있지만, 구체적인 사례를 제시하고 있지는 않습니다.

2 3문단에서 '미세 먼지(P₁₀)의 주의보는 시간 평균 농도가 150μg/m³ 이상 2시간 지속'될 때, '초미세 먼지(P₂.₅)의 주의보는 시간 평균 농도가 75μg/m³ 이상 2시간 지속'될 때 내려진다고 하였습니다. 따라서 주의보 발령 기준이 되는 시간 평균 농도값은 미세 먼지가 초미세 먼지보다 더 큽니다.

3 (3)에서 시간 평균 120μg/m³이던 초미세 먼지 농도가 오후 11시에 시간 평균 100μg/m³로 내려갔다고 하였습니다. 그런데 [A]에서 '초미세 먼지(P₂.₅)의 주의보는 시간 평균 농도가 75μg/m³ 이상 2시간 지속'되는 때를 기준으로 삼는다고 하였습니다. 따라서 초미세 먼지 농도가 100μg/m³로 내려갔더라도 기준치보다 높으므로 초미세 먼지 주의보는 해제되지 않습니다.

오답 피하기 (1) 〈보기〉의 표에 따르면, 미세 먼지(P₁₀) 농도 25μg/m³는 '좋음'에, 초미세 먼지(P₂.₅) 농도 35μg/m³는 '보통'에 해당합니다.

(2) 오후 5시~8시 사이에 미세 먼지(P₁₀) 농도는 100μg/m³인데, 이는 표에 따르면 '나쁨'에는 해당합니다. 하지만 [A]를 보면, 150μg/m³ 이상이 주의보 기준이므로 100μg/m³가 2시간 이상 지속되어도 미세 먼지 주의보는 내려지지 않습니다. 그런데 초미세 먼지(P₂.₅) 농도는 120μg/m³로 주의보 기준인 75μg/m³ 이상으로 2시간 넘게 지속되었으므로 주의보가 내려지게 됩니다.

4 'KF' 뒤의 숫자가 클수록 미세 먼지 차단 효과가 크지만 숨쉬기가 어려워 어린이와 노약자는 주의해야 한다고 하였습니다. 따라서 'KF80'이나 'KF99' 모두 2.5μm 이하인 '초미세 먼지'를 걸러 낼 수 있으므로, 미세 먼지가 심한 날이더라도 어린이용은 숨 쉬기 편한 것으로 선택하는 것이 좋습니다.

1 ⑤   **2** ⑤   **3** ②

4 ④   **5** 윤주   **6** 온난화, 열섬

● 독해력을 기르는 어휘

❶ 표면   ❷ 멸종   ❸ 열대야

❹ 이변   ❺ 예측   ❻ 강구

❼ 대두   ❽ 국한

지구의 환경 문제인 지구 온난화와 열섬 현상으로 인한 심각한 영향을 구체적으로 설명한 글입니다. 그리고 마지막 문단에서는 지구 온난화와 열섬 현상에 대한 가장 합리적이고 효율적인 대책을 강구하여 하루빨리 실천하기를 촉구하고 있습니다.

● **글의 특징**

– 유사한 두 가지 문제에 대해 설명하고 있습니다.

– 각각의 문제로 인해 나타날 수 있는 현상을 나열하고 있습니다.

– 지구 온난화와 열섬 현상의 해결을 촉구하고 있습니다.

● **글의 구조**

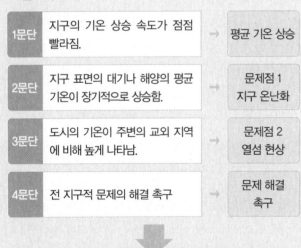

1문단	지구의 기온 상승 속도가 점점 빨라짐.	→	평균 기온 상승
2문단	지구 표면의 대기나 해양의 평균 기온이 장기적으로 상승함.	→	문제점 1 지구 온난화
3문단	도시의 기온이 주변의 교외 지역에 비해 높게 나타남.	→	문제점 2 열섬 현상
4문단	전 지구적 문제의 해결 촉구	→	문제 해결 촉구

⬇

주제 지구 온난화와 열섬 현상의 특징과 해결 촉구

어휘 수준 ★★★★★   글감 수준 ★★★★★   글의 길이 1,065자

1 4문단에 이 글을 쓴 의도가 드러납니다. 이 글은 지구 온난화와 열섬 현상으로 인해 나타날 수 있는 문제점을 구체적으로 설명하고 있습니다. 지구 온난화와 열섬 현상의 특징을 설명하고 대책을 촉구하기 위함입니다.

오답 피하기 ④ 지구 온난화와 열섬 현상의 의미는 설명하고 있지만, 과학적 원리를 설명하고 있지는 않습니다.

2 3문단에서 "도시의 기온이 주변의 교외 지역에 비해 섬처럼 고온을 나타낸다고 하여 열섬 현상이라 부른다."라고 하였으므로, 지구 온난화가 아니라 열섬 현상에 대한 설명입니다.

오답 피하기 ①, ④ 1문단에서 확인할 수 있습니다.

② 3문단에서 지구 전체의 문제와 밀접한 관련을 가지고 있는 현상 중 하나로 열섬 현상을 들고 있습니다.

③ 2문단에서 지구 온난화는 지구 전체의 기후와 생태계에 큰 영향을 미칠 것으로 예측된다고 하였습니다.

3 이 글은 유사한 성격의 두 대상인 지구 온난화와 열섬 현상이 미치는 영향에 대해 설명하고 있습니다.

4 겨울철 한파의 위험성이 증가하는 것은 열섬 현상의 영향이 아닙니다. 이는 3문단의 "한파의 위험이 감소하지만, 여름철 기온 상승으로 인한 위험은 증가한다."에서 확인할 수 있습니다.

5 〈보기〉는 도시에서 열섬 현상이 나타나는 원인을 설명하고 있습니다. 데워진 구조물, 냉방 기기, 공장의 가동, 가정용 에어컨과 가전 기기 및 자동차 등의 열과 고층 건물들에 의해 열섬 현상이 나타난다고 설명하고 있습니다.